당일치기
하루 여행

/

1박 2일
하루 더 여행

최갑수 글·사진

bodabooks

° prologue

우리는 언제나 여행을 그리워해야 한다.

벌써 20년을 여행작가로 살아왔다. 그간 8테라 외장 하드에 자료를 가득 담았다. 지금도 여행을 다니며 신문과 잡지에 여행 콘텐츠를 싣고 있으니 자료는 점점 더 늘어나고 있다. 때론 한 장의 사진이 100매의 글보다 더 강한 여행의 유혹을 던진다고 믿고 있다. 그래서 아름다운 풍경 앞에서는 주저 없이 차를 세우고 주홍빛 아침과 보랏빛 저녁에는 항상 손에 카메라를 들고 선다. 대상을 설명하는 사진보다는 대상과 교감할 수 있는 사진을 찍어 보여주고 싶어 한다. 이 책에 실린 사진을 보고 떠나고 싶다는 마음이 들었으면 좋겠다.

/

맛있는 음식을 좋아한다. 중국집과 선술집, 허름한 백반집을 좋아해서 때 묻은 간판이 보이면 불쑥 문을 열고 들어가곤 한다. 유명식당을 일부러 피하지도 않고 음식에 대해 편견을 가지고 있지도 않다. 낯선 음식을 두려워하지도 않는다. 모든 음식은 저마다의 방법으로 맛있으며, 맛없는 음식을 먹기에 아까운 것이 인생이라고 생각한다. 낮술 한 잔을 위해 오후 일정을 취소할 때도 있다.

/

그동안 많은 책을 썼다. 〈밤의 공항에서〉, 〈잘 지내나요, 내 인생〉, 〈우리는 사랑 아니면 여행이겠지〉는 글과 사진을 함께 담은 여행 에세이다. 국내 여행책으로 〈당신에게, 여행〉, 〈맛있다, 제주〉가 있다.

그리고 이 책이다. 지금까지 국내 취재 여행을 다니며 꼭 보여주고 싶은 곳만 골라 담았다. 우선 이 책에 실린 글을 읽고 사진을 보며 여행하는 마음이 들었으면 좋겠다. 여행이 간절해졌으면 좋겠다. 그래서 자세한 정보는 인터넷에게 미뤘고 꼭 알려드리고 싶은 정보만 담았다. 입맛은 사람마다 다 다르지만 소개된 식당은 가도 후회하지 않을 듯싶다. 이 책에 실린 정보는 2020년 6월 30일 기준이라는 점을 염두에 두셨으면 한다. 이 책이 많은 독자들에게 사용되기를, 그래서 빠른 시일 내에 개정증보판을 낼 수 있기를 작가로서 기대한다.

/

다시 한번 말씀드리지만, 때로는 설명이 부족한 부분이 있고, 지면의 한계 때문에 보여주지 못한 장면이 많다. 아마 우리의 여행도 이와 다르지 않을 것이다. 한 번에 모든 것을 다 볼 수 없다. 언제나 아쉬운 것이 여행이고, 그것은 우리가 다음 여행을 약속하고 열망하는 이유이기도 하다. 다음 책에서 더 아름다운 풍경과 더 맛있는 식당으로 함께 찾아가기를 바란다.

/

우리는 여행을 그리워해야 한다. 요즘 같은 시대엔 더더욱.

contents

하루 여행

01 서울 | 서울식물원 | 1년 내내 봄, 봄, 봄, 서울식물원   012
02 서울 | 한양도성길 | 트레킹으로도 산책으로도 좋은 한양도성길 한 바퀴   016
03 인천 | 강화도 | 하루 더 있을까? 강화도 나들이   026
04 인천 | 영종도와 무의도 | 을왕리해수욕장과 무의도로 떠난 훌쩍 여행   032
05 인천 | 차이나타운 | 인천 차이나타운 주전부리 여행   038
06 대전 | 소제동 | 어느 봄날의 대전 소제동 뉴트로 여행   044
07 경기 | 포천 | 이토록 초록빛으로 가득한 여행이라니, 포천 자연주의 여행   050
08 경기 | 파주 | 가볍게 그리고 천천히, 파주 하루 소요   056
09 경기 | 남양주 | 유유자적 남양주 슬로우 여행   062
10 강원 | 춘천 | 따스했고 정다웠던 춘천으로의 하루 나들이   068

| 11 강원 \| 홍천 \| | 손잡고 걷기 좋은 길, 홍천 수타사 산소길 **074**
| 12 강원 \| 원주 \| | 아직도 한국에 이런 숲이 있었다니요, 원주 **080**
| 13 충북 \| 보은 \| | 더도 말고 덜도 말고 보은 오리숲 딱 하루 여행 **088**
| 14 충북 \| 괴산 \| | 책방으로 떠나는 가을 여행 충북 괴산 **094**
| 15 충남 \| 서산 \| | 소풍 나온 듯 해미읍성, 마음을 돌아보는 절 개심사, 서산 **100**
| 16 충남 \| 논산 \| | 내 마음에 새겨진 영롱하고 기품있는 무늬, 논산 **106**
| 17 충남 \| 부여 \| | 하루 동안 백제를 거닐었습니다, 부여 **112**
| 18 충남 \| 예산 \| | 조선 최고의 천재와 비운의 여류 화가를 만난, 예산 **118**
| 19 전북 \| 익산 \| | KTX 타고 다녀오는 당일치기 익산 역사문화여행 **124**

contents

하루 더 여행

20 부산 | 영도 |	온리 부산, 빈티지 부산, 리얼 부산　134
21 대구 | 중구 |	오래된 시간을 느리게 걷다, 대구 도보 여행　142
22 울산 | 울주 |	공업 도시 아니랍니다, 볼 것 많은 여행 도시랍니다, 울산 울주　150
23 강원 | 강릉 |	두 번째 강릉 여행, 2% 다른 강릉 여행　158
24 강원 | 영월 |	즐겁고 유익한 우리 가족 영월 여행 대작전　166
25 강원 | 태백 |	예전엔 미처 몰랐어요, 태백이 이렇게 즐거운 곳이었는지　174
26 충북 | 제천 |	굽이굽이 호숫길 따라 신나고 또 즐거웠습니다, 제천　182
27 경북 | 울진 |	온천과 바다와 숲길, 울진에서 꼭꼭 숨어 보낸 1박 2일　190
28 경북 | 포항 |	우리가 몰랐던 가을의 도시, 포항　198
29 경북 | 경주 1 |	여행에도 클래식이 있다면 바로 이곳, 경주 part 1　206
30 경북 | 경주 2 |	두 번째 경주 여행이라면 추천합니다, 경주 part 2　214
31 경북 | 안동 |	한옥, 그 아름다움에 깃들다, 안동　222
32 경북 | 봉화 |	가을 완보, 만추 봉화　230
33 경북 | 울릉도 |	1박 2일에 가능합니다, 천혜의 비경 울릉도　238
34 경남 | 남해 |	아름답고 즐겁고 맛있는 섬 그래서 보물섬, 남해　246
35 경남 | 거제 |	향긋한 굴구이와 뽀얀 대구탕으로 더 맛있는 겨울, 거제　254

36 경남 | 진주-사천 | 여유롭고 예쁘고 맛있는 1박 2일, 진주-사천 드라이브 여행   262

37 경남 | 통영 | 예술 향으로 일렁이는 바다, 그림 같은 푸른 바다, 통영   270

38 경남 | 하동 | 벚꽃 터널 걸으며 마음은 만발하다, 하동   278

39 경남 | 함양 | 묵향 가득한 고택 마루에 앉아보고 그윽한 숲도 거닐어 보고, 함양   286

40 전북 | 장수 | 느닷없는 행운처럼 만난 여행지, 장수   294

41 전북 | 군산 | 군산 빈티지, 군산 레트로   302

42 전북 | 전주 | 한옥마을도 좋죠. 하지만 이번에는 조금 다른 전주   310

43 전북 | 부안 | 잘 먹었습니다, 그리고 잘 쉬었습니다, 부안 겨울 여행   318

44 전남 | 강진 | 다 이유가 있더군요, 남도 여행 일번지, 강진   326

45 전남 | 담양 | 바람 소리 따라 떠나는 초여름 여행, 담양   334

46 전남 | 여수 | 여행 내내 입 안에 군침이 돌았습니다, 여수   342

47 전남 | 목포 | 먹다 보니 1박 2일이 다 갔더군요, 목포   350

48 전남 | 장흥-벌교 | 문학 여행 맛 여행, 선남 상흥에서 벌교까시   358

49 전남 | 고흥 | 얼마나 맛있는지 또 얼마나 즐겁고 아름다운지, 일단 가보시죠, 고흥   366

50 전남 | 신안 | 자동차로 즐기는 섬 여행, 신안 암태도-팔금도-안좌도-자은도   374

하루 여행

서울식물원 | 서울 한양도성길 | 강화도 | 을왕리 해수욕장 & 무의도 | 인천 차이나타운 |
대전 | 포천 | 파주 | 남양주 | 춘천 | 홍천 | 원주 | 보은 | 괴산 | 서산 | 논산 | 부여 | 예산 | 익산

01 하루 | 서울 | 서울식물원

서울에 이토록 다정하고 풍요로운 자연이 있었다니

1년 내내 봄, 봄, 봄, 서울식물원

서울 강서구 마곡지구에 자리한 서울식물원은 도시 한가운데 들어선 거대한 자연이다. 무려 50만 4,000㎡ 규모로, 축구장 70개 크기다. 식물원과 공원을 결합한 보타닉 가든을 표방한다. 서울의 새로운 랜드마크라고 해도 과언이 아닌 이곳은 아이들과 함께 가도 좋고, 연인과 함께 데이트를 즐기기에도 좋다. 바오바브나무, 대왕야자, 보리수, 호주물병나무, 올리브나무 등등 초록의 식물 사이를 걷다 보면 마음이 활엽수 잎사귀처럼 순해지고 나긋해진다. 식물원 바깥에 마련된 바람의정원, 추억의정원 등 8가지 주제 정원도 훌륭하다. 씨앗도서관 등 흥미로운 프로그램도 준비되어 있다.

호주물병나무를 아시는지요 보기 힘든 식물들이 가득한 식물문화센터
| more & MORE 식물문화센터 다양한 시설 즐기기. 씨앗도서관에서 '씨앗 대출'을 해보자.

서울에서 만나는 세계의 숲

'호주물병나무를 아시는지요'

서울식물원, 따뜻한 봄날의 전경

서울식물원은 국내 최초로 '보타닉 공원'을 표방한다. 보타닉 공원은 식물원과 결합된 공원으로, 싱가포르 보타닉 가든이 잘 알려졌다. 실제로 서울식물원은 영국 에덴프로젝트와 싱가포르 보타닉 가든을 벤치마킹했다고 한다.

서울식물원은 '열린숲', '주제원', '호수원', '습지원' 등 네 가지 주제로 나뉜다. 열린숲은 식물원 입구로, 방문자 안내 서비스가 제공되는 공간. 주제원은 식물문화센터(온실)와 주제 정원(야외)으로 구성된다. 호수원은 호수를 따라 수변 관찰 데크가 있어 습지식물을 관찰하기 좋다. 습지원은 서울식물원과 한강이 만나는 곳으로, 한강을 조망하며 산책하기 적당하다.

열린숲을 지나면 서울식물원을 대표하는 식물문화센터가 나온다. 온실은 대부분 돔 형태인데, 식물문화센터는 둥우리나 오목한 접시처럼 중앙부가 움푹 꺼졌다. 도심 한가운데 착륙한 UFO처럼 보이기도 한다. 지하 2층, 지상 4층 규모에 지름 100m, 넓이 7,600m^2로 축구장 크기다. 지하 1층에 있는 입구로 들어가면 달콤하면서도 쌉싸름한 숲 향기가 콧속으로 스며든다. 왼쪽에 커다란 뱅갈고무나무가 방문객을 반긴다. 식물문화센터는 크게 열대관과 지중해관으로 나뉘는데, 열대와 지중해 지방에 위치한 세계 12개 도시의 식물을 입체적으로 관람할 수 있도록 꾸몄다. 아마존에서 처음 발견된 아마존빅토리아수련, 소설 〈어린 왕자〉에 나오는 바오바브나무, 야자나무 중 가장 큰 대왕야자, 부처님이 깨달음을 얻었다는 보리수, 호주 퀸즐랜드에 자생하는 호주물병나무, 스페인의 올리브나무 등 평소 보기 힘든 식물들이 가득하다.

스페인 바르셀로나의 구간 수경 시설, 이탈리아 로마의 노단식 정원, 터키 타일로 모자이크 장식한 분수 등 이국적인 풍경이 많아 출사지로 소문났고, 데이트 코스로도 인기다. 관람객이 곳곳에서 디지털카메라와 스마트폰으로 사진 찍느라 바쁘다. 2층을 가로지르는 스카이워크도 눈길을 끈다. 식물문화센터가 한눈에 들어오고, 키 큰 식물을 가까이에서 볼 수 있다.

식물문화센터에서 나오면 주제정원이다. 바람의 정원, 추억의 정원, 초대의 정원, 정원사의 정원, 오늘의 정원, 사색의 정원, 치유의 정원, 숲 정원 등 8가지 주제로 꾸며 한국 정원 문화의 과거와 현재를 경험하는 공간이다. 참억새, 실새풀, 솔비나무, 윤노리나무, 돌배나무, 솔송나무, 귀룽나무, 야광나무 등 우리나라 자생식물도 있다.

서울식물원을 걷다 캘리포니아 사막에서 볼 수 있는 선인장과 바오바브나무를 만났다. 세계의 모든 숲과 나무가 모여 있는 서울숲

| more & MORE

식물문화센터에 마련된 다양한 시설이 흥미를 돋운다. 1층에 자리한 카페는 정원에서 차를 마시는 기분이 드는 곳. 씨앗도서관에서는 '씨앗 대출'을 해보자. 씨앗을 책처럼 대출받아 재배한 뒤, 기간이나 수량에 상관없이 수확한 씨앗을 반납한다. 도시에 사는 시민에게 식물을 가까이할 기회를 제공하기 위한 프로그램이다. 식물 관련 책 7,000권을 보유한 식물전문도서관도 2층에 있다. 주제원은 현재 코로나로 휴관중이다. 빠른 시일 내에 다시 문을 열기를 기대한다.

02 하루 | 서울 | 한양도성길

성곽 따라 걸으며 느끼는 서울의 역사와 문화

트레킹으로도 산책으로도 좋은 한양도성길 한 바퀴

서울을 둘러싸고 있는 성곽 한양도성. 조선 시대부터 서울을 감싸 안고 있는 이 성곽을 따라 여름날을 걸었다. '하루 여행'에서 추천하는 코스는 인왕산, 백악, 낙산구간. 하루에 이들 구간을 하나씩 걷다 보면 몸이 가뿐해지고 기분이 좋아진다. 각 구간마다 특색과 개성이 있어 마음에 드는 구간을 선택하면 된다. 굳이 완주하지 않아도 된다. 중간에 빠져나와 짧은 여행을 즐겨도 좋다. 인왕산구간에서는 돈의문 박물관 마을과 서촌, 박노수 가옥, 수성동 계곡 등을 함께 돌아볼 수 있고, 백악구간은 부암동 나들이를 겸해도 된다. 낙산구간은 낙산 공원과 이화동 벽화 골목을 함께 돌아보면 좋다.

인왕산구간 걷는 재미도 있고 전망도 좋고, 한양도성길 최고의 코스
백악구간 등산하는 재미를 느끼고 싶다면 강력 추천, 북촌 나들이를 겸해도 좋아
낙산구간 나들이 겸 한양도성길 맛보기, 저물 무렵이 가장 예쁜 곳

| **more & MORE** '서울한양도성 홈페이지'(http://seoulcitywall.seoul.go.kr) 참조. 도성길 트레킹 겸 주변 여행도 함께 하면 더 좋아요

6개 구간으로 나누어 서울을 둘러싼 성곽

아실지 모르겠지만
서울은 성곽도시다

조선 시대, 이 도시의 이름이 '한양'으로 불릴 때부터 그랬다. 1392년 태조 이성계가 조선을 건국하고 1394년 10월 수도를 개성에서 한양으로 옮긴다. 곧이어 궁궐을 짓고 종묘와 사직을 정비한다. 국가의 기초를 닦기 위해 태조가 또 한 일은 거대한 성을 만들어 도시를 둘러싸는 것이었다. 1396년 그가 왕에 오른 지 5년이 됐을 때, 태조는 정도전에게 축성을 명한다. 한양은 밖으로는 아차산(동), 덕양산(서), 관악산(남), 북한산(북)의 외사산으로 둘러싸여 있고, 안으로는 낙산(동)과 인왕산(서), 남산(남), 북악산(북)의 내사산으로 둘러싸인 천연의 요새였다. 한양도성은 바로 내사산을 연결하는 방식이었다.

성곽 공사는 1396년 숭례문에서 시작해 다음 해 4월, 흥인문의·옹성을 완공하며 끝났다. 모두 19만 7,400명의 백성이 동원됐다. 완성된 성의 평균 높이는 5~8m, 전체 길이는 18.6km에 달했다. 이를 '한양도성'이라고 불렀는데 1396년에서 1910년까지, 모두 514년간 도성 기능을 수행했다. 현존하는 전 세계의 도성 중 가장 오랫동안 그 역할을 했다.

도시와 성곽이 잘 어우러진 한양도성길 흥인지문구간. 왼쪽 아래에 동대문이 보인다.

한양도성길 낙산구간. 이화동 골목길을 여행 삼아 걸어 올라오다 보면 이런 풍경과 만난다. 저녁 해지는 풍경이 예쁘다.

근대화가 진행되며 한양도성은 무너지고 훼손됐다. 일제강점기에는 전차를 개통한다고, 일본 왕세자가 방문한다고 성벽이 철거됐고 해방 후에는 도로와 주택, 학교 등을 지으며 성벽을 허물었다. 무너지고 훼손된 한양도성은 2012년 9월 한양도성도감이 만들어진 이후 꾸준하면서도 체계적으로 복원됐다. 그 결과 지금은 온전하지는 않지만, 성은 어느 정도 제 모습을 찾아 서울을 품게 됐다. 그래서 서울은 옛날의 한양처럼 여전히 성곽도시다.

성곽을 따라 '한양도성길'이 만들어져 있는데 백악, 낙산, 흥인지문, 남산, 숭례문, 인왕산 등 모두 6개 구간으로 나뉘어져 있다. 서울시에서 운영하는 '서울한양도성 홈페이지'에는 한양도성은 순성길을 따라 하루에 돌아볼 수 있지만, 내사산을 중심으로 한 인왕산과 백악, 낙산, 남산(목멱산) 구간과 도성이 멸실된 흥인지문, 숭례문 구간으로 나누어 걷기를 추천하고 있다.

길이 잘 정비되어 걷기가 크게 부담스럽지 않다. 성곽길이 자리 잡은 능선은 아무리 높아도 400m를 넘는 곳이 없다. 북악산과 인왕산이 300m, 남산이 200m이고 낙산은 100m에 불과하다. 반나절, 아니 2시간만 할애하면 서울의 역사를 더듬어 볼 수 있다.

인왕산구간

한양도성길 인왕산길을 걷다 문득 뒤돌아보면 서울의 풍경이 파노라마처럼 펼쳐진다. 오른쪽 위 아스라이 남산타워가 보인다.

인왕산구간

한양도성길
최고의 전망을 선사하는 코스

인왕산구간은 인왕산 능선을 따라 물결치듯 흘러간다. 등산하는 재미가 쏠쏠하다.

인왕산구간 초입. 길은 왼쪽으로는 성벽을 두고 오른쪽으로는 울창한 숲을 두고 시냇물처럼 흘러간다. 멀리 바위봉이 그림처럼 앉아있다.

인왕산 능선을 따라 시원하게 뻗어 나가는 성곽의 위용이 박력 있다. 탁 트인 조망도 걷기의 재미를 더해준다. 돈의문 터에서 인왕산 정상까지는 완만한 오르막길, 인왕산 정상에 거의 다 닿을 즈음에 급경사 코스가 있지만 오르는데 어렵진 않다. 지칠 때쯤이면 어김없이 등장하는 깊고 시원한 숲길이 계속 걸으라고 유혹한다.

돈의문 터는 도성의 서대문인 돈의문이 있던 자리이다. 이곳에 돈의문 박물관 마을이 만들어졌다. 일제강점기 독립운동가의 집도 있고 1950년대 이탈리안 레스토랑과 1970년대 영화관도 재현되어 있다. '봉선화', '고향의 봄' 등으로 유명한 작곡가 난파 홍영후가 살던 홍난파 가옥과 UPI 서울 특파원으로 살면서 3·1 운동을 세계에 알렸던 앨버트 테일러가 살던 딜쿠사도 근처에 있으니 가볼 만하다.

성곽길 초입은 아늑한 숲길이다. 숲은 초록이고 그늘이 깊다. 숲길을 빠져나오니 성곽이 인왕산 정상을 향해 힘껏 뻗어 나간다. 인왕산은 해발 339m인 낮은 산이지만 치마바위, 선바위, 기차바위 등 기암괴석이 많아 그 품새가 예사롭지 않다.

정상을 오르기 전 왼쪽으로 빠져나가는 일반 등산로가 있다. 이 길을 따라가면 선바위에 닿는다. 조선 개국의 두 주역인 무학대사와 정도전이 기 싸움을 벌인 곳이다.

이곳에서 정상까지는 곧장 오르막길이다. 몇 걸음은 로프를 잡아야 한다. 인왕산 정상에 오르면 서울 시내가 한눈에 내려다보인다. 광화문과 경복궁, 청와대가 아득하다. 멀리 남산타워도 보인다. 인왕산에서 보면 정도전이 경복궁을 그 자리에 놓은 이유를 알 수 있다. 풍수지리에 문외한이 보아도 궁을 짓기에 이보다 더 좋은 자리는 없는 것 같다.

인왕산 정상에서 창의문까지는 내내 내리막길이다. 숲도 좋아 동네 뒷산 산책하는 기분으로 걸으면 된다. 걷다 보면 어느새 시인의 언덕이다. 윤동주 시인이 연희전문학교 재학시절 하숙하며 산책을 즐기던 곳이다. 이곳에 윤동주문학관이 있다. 독특한 풍경을 지닌 곳으로 2012년 대한민국 공공건축상 국무총리상, 2014년 서울시 건축상 대상을 받았고, '한국의 현대건축 Best 20'에 선정되기도 했다. 건물이 윤동주의 시를 닮은 것 같기도 하다. 단아하다.

백악구간

등산하는
재미가 있다

숙정문

시인의 언덕에서 백악구간으로 들어서서 한양도성길 걷기를 이어가도 되고 부암동으로 내려와 마무리해도 된다. 부암동에는 여기저기 고개를 기웃거리고 엉덩이를 붙일 만한 카페며 식당이 많다.

백악구간은 창의문에서 시작해 백악 마루를 넘어 혜화문에 이른다. 백악(북악산, 342m)은 옛 서울의 주산으로 내사산 중 가장 높다. 이 구간은 초반이 힘들다. 창의문에서 돌고래 쉼터를 지나 백악 마루까지 가파른 계단이 끝이 나지 않을 것처럼 이어진다. 가파른 숨을 내쉬며 걷고 쉬고 또 걷다 보면 40분~1시간 정도가 걸린다.

땀 꽤나 쏟으며 닿은 백악 마루. 한양도성에서 가장 높은 곳으로 '白岳山 海拔 342m'라고 적힌 표석이 서 있다. 이곳에 서면 경복궁과 세종로가 손에 잡힐 듯 가깝고 한강 건너 63빌딩까지 한눈에 들어온다. 힘들게 올라온 보람이 있다.

백악 마루부터 길이 쉬워진다. 청운대로 내려가는 길에 '1·21 사태' 소나무가 있다. 1968년 1월 21일, 청와대를 습격하려 침투한 북한 특수부대원들과 우리 군경이 교전한 흔적이다.

백악 마루에서 청운대까지는 기분 좋은 산책길이다. 소나무길이 계속된다. 청운대에서는 장쾌하게 보이는 조망에 감탄이 절로 나온다. 숙정문은 서울의 북대문 격. '엄숙하게 다스린다'는 뜻을 지니고 있다. 숙정문에서는 서울 도심의 빌딩 숲이 한눈에 잡힐 듯 가깝고 인왕산과 남산, 북악산, 낙산 너머에 북한산, 덕양산, 관악산, 용마산이 겹겹이 서 있는 것이 보인다.

굳이 혜화문까지 가지 않아도 된다. 삼청공원 쪽으로 내려와 삼청동과 북촌 나들이를 즐겨도 좋을 듯싶다. 북촌은 삼청동, 가회동, 원서동, 계동, 안국동, 송현동, 사간동 등을 포함한 지역을 일컫는데 청계천을 경계로 북쪽에 있다고 해서 붙여진 이름이다.

짙은 나무 그늘 아래 벤치에 앉아 여유로운 시간을 보내고 있는 젊은 여행자들

돌고래 쉼터를 지나 부의동 방면으로 내려가는 등산객

가파른 백악구간을 내려가는 등산객

낙산구간에서 볼 수 있는 하늘을 향해 걸어가는 사람과
강아지 조형물

한양도성 낙산구간의 웅장한 성곽

낙산구간
나들이 삼아 성곽 거닐기

낙산구간은 혜화문에서 낙산을 지나 흥인지문까지 이어진다. 낙산은 생긴 모양이 낙타 등처럼 생겨 낙타산, 타락산이라고 부르기도 했다. 창경궁, 창덕궁 등과 가깝고 계곡이 맑아 선비들이 많이 살았다. 이 구간은 경사가 완만해 산책하듯 걷기에 적당하다.

낙산구간만 걷고 싶은 이들께는 오후 서너 시 무렵 출발하시라고 권해드린다. 낙산공원에서 맞이하는 저물 무렵이 여간 한가롭고 그윽한 것이 아니다. 혜화문에서 출발해 낙산공원으로 내려와 주위의 벽화 골목을 본 후 낙산공원에서 저녁을 맞는 것이다. 이화동 골목 곳곳에 그려진 벽화 구경을 하며 다니다 보면 마음이 500그램쯤 가벼워지는 것 같다.

공원 밑에는 일명 '달팽이길'이 있다. 달팽이처럼 한 바퀴 빙 돌아가는 길이라고 해서 이렇게 이름 부른다. 굴다리 아래를 지나는데 벽 양쪽엔 주민과 미술가들이 타일 위에 그린 그림들이 붙어 있다. 대학로 쪽으로 내려가는 길을 따르면 하늘을 향해 걸어가는 사람과 강아지 조형물이 등장한다. 백민섭의 설치작품 '가방 든 남자와 강아지'다. 조형물 너머로는 멀리 남산타워가 보이고 아래쪽으로 어지러운 빌딩 숲이 펼쳐진다. '가방 든 남자와 강아지'는 낙산공원을 상징하는 조형물이다.

더 걷고 싶다면 흥인지문(동대문)까지 성곽길을 따라 계속 가자. 흥인지문 닿기 전 '한양도성 박물관'이 있다. 이화여자대학교 부속 동대문병원 일부를 철거하고 세운 서울디자인지원센터 1~3층을 활용한다. 한양도성의 역사와 가치를 알려주며 순성 정보 등을 얻을 수 있다. 가까운 곳에 자리한 백남준 기념관도 놓치기 아까운 곳이다.

남산구간은 장충체육관에서 백범광장까지 이어지는 구간을 말한다. 약 4.2km로 3시간이 소요된다. 난이도가 좀 있는 편이지만 중간 중간 쉼터가 많아 걸어볼 만하다. 남산에는 조선 초기부터 국태민안을 비는 국사당이 있었고 정상에는 봉수대를 설치해 변방의 변란을 궁궐에서 직접 살필 수 있게 했다. 남산구간의 하이라이트는 N서울타워에서 바라보는 서울의 야경이다. 서울의 빌딩 숲 위로 지는 저녁 하늘이 낭만적인 분위기를 연출한다. 사진은 잠두봉 전망대에서 바라본 서울의 저녁 풍경이다.

| more & MORE

한양도성길은 '서울한양도성 홈페이지'(http://seoulcitywall.seoul.go.kr)에서 탐방에 관한 자세한 정보를 얻을 수 있다. 흥인지문 앞에 자리한 '한양도성박물관'(02-724-0243)에도 들러보자. 한양도성의 역사와 현재를 각종 자료와 미디어를 통해 입체적으로 이해할 수 있다.

부암동 '레이지 버거 클럽'(02-394-2547)은 유쾌한 청년들이 운영하는 햄버거 집이다. 초록색 톤으로 꾸며진 실내는 들어서기만 해도 청량함을 느끼게 해준다. '레이지 아보카도 버거'에는 아보카도가 가득 들어있다. 한입 베어 물자 두툼한 패티에서 육즙이 가득 흘러나온다. 토마토도 신선하다. 콜라 한 잔에 백악구간의 수고가 싹 씻겨나간다.

건너편에 자리한 클럽 에스프레소(02-764-8719)는 드라마 '커피프린스 1호점'의 촬영지로 알려진 카페. 문재인 대통령의 단골 카페로도 알려져 있는데 개인적으로 블렌딩한 원두가 '문블렌드'라는 커피 메뉴로 포함되어 있다. 요즘 찾는 사람이 많다고 한다.

레이지 버거 클럽

클럽 에스프레소

03 | 하루 | 인천 | 강화도

역사여행도 좋고, 맛여행도 좋고,
그냥 놀다 와도 좋고

하루 더 있을까?
강화도 나들이

강화도는 우리나라 역사 그 자체다. 단군왕검이 내려와 역사를 펼친 이래 크고 작은 역사적 사건이 이 섬에서 일어났다. 몽골 침략에 항전하는 요새이기도 했고 구한말 열강의 입김에 몸살을 앓기도 했다. 고려궁지를 비롯해 강화도 곳곳에 자리한 진과 보, 돈대 등을 여행하다 보면 이 땅의 생채기를 온몸으로 확인할 수 있다. 전등사라는 예쁜 절과 동막해변은 강화도 여행의 또 다른 하이라이트. 대웅전 처마 아래를 눈여겨보자. 강화풍물시장과 외포리 젓갈시장까지 돌아보다 보면 강화도의 하루가 짧기만 하다. 돼지갈비에 새우젓을 넣고 끓인 젓국 갈비라는 독특한 음식도 여행의 맛을 더한다.

고려궁지와 강화성당 힘난하고 강인힌 우리 역시를 확인하는 공간
초지진 조선 시대의 굳건했던 요새를 걷다
전등사 절에 닿는 숲길을 걸으며 힐링의 시간
동막해수욕장 세계 최대의 갯벌, 강화도 최고의 일몰
외포리 젓갈시장 한국에서 제일 맛있는 새우젓, 그 새우젓으로 끓인 젓국 갈비
| **more & MORE** 짭조름하면서도 깊은 맛의 젓국 갈비, 탱탱한 육질의 갯벌 장어 맛보기

고려궁지와 강화성당

온 가족과 함께 하는 역사여행

강화도 여행은 아이와 함께라면 더 좋다. 강화도라는 섬은 역사 그 자체다. 단군왕검이 내려와 역사를 펼친 이래 크고 작은 역사적 사건이 이 섬에서 일어났다. 몽골 침략에 항전하는 요새이기도 했고 구한말 열강의 입김에 몸살을 앓기도 했다. 강화도를 여행하다 보면 이 땅의 생채기를 몸으로 확인할 수 있다.

강화풍물시장이 자리한 강화 버스터미널 근처에 고려궁지와 용흥궁, 성공회 강화성당 등이 자리잡고 있다. 고려궁지는 대몽항쟁의 대표적인 유적이다. 몽골의 1차 침입 후 고려 고종은 1232년 수도를 송도(개성)에서 강화도로 옮기고 1234년 궁궐과 관아 건축물 공사를 모두 완료한다. 1270년 개경으로 환도할 때까지 고려의 왕들이 머문 곳이 바로 고려궁지다.

고려궁지에서 내려오면 성공회 강화성당이다. 1900년 지어진 우리나라 최초의 성당이다. 외관만 보면 성당이라기보다는 사찰건물 같다. 성당의 내부는 전형적인 바실리카 양식이지만 외형은 한옥이다. 낯선 서양 종교에 대한 거부감을 줄이고자 사찰 건축양식을 차용한 것이다. 강화성당 바로 옆은 용흥궁. 철종이 왕이 되기 전 살았던 곳으로 알려져 있다. 원래 초가집이었으나 1853년에 지금과 같은 집을 짓고 용흥궁이라 부르게 됐다.

강화 나들길

진과 보, 돈대를 찾아가는 드라이브 여행

'돈대'란 경사면을 자르거나 흙을 다져 평평한 지대를 만들고 옹벽을 쌓은 곳을 말하는데, 진과 보는 요즘으로 치면 각각 대대와 중대로, 돈대는 진과 보에 소속된 그보다 작은 규모의 요새로 보면 된다. 이들 돈대 덕택에 강화도는 나라에 변란이 있을 때마다 수도인 한양을 지키는 중요한 요새 역할을 했고 외적이 침입했을 때 왕실이 피난하는 제일의 후보지이기도 했다.

용흥궁을 나와 갑곶돈대부터 초지진까지 해안도로를 따라갈 수 있다. 길이는 약 17km. 대부분이 바다를 보며 걷는 둑길이다. 이 길은 강화 나들길 2코스 호국돈대길이기도 하다. 갑곶돈대-오두돈대-광성보-덕진진-초지진으로 이어진다.

초지진은 조선 시대에 해상으로부터 침입하는 적을 막기 위해 구축한 요새다. 신미양요와 병인양요 때의 격전지이기도 하다. 근대에 사용했던 포좌와 총좌가 있고 대포 등이 전시되어 있다.

저물 무렵의 포구(위)와 갯벌

강화성당

전등사 윤장대

전등사

목수의 애틋한 사랑 이야기가 깃든 절

고구려 아도화상이 세웠다는 고찰이다. 대웅전의 처마 밑에 있는 신기한 나무 조각상으로 유명하다. 벌거벗은 여인이 네 귀퉁이에서 지붕을 인 형상이다. 전설에 따르면 절을 짓던 목수가 자신의 사랑을 배반하고 도망친 여인에게 벌을 주기 위해 조각해 넣었다고 한다. 절까지 이르는 숲길도 그윽하다.

동막해수욕장

강화도 최고의 일몰 포인트

동막 해수욕장은 강화도 본섬의 유일한 해수욕장. 밀물 때는 잔잔한 물결이 일고 썰물 때는 1,800만 평 규모, 직선거리 4km의 갯벌이 펼쳐진다. 세계 4대 갯벌 중의 하나다. 해수욕장 동쪽 끝에 있는 분오리돈대에 오르면 갯벌의 장관이 한눈에 들어온다. 일몰도 빼어나다.

강화도의 기름진 갯벌. 이 풍요로운 갯벌을 터전 삼아 뭇 생명들이 살아간다.

외포리 젓갈시장

제일 맛있는 새우젓을 만날 수 있는 곳

가을에 잡은 새우로 담근 젓갈을 추젓이라 하는데, 전국 추젓의 70%가 이곳 강화도에서 생산된다. 외포리 젓갈시장은 강화도 추젓의 '본진'격인 곳이다. 시장에 들어서면 낙지젓, 창란젓, 밴댕이젓 등 감칠맛 나는 젓갈류들이 입맛을 다시게 한다. 한 통을 사면 용기에 꾹꾹 눌러 담아주는 인심은 덤이다.

| more & MORE

젓국 갈비

강화 추젓과 기막힌 조화를 이루는 음식이 젓국 갈비다. 강화도에서만 맛볼 수 있는 토속음식이다. 두부와 배추 밑에 돼지갈비를 놓고 새우젓을 듬뿍 넣어 푹 삶아 내는데 쫄깃쫄깃한 고기를 씹다가 부드럽게 삶아 낸 배추를 건져 먹는 맛이 일품이다. 갯벌 장어도 강화도를 대표하는 음식이다. 갯벌 상어는 양식장에서 키운 녀석들을 일정 기간 갯벌에서 놓아 기른 것들이다. 쫄깃한 육질이 일품이다. 젓국 갈비는 외내골가든(032-932-2488), 신아리랑식당(032-933-2025), 단골식당(032-937-1131)등이 잘한다. 외포리 젓갈시장은 오전 8시 30분부터 오후 5시 30분까지 문을 연다. 젓갈 1통에 1~2만 원 선이다. 갯벌 장어는 등대숯불장어(032-937-0749) 등이 유명하다. 초지진 근처에 장어마을이 있다.

04 | 하루 | 인천 | 영종도와 무의도

드라이브 삼아 떠나는 부담 없는 섬 여행

을왕리해수욕장과
무의도로 떠난 훌쩍 여행

서울에서 가장 가까운 해수욕장 을왕리. 인천공항고속도로를 이용하니 차가 막힐 염려도 없다. 가벼운 마음으로 드라이브 삼아 가도 되고, 해수욕을 즐길 요량으로 수영복 등을 준비해 가도 된다. 을왕리 해변 앞에는 조개구이집이 많다. 타닥타닥 조개를 구워가며 먹는 맛과 재미는 서울에선 경험할 수 없는 일이다. 을왕리가 번잡하다면 무의도까지 가보자. 비교적 한적한 데다 조개잡이 체험도 할 수 있다. 서해만의 붉은 노을도 멋진 추억을 만들어 준다. 맛있는 조개구이와 바지락칼국수를 맛보는 일은 서해안 드라이브 여행의 또 다른 즐거움이다.

을왕리해수욕장 서울에서 한 시간 반이면 닿는 바다, 차도 안 막히니 더 좋아
무의도 을왕리는 패스, 더 한적한 바다를 원한다면 가보자
하나개해수욕장 즐거운 갯벌체험
| more & MORE 땀을 흠뻑 쏟는 등산도 가능한 무의도

을왕리해수욕장. 이국적인 풍경을 자랑한다.

을왕리해수욕장

서울에서 가장 가까운 바다

을왕리해수욕장은 서울에서 가장 가까운 해수욕장이다. 예전에는 해수욕장에 가려면 인천 여객터미널에서 영종까지 배를 타야 했지만 2000년 영종 대교가 개통되면서 차로 갈 수 있게 됐다. 막히지 않고 시원하게 뚫리는 길이 드라이브의 묘미를 느끼게 한다.

을왕리해수욕장은 서울과 인천, 김포, 파주, 시흥 등 수도권 서부 시민들이 가장 편하게 찾을 수 있는 해수욕장으로 여름철이면 인근에서 가장 많은 피서객이 몰리는 해수욕장 중 하나다. 반달 모양으로 펼쳐진 백사장 길이는 약 700m, 평균 수심은 1.5m로 비교적 규모가 큰 편이다. 울창한 송림과 해수욕장 양쪽 옆으로 늘어선 기암괴석이 아름다움을 더한다.

을왕리해수욕장의 먹거리는 조개구이다. 해변을 따라 조개구이집이 늘어서 있다. 인천 앞바다에서 잡아 온 각종 해산물들은 을왕리 어항에 들어오자마자 이곳의 가게에서 모두 가져가 버린다. 그만큼 싱싱하다는 말이다. 숯불 위 불판에 푸짐하게 올려 껍질을 열며 타닥타닥 익어가는 조개구이 한 판은 영종도 여행의 낭만을 더한다.

을왕리해수욕장에서 바다를 즐기는 사람들

을왕리 해수욕장 가는 길. 인천 영종도휴게소

영종도 휴게소에서 내려다본 풍경. 이 길 따라 끝까지 가면 을왕리다. 드라이브 코스로 좋다.

서울에서 1시간이면 이런 풍경을 만난다.

무의도

가슴 적시는 붉은 노을

무의도 하나개해수욕장의 저물 무렵.
모래밭이 황금빛으로 물들고
먼 하늘에서 노을이 밀려든다.

좀 더 한적하고 여유로운 피서를 즐기고 싶다면 무의도로 향해 보자. 최근 영종도에서 무의도로 연륙교가 놓였다. 무의도라는 이름은 섬의 모양이 마치 무희의 옷처럼 아름다워 붙여졌다고도 하고, 장군이 춤추는 장면을 연상케 한다 해서 붙여졌다고도 한다. 여의도만 한 크기의 섬에 하나개해수욕장, 실미해수욕장 등 해송과 은빛 모래 반짝이는 아름다운 두 곳의 해변이 있다.

무의도의 대표 해변은 섬 중간 서쪽에 자리 잡은 하나개해수욕장이다. 1km 길이의 해변은 썰물 때면 광활한 개펄이 펼쳐진다. 서해 바다에서는 좀처럼 찾아볼 수 없는 넓고 푹신한 모래사장이 깔려 있어 흡사 동해의 어느 해수욕장에 온 듯한 기분을 느낄 수 있다.

하나개해수욕장은 낮보다 저녁 무렵 풍경이 빼어나다. 바다가 서쪽으로 면하고 있어 해 질 녘이면 해변 일대가 붉은 석양빛으로 물든다. 커다랗게 부풀어 오른 해가 수평선을 넘어가는 장면을 감상하는 맛이 일품이다. 이런 아름다운 풍경 때문인지 많은 영화와 TV 드라마가 이곳에서 촬영됐다. 지금도 해수욕장 사구 위에는 권상우와 최지우가 주연한 드라마 '천국의 계단' 세트장이 남아 있다. TV 드라마 '꽃보다 남자'의 마지막 장면이 이곳에서 촬영돼 화제가 되기도 했다.

섬의 서북쪽에 자리잡은 실미해수욕장은 2km에 달하는 초승달 모양의 해변과 100년 넘은 소나무 군락이 운치있는 곳이다. 매일 썰물 때면 실미도까지 걸어갈 수 있다. 2003년에 개봉되어 폭발적인 인기를 끈 영화 '실미도'는 684부대의 비극적인 실화를 그린 영화로 많은 장면들을 실미도에서 직접 촬영했다. 지금은 세트장이 모두 철거되어 흔적도 없지만 영화 장면 속에 등장했던 모래 언덕 등을 볼 수 있다.

친구, 가족과 함께 갯벌을 뒤져보자. 조개들이 나타난다.

하나개해수욕장

즐거운 갯벌체험

하나개해수욕장을 찾는 또 다른 즐거움은 갯벌체험이다. 해수욕장 주변으로는 넓은 갯벌이 포진해 있다. 바지락, 소라, 동죽 등 조개를 잡아보는 체험이 가능하다. 물론 돌을 함부로 들추거나 마구잡이식으로 갯벌을 파헤치는 일은 피해야 한다. 손으로 펄을 5cm 정도만 파면 흰 속살의 동죽조개가 입을 오므린 채 나타난다. 해수욕장의 한쪽 끝에는 기암괴석이 늘어서 있는데 이곳에서 망둥어 낚시를 즐길 수 있다.

more & MORE

을왕리해수욕장에 조개구이집과 횟집들이 즐비하게 늘어서 있다. 활어회와 조개구이는 기본이고 각종 해산물, 활어회, 간장게장 등을 즐길 수 있다. 어느 집을 가나 가격과 구성이 비슷하다. 무의도는 등산을 즐길 수 있는 섬으로도 유명하다. 호룡곡산(264m)과 국사봉(236m) 등 2개의 봉우리가 있다. 무의도 선착장에서 호룡곡산의 정상을 오르려면 족히 4시간이 걸린다. 등산 최장길이로 호룡곡산을 넘어 소무의도 앞 광명 포구까지 가는 데 꼬박 반나절이 걸려 등산객들에게는 안성맞춤이다. 짧은 코스를 원한다면 국사봉을 이용하면 된다.

05 하루 | 인천 | 차이나타운

담백한 화덕 만두와 달콤한 공갈빵,
물론 짜장면도 빼놓을 수 없죠

인천 차이나타운
주전부리 여행

주전부리의 사전적 의미는 '맛이나 재미, 심심풀이로 먹는 음식'이다. 여행길에 손에 들고 다니며 재미삼아 먹는 음식이라는 뜻일 것이다. 국내에서 주전부리 천국을 꼽으라면 단연 인천 중구에 자리한 차이나타운 아닐까. 화덕 만두를 비롯해 공갈빵, 홍두병 등 맛있는 주전부리가 골목골목 넘쳐난다. 차이나타운에 들어서면 길게 줄을 서 무언가를 기다리는 모습을 쉽게 볼 수 있는데, 이 줄을 기웃거리다 보면 자기도 모르게 주전부리가 담긴 비닐봉지로 양손이 무거워진다. 물론 '원조' 짜장면을 맛보고 근대역사문화타운을 돌아보는 일도 빼놓을 수 없는 일. 답동성당과 송월동 동화마을까지 여행해 보자.

화덕 만두 겉바속촉, 육즙 가득한 중국식 만두화
공갈빵과 홍두병 차이나타운을 거닐며 먹기 좋은 주전부리
원조 짜장면 중국 산둥반도에서 건너와 이제는 한국을 대표하는 음식으로
근대역사문화타운 개항장 당시의 모습이 그대로 남은 곳
| **more & MORE** 세계명작동화를 테마로 꾸민 송월동 동화마을

화덕 만두 만들기

화덕 만두

중국식의
바삭한 만두

화덕 만두의 원래 이름은 '옹기병'으로 항아리 안에서 굽는 중국식 만두를 말한다. 대만에서 기술을 배워온 차이나타운의 '십리향'이라는 가게가 처음 선보인 이후 지금은 차이나타운 내 여러 상점에서 판매하고 있다. 만드는 방법은 비교적 간단해서 하루 동안 숙성시킨 밀가루 반죽으로 피를 만들고 그 속에 고기와 채소로 만든 소를 채워 넣은 다음 화덕 안쪽 벽에 만두를 다닥다닥 붙인 후 7분 동안 구워내면 된다. 200℃가 넘는 화덕 항아리 안에서 완성된 화덕 만두는 과자처럼 바삭하다. 속은 푹 익어 한입 베어 물면 육즙이 가득 뿜어져 나온다. 돼지고기 비린내도 전혀 나지 않는다. 고기, 고구마, 단호박, 팥 등 다양한 소를 채워 넣은 만두가 있어 입맛에 따라 골라 먹으면 된다.

공갈빵과 홍두병

자꾸만 손이 가요,
공갈빵과 홍두병

'공갈'(거짓말)이라는 이름이 이렇게 잘 어울리는 음식도 없다. 한쪽에만 꿀을 바른 뒤 속이 부풀어 오르게 구워낸 중국식 호떡이다. 겉은 커다랗게 부풀어 있는데 막상 쪼개보면 속에는 아무 것도 없이 텅 비어 있다. 처음에는 별맛 있을까 하고 무심코 집어 먹다가, 달달하면서도 고소한 맛이 자기도 모르게 자꾸만 손이 가는 모습을 발견하게 된다. 맛이 거기서 거기일 것 같지만 집집마다 미묘한 차이가 있다. 반죽 두께가 지나치게 두껍거나 한쪽 면에 꿀이 덜 발리면 맛이 잘 나지 않는다고 한다.

부드러운 빵 속에 팥소를 듬뿍 넣은 홍두병도 맛있다. 의외로 달지 않아 쉽게 질리지 않는다. 크림치즈와 망고, 다크 초콜릿, 녹차 등을 넣은 것들도 인기다.

짜장면의 원조는 공화춘으로 알려져 있다. 지금은 공화춘이 있던 자리에 짜장면박물관이 들어섰다. 짜장면의 탄생은 물론이고 철가방의 변천사, 원조 공화춘의 역사 등 짜장면의 모든 것에 대해 살펴볼 수 있다.

공화춘 짜장면의 맥은 원조 공화춘을 운영했던 우희광의 외손녀 왕애주(43)씨가 '신승반점'에서 이어가고 있다. 이곳의 대표메뉴는 유니짜장. 쇠고기와 야채를 잘게 썰어 소스를 만든다. 목넘김이 부드럽고 짜지 않은 것이 특징이다. 면 위에 계란 노른자를 올려 주는데 맛을 한결 부드럽게 해준다. 종이처럼 얇은 단무지로 짜장면을 김으로 밥 싸먹듯 후루룩 넘기며 먹는 것이 맛있게 먹는 노하우다.

'원조' 짜장면

차이나타운에서
안 먹으면 섭섭하지

차이나타운의 이국적인 풍경

근대역사문화타운

이국적인 건축물 사이로
아이들과 함께 산책

인천에는 개항장으로서의 인천의 모습이 아직도 남아 있다. 인천 개항장 근대역사문화타운은 근대은행, 제물포 구락부(클럽), 물류창고 등 이국적인 옛 건축물을 개항박물관, 근대건축전시관, 근대문학관 등으로 새롭게 꾸민 곳으로 아이들과 함께 돌아보기에 좋다.

인천개항박물관은 일본 제1은행을 리모델링한 곳으로 개항기 우표, 인천 전환국 압인주화 등 근대문화와 관련된 유물을 전시하고 있다. 일본이 한국 금융계를 일본 식민지화 하려는 목적으로 세워진 구 인천 일본18은행 지점을 리모델링한 인천 개항장 근대건축전시관은 개항장 일대의 건물 모형으로 시선을 끈다.

대한통운 창고를 개조한 인천아트플랫폼은 폭발적인 인기를 누렸던 드라마 '도깨비'의 촬영 장소. 일년 내내 다양한 전시가 열리기 때문에 꼭 한번 가볼 만한 곳이다.

한국 근대문학관은 물류창고를 문학 박물관으로 조성한

차이나타운에서 만날 수 있는 근대의 모습. 짜장면박물관에서는 1970년대 중국집 풍경도 만날 수 있다.

곳으로 일제강점기에 처음 지어진 창고의 투박한 외벽과 내부의 목조 천장에서 옛 개항장의 분위기가 물씬 묻어난다.

근대문학관은 1890년대 계몽기부터 1940년대 후반까지 근대문학 자료를 보존하고 있는 곳으로 3만 점 가까운 자료들을 갖추고 있다. 최남선, 한용운, 김소월, 나도향, 현진건, 백석, 염상섭 등 우리나라 근대문학을 대표하는 문인들의 작품을 한꺼번에 조우할 수 있다. 한국 최초의 국한문 혼용서인 유길준의 〈서유견문〉 초판, 염상섭의 〈만세전〉 초판 등 빛바랜 희귀본들도 만날 수 있다.

개항누리길을 따라 신포시장 쪽으로 걷다 보면 걸음은 자연스럽게 답동성당에 닿는다. 로마네스크 양식의 붉은 벽돌 건물의 중앙과 좌우 소철탑 상부에 얹은 돔 모양의 종탑 3개가 아름답게 어울려 있다.

로마네스크 양식의 답동성당

| more & MORE

차이나타운 바로 옆에는 송월동 동화마을이 있다. 가족 단위 여행객과 연인의 데이트 코스로 특히 사랑받는 곳이다. 세계명작동화를 테마로 마을을 꾸몄다. 백설공주, 오즈의 마법사, 피터팬 등 명작동화에 등장하는 주인공들이 상점은 물론 빌라, 유치원, 마을회관, 계단에 이르기까지 빼곡하게 그려져 있다.

짜장면박물관에서 '삼국지 벽화 거리'가 가깝다. 삼국지의 명장면 160개를 벽화로 그려 놓았다. 벽화는 삼국지의 역사적 사실을 고사성어와 그림으로 잘 표현하고 있어 길을 걷다 보면 삼국지 이야기가 새록새록 떠오른다.

벽화 거리를 지나 언덕을 오르면 자유공원이다. 개항 당시만 해도 '각국 공원'으로 불리며 '존스턴 별장'을 비롯한 외국인 사택과 공장 등이 들어서 있었지만 1950년 한국전쟁 당시 폭격으로 초토화되면서 대부분 소실됐다. 현재는 인천상륙작전의 시발이 된 월미도를 바라보는 맥아더 장군의 동상과 한.미 수교 100주년 기념탑 등이 남아 있다. 뱃머리 모양의 전망대에 오르면 가깝게는 인천항, 멀게는 인천대교까지 내려다 보인다.

06 하루 | 대전 | 소제동

들여다보고 싶은 호기심 골목, 머물고 싶은 다정한 골목

어느 봄날의
대전 소제동 뉴트로 여행

대전역에서 나와 십여 분 걸어가다 보면 시간이 멈춘 듯한 풍경이 펼쳐진다. 소제동이다. 옛 철도청 관사들이 모여 있던 마을이다. 지금도 그 풍경을 고스란히 간직하고 있다. 슬레이트 지붕을 인 집, 낡은 가게와 이발관, 세탁소 건물들이 햇빛 아래 졸듯 서 있다. 그런데 얼마 전부터 이 골목이 변했다. 골목 사이사이마다 예쁘고 아기자기한 가게들이 숨어들어 왔다. 들여다볼 만한 작은 갤러리도 있다. 젊은 여행자의 발걸음이 이어지는 이유다. 사진도 찍고 파스타도 먹고 커피도 마시며 소제동의 하루를 즐겨보자. 곳곳에서 다정하고 따스한 풍경을 만날 수 있다. 여행은 테미오래와 대동벽화마을로 이어진다.

소제동 낡은 골목 사이사이를 걷고 엿보는 재미
테미오래 옛 대전의 부촌을 느긋한 걸음으로 걷기
대동벽화마을 예쁜 벽화마을에서 만드는 빈티지 사진
| **more & MORE** 맛있는 대전 즐기기 -오직 충청도 재료로만 만든 파스타, 쓰지만 달콤해 양탕국 커피

소제동

골목 속에 숨은
반짝이는 세련

경부선과 호남선이 갈라지는 대전은 '철도 도시'다. 대전역 앞 은행동은 가장 번화한 상권이지만, 소제동은 1905년 대전역이 영업을 시작할 때 지은 철도청 관사가 남아 있어 1920~1980년대 흔적을 그대로 간직하고 있다. 당시 북관사촌과 남관사촌으로 나뉘었지만, 한국전쟁 때 많이 사라지고 지금은 동관사촌이던 소제동에 건물 40여 채가 있다. 영화 '쎄시봉', '제8일의 밤' 등을 촬영한 곳이기도 하다.

허름해 보이는 골목으로 한 발자국 들어가면 예상치 못한 반전을 만난다. 서울 을지로를 걷는 듯한 기분이 든다. 모퉁이를 돌 때마다 나타나는 개성 있는 카페와 레스토랑들이 가슴을 두근거리게 만든다. 울창한 대밭을 정원으로 삼은 찻집, 마당에 눈부시게 흰 돌을 깔아 우유니 소금 사막을 연상케 하는 식당이 여행자의 호기심을 자극한다.

충청도 재료만 사용하는 파운드

관사촌 커피의 양탕국 커피

아주 오래된 이발관도 있다. 밖에서 안을 기웃거리니 주인 할아버지가 편하게 들어와 사진을 찍으라고 하신다. 포즈도 멋지게 잡아준다. 작은 전시관도 있다. 소제 창작촌은 대전에서 가장 오래된 창작 레지던시다. 근대 문화유산인 옛 철도관사 45호에 자리한다.

소제동 골목은 돌아보는 데 20분도 걸리지 않는다. 하지만 이곳에서 걸음은 자꾸 느려진다. 지나간 가게 앞으로 다시 가고, 오래된 담장의 벽화 앞에서 괜히 발걸음이 맴돈다. 어깨에 내려앉은 햇살이 한결 더 따뜻하게 느껴진다. 그동안 가슴속에 묻어둔 말이 문득문득 나오는 것도 다정하고 따스한 이 풍경 때문인지 모른다.

다정하면서도 세련된 소제동 골목의 풍경들. (왼쪽 위부터 시계방향으로) 독특한 풍미의 커피를 맛볼 수 있는 관사촌 커피, 샤브샤브가 맛있는 온천집의 마당, 소제동의 건물들은 옛날 집의 분위기를 고스란히 살렸다. 민간예술창작 레지던시로 사용되고 있는 소제창작촌.

047

테미오래

대전 근현대 골목 산책

중구 대흥동에 자리한 충청남도지사 공관(대전문화재자료 49호)과 대전 충청남도청 구 관사(국가등록 문화재 101호)를 시민의 집, 역사의 집 등 테마에 따라 꾸몄다. 도청이 홍성군 내포신도시로 이전하면서 관사촌이 비어 시민에게 개방한 것. 테미오래는 '삼국시대부터 이어져 온 마을 이름'인 테미와 '동네 몇 집이 이웃이 되어 사는 마을의 구역'을 뜻하는 순우리말 오래를 합친 이름이다. '테미로 오라'는 뜻과 '테미와 관사촌의 오랜 역사'를 의미하는 중의적 표현으로, 재미있고 친근한 느낌을 준다. 2018년 시민공모를 통해 지어진 이름이다.

부촌으로 보이는 언덕에 자리한 충청남도지사 공관은 한눈에도 최고급 주택이다. 1층에는 온돌과 벽난로가, 2층에는 다다미가 있어 한식과 양식, 일본식이 어우러졌다. 집 뒤쪽의 넓은 정원도 운치 있다. 지금은 시민의 집으로 불린다. 1호 관사는 역사의 집으로, 논산 출신 박용래 시인의 시와 책 등을 전시한다. 행정부지사가 사용한 2호 관사는 재미있는 집으로, 국내 만화를 전시해 두어 아이들이 좋아한다.

테미오래에서 약 1km 떨어진 대전 근현대사 전시관은 대전 충청남도청 구 본관(국가등록 문화재 18호) 건물이다. 2012년 도청이 이전하고, 이듬해 10월 대전 근현대사 전시관으로 개관했다. 도지사 집무실이 개방되고, 20세기 초부터 최근까지 약 100년간 대전의 역사와 발전상, 원도심의 다양한 모습을 볼 수 있다.

대동벽화마을

마음이 환해지는 벽화 골목

대전 뉴트로 여행의 종착지는 대동벽화마을이다. 피난민이 살던 달동네에 2007년 당시 문화관광부 지원 사업으로 벽화가 그려지면서 찾는 사람이 늘기 시작했다. 마을 벽 곳곳을 아기자기하고 예쁜 벽화로 장식해 방문객의 마음을 따뜻하게 만들어 준다.

동구 대동 산 1번지. 대동종합사회복지관 인근인데 좁은 골목길을 지나고 가파른 계단을 올라야만 다다를 수 있는 대전의 달동네. 골목길을 걷다 보면 골목 전체가 온통 노란색으로 칠해진 곳이 나온다. 그 색감이 너무 화사해 눈이 부실 지경이다. 벽에는 파스텔톤의 꽃 그림이 수놓여 있다. 그리고 창문 너머로 귀여운 얼굴을 내놓고 있는 아이 그림. 양쪽 벽에 남자아이와 여자아이가 사이좋게 그려져 있다.

마을 꼭대기에는 커다란 풍차가 서 있다. 세상일 내 알 바 아니라는 듯 무심하게 서 있는 풍차 위로 역시 세상일 내 알 바 아니라는 듯 커다란 구름이 흘러간다.

소제동 파운드(위)와 대동 벽화마을의 벽화

| more & MORE

이탈리안 레스토랑 파운드(070-4177-7171)는 관사로 사용하던 건물의 벽과 천장, 기둥 구조 등은 그대로 두고 실내를 멋스럽게 꾸몄다. 부여방울토마토스스기지, 친인배에이드, 서천김페스토파스타, 예산표고트러플크림파스타 등 모두 충청도에서 난 재료를 사용한다는 점도 이채롭다. 식당 한쪽에는 빗자루, 가위 등 충청도의 공예품을 파는 코너도 마련했다.
관사촌커피(https://instagram.com/kschon_soje)는 양탕국이라는 커피를 판다. 1900년대 초 우리나라에 커피가 들어왔을 때 색과 맛이 탕약과 비슷하다고 해서 양탕국으로 불렸다. 이 집 커피는 강하게 볶아 쓴맛이 난다. 비정제 설탕과 연유가 함께 나오는데, 취향에 따라 넣어 먹으면 된다.

07 하루 | 경기 | 포천

숲에서 꽃밭으로 그리고 다시 숲으로

이토록 초록빛으로 가득한 여행이라니, 포천 자연주의 여행

포천 국립수목원에 왔다. 서어나무며 졸참나무, 갈참나무, 구상나무, 전나무, 가문비나무가 살고 있는 곳. 울울창창한 나무 사이로 난 길을 걷다 보면 우리를 즐겁게 하고 위로하는 건 때때로 사람의 이름보다는 나무나 꽃의 이름을 가진 것들이라는 걸 알게 된다. 평강랜드 식물원에도 들렀다. 흔히 보지 못하고 듣지 못하는 꽃과 나무의 이름이 우리의 눈을 반짝이게 한다. 여행의 마무리는 산정호수다. 호숫가 한 바퀴를 천천히 걷다 보니 옆에서 함께 걷는 사람의 손을 나도 모르게 꼭 쥐게 된다. 포천으로 떠나는 자연주의 여행. 이토록 초록빛으로 가득한 시간이라니.

국립수목원 500년 넘게 온전히 보존된 숲, 가장 아름다운 숲
광릉 고운 초록의 산책로
평강랜드 산과 들에 자라는 희귀 식물이 한 자리에
비둘기낭 용암이 흘러내려 빚어낸 풍경
산정호수 포천 여행의 마무리는 호수 따라 한 바퀴
| more & MORE 맛있는 숯불갈비와 구수한 순두부 한 그릇

국립수목원
큰 나무가 사는 깊은 숲

남양주에서 포천으로 이어지는 47번 국도에서 국립수목원으로 향하는 98번 지방도로 갈아타자 분위기가 싹 바뀐다. 어수선한 간판은 사라지고 쭉쭉 뻗은 전나무들이 몰려 온다. 차창을 내리면 밀물처럼 밀려오는 싱그러운 공기. 차갑고 달짝지근하다.

국립수목원은 1468년 조선 시대 세조대왕릉 부속림으로 설정된 후 지금까지 550년 동안 온전히 보존되고 있다. 국립수목원 가까이 세조의 능이 있어 함부로 능 주위의 숲을 침범하지 못했고 일제강점기에는 임업시험과 연구를 하기도 했다. 한국전쟁 때에도 전쟁의 피해를 입지 않고 잘 보호돼 왔다. 지금 이 숲에는 900여 종의 식물을 비롯해 곤충, 조류, 포유류, 양서파충류 등 다양한 생물이 살고 있다.

국립수목원에는 정확히 9시가 되어서야 숲에 들어설 수 있다. 홈페이지를 통해 미리 예약을 해야만 한다. 9시면 해가 중천에 떴을 시간이지만 숲속은 어둑어둑하다. 숲 어딘가에서 불어오는 바람이 수건처럼 피부를 후다닥 감싸면 소름이 오소소 돋는다. 숲은 깊고 그윽하다. 수목원에서 가장 아름다운 숲길은 인공호수인 육림호에서 산림동물보존원(동물원)까지 이어지는 전나무숲 구간이다. 길이는 약 1.7km. 1927년 오대산 월정사 전나무의 종자로 조림

울창한 숲사이로 보이는 육림호. 국립수목원이 품은 비경이다.

아이들과 함께 나들이하기 좋은 국립수목원. 울울창창한 전나무숲이 싱그럽다.

한 것이 지금은 빽빽한 숲을 이루고 있다. 당시 5년생 전나무를 심은 것이라니 수령이 90년은 넘는다. 신화 속 거인족처럼 커다란 나무들이 살고 있다.

국립수목원은 시험림까지 포함한 면적이 총 2,118ha(약 660만 평)에 달한다. 우리에게 공개된 수목원은 극히 일부일 뿐이다. 그마저도 제대로 둘러보려면 최소 3시간쯤은 잡아야 한다. 아이나 부모님과 함께라면 육림호까지만 다녀와도 된다. 느린 걸음으로 30분 거리다. 육림호는 나무에게 필요한 물을 저장하기 위해 만든 인공 저수지인데 봄이면 호수를 둘러싼 산벚나무가 환상적인 자태를 뽐낸다. 작은 호수 주변으로 예쁜 나무 산책로가 만들어져 있다.

광릉

신록 고운 숲길

수목원에서 광릉이 지척이다. 수목원 입구에서 남양주 방향으로 '수목원로'를 따라 걸어가면 10분이면 닿는다. 매표소를 지나면 신록 고운 숲길이 시작된다. 국립수목원에 비할 바는 아니지만 정감있고 친근하다. 길옆 숲에는 한 가족이 자리를 펴고 소풍을 즐기고 있다. 진초록의 숲속에서 자리를 펴고 다정한 시간을 보내는 가족들. 여름이 만들 수 있는 가장 완벽한 풍경이다. 숲길 따라 얕은 오르막을 5분쯤 걸으면 제의식이 진행되는 건물인 정자각이다. 이 건물을 바라보고 서면 왼쪽이 세조의 능, 오른쪽이 왕비인 정희왕후의 능이다.

평강랜드

초록으로 찬란한
정원에서의 한 때

평강랜드의 식물과 꽃들이 만들어내는 아름다운 풍경. 평강랜드는 우리나라에서는 보기 힘든 다양한 식물들을 만날 수 있는 공간이다.

평강랜드 내 평강식물원은 산과 들에 자라는 희귀 식물들을 60만m² 계곡에 모아놓았다. 자생식물원, 고층습지, 고사리원, 암석원, 이끼원, 습지원, 들꽃동산 등 13개의 테마정원에서 8,000여 종의 식물이 자란다.

입구에 들어서면 가장 먼저 만나는 곳은 암석원이다. 백두산, 한라산, 히말라야, 로키산맥 등 세계의 고산 지역에서만 찾아볼 수 있는 고산식물과 바위에 붙어사는 다육식물이 심겨 있다. 고산식물 전시장에는 산솜방망이, 에델바이스, 백두산떡쑥, 산부채, 제주양지, 금낭화, 앵초, 양지꽃, 종지나물 등의 고산식물을 볼 수 있다. 고산습원과 고층습지는 국내에선 찾아 볼 수 없는 생소한 테마정원. 한라산의 계곡과 습지를 재현한 고산습원엔 붓꽃류, 물매화 등 자생식물은 물론 종의 다양성을 확보하기 위해 세계 각국에서 수집한 습지식물이 철따라 피고지고를 거듭한다.

비둘기낭

용암이 만든 풍경

새둥지를 닮은 현무암 협곡인데, 언뜻 보기에는 평지 같으나 나무 데크 탐방로를 따라 가까이 접어들면 40m 높이의 수직 낭떠러지가 있다. 예로부터 수백 마리의 산비둘기가 서식해 비둘기낭이라 부르게 됐다고 한다. 드라마 '추노'에서 태하(오지호 분)가 부상당한 혜원(이다혜 분)을 업고 와 치료하던 그 비밀스런 공간이 다 이곳이다. 화적연은 진경산수화로 이름 날린 겸재 정선(1676~1759)이 자신의 서화집 '해악전신첩'속에 그려 넣은 곳이다.

산정호수

여유롭게 호수 한 바퀴

산정호수를 가장 잘 감상하는 방법은 호수를 도는 둘레 5km의 산책로를 따라 걷는 것. 명성산의 암릉과 망봉산, 망무봉 등이 호수 위에 반영되는 모습은 예나 지금이나 여전히 매혹적이다. 일부 구간은 물 위에 나무 데크 탐방로를 설치해 놓았는데, 이른 아침이나 해 질 무렵, 이 탐방로를 걸으며 바라보는 수면 위로 비친 산의 풍경이 아주 그만이다.

깊게 심호흡을 하고 산정호수를 돌아보자. 이런 풍경이 있다는 것만으로도 고맙다.

more & MORE

국립수목원 가는 길 남양주에 자리한 광릉불고기(031-527-6631)가 유명하다. 오래된 맛집이다. 간장양념을 해 숯불에 구워낸다. 예약도 받지 않고 추가주문도 받지 않는다. 원조파주골순두부(031-532-6590)는 직접 콩을 갈아 부드러운 두부를 만들어 낸다. 두부와 어울리는 무채 등 몇몇 밑반찬을 내놓고 두부, 된장찌개 등을 곁들이는데, 뭉근하게 끓인 순두부가 아주 맛있다.

광릉 근처 봉선사도 들러보자, 고려 때 운악사로 창건했는데, 세조가 죽은 후 정희왕후가 광릉을 관리하고 추모하는 사찰로 정하고 이름도 봉선사로 바꿨다. 눈여겨 볼 것은 '큰법당' 편액인데, 한글이다. 대웅전인 큰법당은 1970년 당시 주지였던 운허(1892~1980)가 중건했는데, 운허는 이때 '대웅전'이라 하지 않고, '큰법당'이라 이름 지어 한글 편액을 달았다. 편액 글씨는 서예가 운봉 금인석의 작품이다. 우리나라 사찰의 한글 편액으로는 이것이 처음이다. 운허는 우리나라에서 처음으로 '불교사전'을 편찬하고 1960년대부터 한글 대장경 편찬 사업을 주도했던 인물이다.

08 하루 | 경기 | 파주

고즈넉한 산사 산책, 호수를 바라보며 마시는 커피 한 잔

가볍게 그리고 천천히, 파주 하루 소요

어디론가 긴 여행을 떠나기 부담스러운 분들께, 그래도 한나절 아니, 반나절만이라도 훌쩍 떠나고 싶은 분들께 파주 광탄을 권해드린다. 보광사, 용미리 석불, 마장호수, 벽초지 문화수목원 등 알찬 여행코스가 꽤 있다. 고즈넉한 산사 마당을 거닐어 보고 출렁다리도 건너 보자. 한옥 베이커리에서 느긋한 시간을 보내도 좋다. 돌아올 때는 자유로를 선택해도 된다. 임진각 평화누리공원과 파주출판단지에 시간을 보내기 좋은 곳이 있다. 베이커리, 부대찌개, 막국수, 잔치국수, 숯불장어구이 등 맛있는 먹거리도 기다리고 있다. 파주로 떠나는 유유자적한 하루 소요.

보광사 오래되고 고요한 절집
용미리 석불입상 커다란 바위에 새긴 미륵불과 미륵보살
마장호수 그윽한 호수와 산책로, 이 호수를 가로지르는 출렁다리 건너기
벽초지 문화수목원 아이들과 함께 돌아보기 좋은 수목원
감악산 출렁다리 아찔한 계곡을 가로지르는 스릴 만점의 출렁다리
평화누리공원 데이트 즐기기 좋은 이국적인 풍경
| **more & MORE** 운치 있는 한옥 카페와 구수한 막국수, 오래된 부대찌개집

보광사

퇴색한 단청이
고풍스러운 절

우리나라에는 보광사라는 이름의 사찰이 많다. 창건 연대가 밝혀진 보광사 가운데 가장 오래된 고찰이 파주 고령산 기슭에 안겨 있는 보광사다. 894년(신라 진성여왕 8년) 왕명에 따라 도선국사가 비보사찰로 창건했다.

대웅전이 멋있다. 전통 목조건축 양식을 따르고 있다. 정교하고 화려하게 조각된 공포와 퇴색한 단청이 고풍스러운 멋을 풍긴다. 외벽도 흥미롭다. 다른 사찰과 달리 외벽을 흙벽이 아니라 목판으로 처리했는데 여기에 아름다운 민화풍의 벽화를 그려 놓았다. 대웅보전 편액은 영조의 친필로 알려져 있다. 보광사 목어는 이외수 산문집 『하악하악』 표지에 실린 그것이다.

안개 가득한 아침의 보광사

오후 절집 마당에 담긴 고요

용미리 석불

커다란 바위에 새긴
미륵불

보광사 근처에 용미리 석불이 있다. 고려 시대에 제작된 것으로 추정되는 석불(보물 제93호)로 천연암벽을 몸체로 하고 그 위에 목, 얼굴, 갓을 조각해 얹어놓았다. 두 구가 있는데 왼쪽은 미륵불이고 오른쪽은 미륵보살이란다. 미륵은 석가모니불의 뒤를 이어 56억 7,000만 년 후에 도솔천으로부터 인간세계로 내려와 석가모니불이 미처 구제하지 못한 중생들을 구제할 미래의 부처다. 미륵불 곁에 서 있는 미륵보살의 합장이 간절하다.

커다란 바위 위에 앉은 미륵보살

출렁다리와 호수산책로가 갖춰진 마장호수. 주변에 분위기 좋은 한옥카페와 베이커리 카페 등이 있어 하루 여행 코스로 좋다.

마장 호수

호수를 가로지르는
아찔한 출렁다리

광탄면 기산리에 자리한 마장호수는 '아시아의 레만'으로 불린다. 호수를 둘러싸고 산책로가 잘 다듬어져 있다. 마장호수의 명물은 출렁다리다. 길이 220m, 폭 1.5m로 우리나라에서 가장 길다. 이름 그대로 다리에 올라서면 다리가 출렁거린다. 하지만 두려워하지 않아도 된다. 돌풍과 지진에도 끄떡없도록 안전하게 설계되었다. 그래도 뛰거나 일부러 흔드는 행동은 자제하는 게 좋다. 개방시간은 오전 9시부터 오후 6시까지.

출렁다리 입구에 '레드 브릿지'는 마장호수의 풍경을 바라보며 맛있는 빵과 커피를 맛볼 수 있는 '풍경 맛집', 마장호수 입구에 자리한 '아티장 베이커리'는 한옥 카페로 여름이 특히 운치 있는 '분위기 맛집'이다.

벽초지 문화수목원

다양한 식물이 자라는
가족을 위한 식물원

100여 종의 교목과 200여 종의 관목, 70여 종의 수생식물 등 1,400여 종의 식물이 어우러져 자란다. 국내 대부분의 수목원이 산을 끼고 있는 반면 벽초지 문화수목원은 들판에 위치해 남녀노소 누구나 부담 없이 탐방을 즐길 수 있다는 것이 장점이다. 수목원에 가장 아름다운 곳은 한가운데 자리한 호수 '벽초지'다. 연못가에는 수양버들이 가지를 늘어뜨리고 있고 수면 위에는 다양한 수생식물이 자란다. 연못 한쪽에는 정자 '파련정'이 있고 그 앞으로 통나무 다리인 '무심교'가 지난다. 호수 가장자리에 기대어 있는 나룻배도 운치를 더한다.

벽초지수목원의 여름 풍경

벽초지수목원 산책로

감악산 출렁다리

계곡을 가로지르는
스릴 만점의 출렁다리

광탄면에서 나와 파주 북쪽으로 더 가 보자. 경기도의 600m급 명산 가운데 가장 유명한 곳인 감악산이 있다. 개성 송악산(488m), 포천 운악산(936m), 가평 화악산(1,468m), 서울 관악산(629m)과 함께 경기 5악으로 불린다. 감악산 등산로를 따라 가파른 계단을 10분 정도 올라가면 까마득한 계곡을 가로지르는 출렁다리가 나타난다. 길이는 150m, 폭 1.5m, 지상까지 거리는 45m에 달한다. 마장호수에 다녀왔다면 어느 출렁다리가 더 무서운지 비교해 보는 것도 좋을 듯.

놀이공원과 조각품으로
이국적인 풍경을
연출하는 평화누리공원

평화누리공원

가슴 탁 트이는
시원한 풍경

헤이리에서 나와 자유로를 계속 달리면 평화누리공원에 닿는다. 이스트 섬의 모아이상을 연상시키는 작품과 수천 개의 바람개비가 이국적인 풍광을 연출하는 곳. 공원 옆에 자리한 자그마한 놀이동산은 동심을 일깨운다. 자유로를 타고 돌아오는 길에 출판단지에 들러보는 것도 좋을 듯.

| more & MORE

오두산막국수(031-941-5237)는 파주 일대에서 가장 유명한 막국수집. 원래 유명한 집이었는데 허영만의 <식객>에 소개되면서 더 유명해졌다. 이 집 막국수는 메밀 함유량이 매우 높다는 것이 특징. 녹두빈대떡도 맛있다. 돼지비계 기름으로 지져내 고소한 맛을 낸다. 심학산 자락에 자리한 심학산 장어(031-957-9205)는 장어 숯불구이가 맛있는 곳. 광탄면 가는 길에 자리한 뇌조리 국수집031-946-2945)은 '갈쌈국수'로 유명하다. 잔치국수나 비빔국수를 불향이 지그시 배인 돼지고기와 함께 먹는다. 문산 읍내의 삼거리부대찌개(031-952-3431)는 50년 내공의 부대찌개집이다.

09 하루 | 경기 | 남양주

강바람 맞으며 느리게 느리게

유유자적 남양주 슬로우 여행

남양주 가는 길, 서울 도심을 벗어나 팔당 방면으로 접어드니 가슴이 확 트이는 것 같다. 오른편으로 북한강이 유유히 흘러간다. 새털구름이 가볍게 떠 있는 푸른 하늘, 수면에 닿은 햇살이 사금파리처럼 빛난다. 남양주는 자동차로는 1시간 남짓이면 닿을 수 있어 당일 여행지로 손색이 없다. 운치 있는 간이역인 능내역도 돌아보고 고즈넉한 산사 수종사도 거닐어 보자. 물의 정원에서는 유유히 흘러가는 남한강을 바라볼 수도 있다. 능내역-다산유적지-물의정원-수종사-남양주코코몽팜빌리지로 이어지는 남양주 하루 나들이 코스.

능내역 오래된 간이역 앞에서 빈티지풍의 사진 만들기
다산 유적지 의외로 재밌어요, 시간 가는 줄 몰라요
물의 정원 북한강이 선물하는 고즈넉한 풍경
수종사 동방사찰 중 제일 전망
남양주 슬로시티문화관 슬로시티 남양주를 만나는 시간
| more & MORE 이북 음식도 먹고 한옥 카페에서 커피도 즐기고

능내역

시간이 멈춘 듯
서 있는 간이역

팔당역에서 출발해 강변을 따라가다가 봉안터널을 빠져 나오면 능내역으로 들어선다. 초록색 페인트칠을 하고 기와지붕을 인 오래된 역사. 시간이 멈춘 듯 옛 모습 그대로 서 있다. 능내역 앞을 지나는 철로에는 잡풀이 무성하다. 기차가 다니지 않은 지 오래됐기 때문이다. 2008년 12월 팔당역부터 국수역까지, 다음 해엔 용문역까지 복선 전철이 놓이면서 팔당-능내-양수역을 잇는 강변 철로가 폐선이 됐다.

먼지만 풀풀 쌓여가며 자칫 사라질 뻔했던 능내역이 다시 붐비기 시작한 것은 자전거길이 생기고 난 다음부터다. 라이더들 사이에 강을 따라가는 경치가 기막힌 곳으로 금세 소문이 났고 주말이면 알록달록한 옷을 입고 헬멧을 쓴 라이더들이 몰려들기 시작했다.

옛 역사 분위기를 간직한 능내역

능내역은 옛날 기와지붕을 이고 서 있다.

그때 그 시절의 능내역. 자전거 도로도 잘 정비되어 있다.

능내역은 기차가 다니던 시절보다 오히려 더 활기가 넘친다. 역사도 재단장했다. 폐역 분위기는 어디서도 찾아볼 수 없다. 페인트칠을 새로 했고 역사 안은 옛 능내역 대합실의 모습을 고스란히 재현했다. 당시 사용되던 열차 시간표와 운임표도 붙여 놓았다. 역 담벼락에는 여행을 떠나온 이들이 교복과 교련복을 입고 찍은 사진을 걸어 놓았다. 나란히 선 색색의 나무 의자들도 잔잔한 향수를 불러일으킨다. 역사 옆에는 수십 년간 중앙선 기찻길을 달렸던 기차가 카페로 변신해 손님을 맞고 있다.

다산 유적지

지루하지 않아요,
놀면서 배우는 실학

다산 유적지. 다산의 실학사상에 대해 알아보자.

능내역에서 마현마을 다산 유적지가 가깝다. 남양주는 조선의 대표적인 실학자 다산의 고향. 그는 1762년 한강의 두물머리가 환히 바라보이는 마현마을에서 태어났다. 마현마을에는 다산의 생가 여유당을 비롯해 다산의 묘와 다산문화관, 실학박물관 등이 모여있는데, 특히 실학박물관은 아이와 함께 한 가족 여행자라면 꼭 한번 들러 볼 만하다. 조선 후기 실학의 탄생과 전개 과정을 살펴볼 수 있으며, 실학의 선구 역할을 한 여러 실학자들의 유물과 자료가 잘 갖춰져 있다. 지루하지 않을까 하는 걱정은 접어둬도 된다. 회화와 그림, 애니메이션, 영상 등 아이들이 살펴볼 만한 다양한 자료가 흥미를 돋운다. 실학박물관 건너편에는 다산의 생가인 여유당이 서 있다. 1925년 대홍수 때 떠내려간 것을 1975년에 복원한 것이다.

다산 생가인 여유당

물의 정원

북한강이 펼쳐 보이는
한 폭의 그림 속으로

다산 유적지를 나와 북한강을 따라 운길산역 쪽으로 간다. 운길산역 건너편 북한강 변 들머리에 자리한 '물의 정원'은 아름다운 습지 공원이다. 자전거 도로와 함께 강변 산책로, 물향기길, 물마음길, 물빛길 등의 산책로와 전망 데크가 조성돼 있다. 자전거를 타기에도 좋고 여유로운 산책을 즐기기에도 제격이다. 강변을 따라 조성된 물마음길과 강변 산책길은 전망대와 휴식 공간이 곳곳에 설치돼 북한강의 풍경을 만끽할 수 있다.

수종사

한강을 아득하게 품은 풍경

운길산 중턱에 날아갈 듯이 자리잡은 수종사는 바위틈에서 떨어지는 물소리가 종소리를 낸다 해서 이런 이름이 붙었다. 수종사가 아름다운 이유는 절에서 바라보는 풍경 때문. 멀리 한강이 아득하게 내려다보인다. 이 풍경을 서거정은 "동방 사찰 중 제일의 전망"이라고 했다. 수종사에는 세조가 심었다는 은행나무가 두 그루 있다. 나이가 무려 오백 살이다. 해탈문 뒤에서 해탈한 듯 의젓하게 서 있다. 울퉁불퉁 우람하고 잘생겼다. 한 그루는 높이 35m, 가슴둘레 2m, 또 한 그루는 높이 25m, 가슴둘레 1.2m에 달한다.

절 마당 한쪽에는 통유리로 벽을 세운 삼정헌이 있다. 삼정헌은 무료 찻집이다. '시와 선, 차'가 하나 되는 곳이라는 뜻이다. 누구나 다실에 들러 차를 마실 수 있다. 다구가 일체 갖춰져 있다. 스스로 보온병의 찻물로 차를 마신 후 설거지도 해야 한다.

남양주 슬로시티 문화관

'느린 마을'
조안을 만나는 곳

조안면은 수도권에서 처음 슬로시티로 지정된 곳이다. 북한강과 남한강의 수려한 자연, 다산 정약용 생가와 박물관 등 전통 유산, 깨끗한 물과 토양이 어우러져 지속 가능한 생태 도시의 전형을 보여 준다는 평가를 받았다.

조안이 슬로시티로 지정된 가장 큰 원인은 서울과 가깝기 때문이다. 한강 변에 위치한 이 마을은 식수원 보호 때문에 각종 규제에 묶여 개발되지 못했다. 공장도 들어서지 못했고, 농약도 사용할 수 없었다. 아이러니하게도 이 규제가 자연과 문화를 보호하는 결과로 나타났고, 세월이 흘러 그 가치를 인정받기 시작했다. 조안면은 지난 2010년 11월 영국 스코틀랜드 퍼스에서 열린 국제슬로시티연맹 이사회에서 국제슬로시티 인증을 받았다.

슬로시티 조안을 이해하기 위해 찾아야 할 곳이 있다. 먼저 물의 정원 건너편에 자리한 슬로시티문화관은 조안면을 소개하는 홍보관 역할을 한다. 슬로시티의 개념과 세계 슬로시티 인증 마을, 조안면의 특징 등을 살펴볼 수 있으니 꼭 한번 들러 볼 만하다.

남양주 유기농 테마파크 코코몽 팜빌리지는 아이들에게 인기 있는 코코몽 캐릭터를 활용해 유기농 관련 각종 놀이 체험을 제공하는 곳. 헛간 놀이터, 코코몽 기차, 유기농 텃밭, 트랙터 놀이터, 전통 농기구 체험장, 동물 농장 등을 돌아다니다 보면 시간 가는 줄 모른다.

| more & MORE

개성집(031-576-6497)은 이북 음식점이다. 김영삼 전 대통령 부부가 10여 차례 다녀 간 곳으로도 유명하다. 이북식 만두와 오이소박이 냉국수가 주메뉴다. 남양주 여행의 마무리는 한옥 카페 고당(031-576-8090)이다. 88칸 전통 사대부 한옥 커피집으로 개조했다. 문을 열고 들어서면 널찍하고 날렵한 처마의 한옥이 서 있다. 그리고 한옥에 은은한 커피향이 감돈다. 댓돌에 신발을 벗어두고 사랑방에 앉아 커피를 마신다. 아니 '가비차'라고 해야 어울릴 듯싶다. 양반다리를 하고 오래된 탁자에 앉아 마시는 커피 맛이 묘하다. 커피를 즐겼다는 고종의 기분이 이랬을까. 창살에 어룽대던 햇살 무늬가 커피잔으로 번진다.

10 하루 | 강원 | 춘천

오래된 간이역에 갔었지, 그때 그 시절 옛날 빵도 먹었지

따스했고 정다웠던
춘천으로의 하루 나들이

춘천에 갔다. 공지천에 가니 옛날 생각이 났다. 오리배를 타며 즐거웠던 그 시절. 에티오피아 카페에서 커피를 마시며 추억을 떠올렸다. 그 시절에서 멀리 와 이번에는 가족과 함께 간 춘천. 아이들과 함께 막국수체험박물관도 갔고, 막국수도 직접 만들어 먹었다. 김유정문학촌과 애니메이션박물관에서는 가족 모두가 즐거운 시간을 보냈다. 옛 분위기가 고스란히 남은 김유정역에선 예쁜 사진도 찍을 수 있었다. 그리고 카누를 타고 돌아본 물레길. 노를 저으며 바라본 의암호는 또 다른 풍경으로 다가왔다. 같은 코스지만 다시 가도 즐거운 춘천, 가까워서 더 좋은 춘천.

김유정문학촌 한국을 대표하는 소설가의 집과 빈티지풍의 기차역
공지천 춘천 여행에서 절대 빼놓을 수 없는 곳
춘천 물레길 카누 타고 즐기는 춘천 호반의 낭만
춘천 막국수체험박물관 어른도 아이들도 생각보다 재미있어요
춘천 애니메이션박물관 아이들이 들어가면 나올 생각을 하지 않는 곳
대원당 엄마 아빠의 입맛에 딱! 그때 그 시절 빵집
청평사 연인들의 데이트 코스로 좋죠
| **more & MORE** 닭갈비와 막국수 말고도 춘천에서 꼭 먹어야 할 평양냉면이 있답니다.

김유정문학촌

짙은 문학의 향기와
빈티지풍의 기차역

신동면 증리 실레마을에 김유정문학촌이 있다. 김유정은 춘천을 대표하는 작가다. 짧은 생애를 살다 갔지만, 한국문학사에 깊고 진한 발자국을 남겼다. 그의 고향이자 다수 작품의 배경이 된 신동면 증리(실레마을)에 김유정문학촌이 조성되었다. 생가와 전시관, 연못, 동상 등이 있는데 천천히 걸으며 돌아보기 좋다.

문학촌에서 5분 정도 걸어가면 김유정역이다. 우리나라에서 유일하게 인명을 역 이름으로 사용하는 곳이기도 한데, 원래 이름은 '신남역'이었다가 김유정문학촌이 만들어지면서 김유정역으로 이름이 바뀌게 됐다. 김유정역 바로 옆에는 옛 김유정 기차역이 그대로 남아 있다. 빈티지 느낌이 물씬 풍기는 옛날 스타일의 역이라 사진 찍기에도 좋으니 꼭 들러 보시길.

옛 김유정역. 김유정역은 우리나라에서 유일하게 인명을 역 이름으로 사용한다.

한가롭고 여유로운 의암호, 김유정의 단편소설 〈동백꽃〉의 한 장면을 재현해놓은 동상이 있는 김유정문학촌, 김유정역에 설치된 조직물

공지천

춘천 여행의
영원한 시작점

소양강 스카이워크

춘천에 와서 공지천 안 가면 섭섭하다. 수변산책로와 조각공원, 보트장 등이 갖춰져 있다. 1980년대 까지만 해도 이곳의 오리배는 춘천을 찾은 데이트족의 필수 코스로 꼽히기도 했다. 자전거 대여점이 있으니 자전거를 빌려 타고 의암호 주변을 한 바퀴 돌아보는 것도 좋을 듯.

공지천에 '이디오피아 벳'이라는 카페가 있는데 우리나라 최초의 원두커피 전문점이기도 하다. 가게 이름에서 '벳'은 집을 의미한다.

저녁 무렵에는 소양강 스카이워크로 발길을 돌려 보자. 스카이워크는 높은 곳이나 물 위에 투명한 바닥 구조물을 설치해 하늘을 걷는 듯한 느낌을 주는 시설이다. 특히 저물 무렵, 노을 지는 풍광이 좋다.

카누를 타고 물레길을 따라 여유롭고 느리게 춘천을 여행해 보자. 초보자도 약간의 교육만 받으면 카누타기를 체험해 볼 수 있다.

춘천 물레길

카누 타고 즐기는 호반의 도시 춘천

호반의 도시 춘천에는 걷기 길과는 또 다른 길이 있다. 의암호 일대를 카누로 여행하는 '물길'이다. 이 길은 '물레길'이라는 멋진 이름이 붙어 있다.

카누는 우리에게 익숙한 레저는 아니다. 주변에서도 카누를 체험했다는 이를 만나기도 쉽지 않다. 혹시 배우기가 어렵지 않을까 하는 걱정은 접어 두어도 된다. 30분이면 누구나 물살을 가르며 호반을 미끄러지듯 멋지게 달릴 수 있다.

물레길에는 다양한 코스가 있다. 가장 쉬우면서도 대중적인 코스는 '스카이워크길' 코스. 송암 스포츠센터에 자리한 물레길 운영사무국에서 출발해 스카이워크 전망대를 지나 삼악산과 의암댐이 어우러지는 풍경이 탄성을 자아낼 정도로 아름답다.

카누의 묘미는 느리고 여유롭다는 것. 패들링(노젓기)을 하면 배는 고요히 물살을 가르며 앞으로 나아간다. 카약이나 수상스키나 요트와는 또 다른 느낌이다. 부드럽게 수면을 미끄러지는 카누는 타는 이의 마음을 가라앉혀 준다. 주위 풍경도 새롭게 다가온다. 구름이 흘러가는 것도 보이고 노에 물살이 떨어지는 소리까지 들린다. 이게 모두 카누가 느리기 때문이다. 한결 여유롭게 주위 풍경을 즐길 수 있다는 것, 그리고 마음 내키는 곳에 배를 세우고 자연을 느낄 수 있다는 것, 이것이 카누만의 매력이다.

춘천 막국수체험박물관
막국수에 관한 모든 것

막국수를 뽑는 국수틀과 가마솥을 본떠 지었다. 박물관 1층은 전시관으로 꾸몄는데, 춘천 막국수의 유래와 막국수 조리 과정 등을 보여준다.
박물관 2층은 체험장이다. 관람객이 직접 메밀가루를 반죽하고, 국수틀을 이용해 전통 방식으로 면을 뽑는다. 이 면으로 즉석에서 막국수를 만들어 먹는데, 그 맛이 웬만한 식당 못지않다.

애니메이션박물관
아이도 어른도 좋아하는 곳

아이들과 함께 갔다면 애니메이션박물관에 꼭 들러보기를 권한다. 국내 유일의 애니메이션박물관으로 애니메이션에 관련된 모든 것을 한 자리에서 살펴볼 수 있다. 애니메이션의 역사와 원리, 제작 과정 등을 살펴볼 수 있으며 아트갤러리, 입체극장, 음향제작 체험실 등 다양한 체험도 즐길 수 있다. 황금박쥐, 로보트 태권 V 시리즈 등 추억의 만화영화 소품도 볼 수 있다.

막국수를 직접 만들어 볼 수 있는 막국수체험박물관

애니메이션에 관한 모든 것. 애니메이션박물관

more & MORE

소양호 가는 길에 자리잡은 샘밭막국수(033-242-1712)는 춘천막국수의 진리로 불리는 곳이다. 닭갈비는 온의일점오 닭갈비(033-253-8635)와 우성닭갈비(033-254-0053) 추천. 사농동에 자리한 평양냉면(033-254-3778)은 냉면 마니아라면 지나치지 말아야 할 냉면집.
빵을 좋아하는 여행객이라면 빼놓을 수 없는 곳이 있다. 춘천에서 가장 오래된 빵집 대원당(033-254-8187)으로, 1968년에 문을 열었다. 옛날에 먹던 맛이니 엄마 아빠에겐 추억의 맛이고, 아이에겐 다소 낯선 맛일 수도 있다. 달콤한 잼을 바른 구로맘모스빵과 부드러운 크림이 듬뿍 든 버터크림빵이 가장 인기다.
춘천 시티투어 버스도 이용해 보자. 춘천역에서 출발해 소양댐, 청평사, 김유정문학촌 등 춘천의 대표적인 여행코스를 지난다. 맞춤형과 순환형 두 가지가 있다.

11 하루 | 강원 | 홍천

봄날, 두런두런 이야기 나누며 한번 걸어 보시길

손잡고 걷기 좋은 길,
홍천 수타사 산소길

홍천 수타사 산소길은 제주 올레와 지리산 둘레길에 전혀 뒤지지 않는 명품길로 손꼽힌다. 길 초입의 수타사는 원효 대사가 창건한 천년 고찰. 봄이면 철쭉이 온 절집을 뒤덮는다. 알파카월드는 그림책에서나 보던 귀여운 동물 알파카를 직접 만나고 만져볼 수 있는 놀이동산. 삼봉자연휴양림은 싱그러운 숲 산책을 즐길 수 있는 곳이다. 홍천은 행정구역상으로 강원도에 속하지만 체감 거리는 훨씬 가깝다. 동서울 종합터미널에서 수타사까지 102km, 자동차로 80분 거리다. 당일치기 여행지로 손색이 없다. 가벼운 마음으로 가족의 손을 잡고 떠나 보자.

수타사 고색창연한 홍회루를 눈여겨 보자
수타사 산소길 말 그대로 걸으면 가슴에 산소가 가득 차는 느낌. 산소길의 시작인 공작산 생태숲은 공원처럼 예쁘게 꾸며져 있다.
삼봉자연휴양림 숲 산책도 하고 톡 쏘는 약수도 즐기고
알파카월드 남미에서 사는 동물 알파카를 직접 만날 수 있다니
| more & MORE 고추장불고기와 막국수, 그리고 홍총떡의 쓰리 콤보

수타사 산소길
한 시간 반 동안의 행복

수타사 산소길은 가족들의 손을 잡고 걷기 좋은 길이다. 공작산 생태숲 교육관에서 시작해 수타사와 공작산 생태숲, 귕소 출렁다리, 용담을 거쳐 공작산 생태숲 교육관으로 돌아오는 코스다. 전체 길이 3.8km로 천천히 걸어도 한 시간 반이면 충분하다.

산소길에 들어서기 전, 수타사부터 둘러보자. 수타사는 708년(성덕왕 7) 원효 대사가 창건한 절로 알려졌다. 창건 당시 우적산 일월사였다가 1568년에 지금의 자리로 옮기며 수타사로 불리기 시작했다. 『월인석보』가 수타사를 대표하는 유물. 한글로 지은 최초의 불경이다. 봉황문으로 들어서면 설법을 위한 강당 흥회루가 있고, 흥회루를 지나면 비로자나불을 모신 대적광전이 모습을 드러낸다. 비로자나불은 석가의 진신을 높여 부르는 이름이다.

수타사를 지나면 공작산 생태숲으로 들어선다. 생태숲이 있는 자리는 옛날 수타사에서 경작하던 논이 있었다고 한다. 길은 수타사 계곡과 나란히 이어지는데, 경사가 완만해 아이와 노인도 힘들이지 않고 걸을 수 있다. 초입에는 걷기 좋게 포장되어 있다.

생태숲을 지나면 본격적인 산소길이 시작된다. 계곡을 두고 양쪽으로 갈리는데, 갈 때는 계곡 오른쪽으로 난 길을 따른다. 이 길은 수타사 아래 사하촌 사람들이 농사를 짓기 위해 계곡 물을 끌어오던 수로를 땅에 묻고 만든 길이다. 아주 오래전부터 이 자리에 있던 것처럼 누가 봐도 자연스러운 숲길로, 두 사람이 나란히 걸으면 어깨가 닿을 정도로 폭이 좁다. 구불구불한 길이 숲 사이를 요리조리 빠져나가 운치 있고, 걷는 맛도 난다.

봄날의 공작산 생태숲. 산책로가 잘 가꿔져 있어 사계절 걷기 좋다.

수타사 초입의 계곡을 지나면 공작산 생태숲이 나온다. 주위를 둘러보며 느린 걸음으로 걸어보자.

봄이 온 숲은 싱그럽고 청량하다. 숨을 깊이 들이쉬면 맑은 산소가 가슴에 가득하다. 층층나무, 귀룽나무, 물푸레나무, 말채나무, 졸참나무 등 공작산 숲에 뿌리를 내리고 자라는 나무들이 만들어 내는 싱그러운 공기다. 깊은 숨 한번 들이쉬면 이 길이 왜 산소길로 불리는지 절로 이해가 된다. 숲에 가득한 피톤치드는 계곡이 있는 곳에서 더 많이 만들어진다고 한다.
완만하고 푹신한 흙길은 내딛는 발걸음을 부드럽게 받쳐 준다. 뒷짐을 지고 천천히 걷다 보면 왼쪽으로 흐르는 맑은 계곡물이 귀를 씻어 준다. 멀리서 날아온 새소리가 발치에 떨어지고, 숲이 깊어 한낮의 햇빛도 쉽게 침범하지 못한다. 수타사 계곡을 내려다보며 40분쯤 걷다 보면 최고 절경인 귕소에 닿는다. 통나무를 파서 만든 여물통처럼 생겨서 붙은 이름이다. '귕'은 여물통을 일컫는 강원도 사투리다. 소에서 조금 더 가면 나오는 출렁다리가 반환점 역할을 한다. 출렁다리를 건너 수타사 방면으로 다시 내려간다.
수타사가 가까워질 무렵, 용이 승천했다는 용담이 보인다. 수타사 주차장에서 시작해 생태숲, 귕소, 출렁다리, 용담을 지나 수타사로 돌아오는 코스. 딱 한 시간 반이 걸린다. 힘들지 않고 아쉬울 것도 없는 코스다. 가족의 손을 잡고 두런두런 이야기하며 걷기에 더없이 좋다.

삼봉자연휴양림

숲도 걷고
약수도 마시고

봄의 푸른 자연을 만끽하고 싶다면 삼봉자연휴양림으로 가자. 숲은 아름드리 전나무와 주목 등 침엽수, 거제수나무와 박달나무 같은 활엽수가 어우러진다. 예능 프로그램 '해피 선데이─1박 2일'에 등장하기도 했다. 산장, 등산로, 삼림욕장, 오토캠핑장 등 다양한 편의 시설을 갖췄다.

삼봉자연휴양림에 홍천 광원리 삼봉약수(천연기념물 530호)가 있다. 삼봉약수는 실론(실룬)계곡에 있어 실론(실룬)약수라고도 불리며, 물맛이 좋아 일찍이 '한국의 명수 100선'에 들었다. 양양의 오색약수, 인제 방태산 기슭의 개인약수와 함께 우리나라 3대 약수로 꼽힌다. 철분을 다량 함유해 쇠 맛이 은은하며, 위장병과 빈혈에 특히 효과가 있다. 불소와 탄산이 들어 톡 쏘는 맛이 나며, 신경쇠약과 피부병, 신장병, 신경통 등에도 좋다. 인근 식당들은 이 약수로 닭백숙을 만드는데, 보통 물을 사용한 백숙보다 훨씬 고소하고 담백하다. 약수로 지은 밥은 푸르스름하다.

삼봉자연휴양림를 걷고 삼봉약수를 마셔보자. 몸이 건강해지는 홍천 여행

알파카월드

알파카와 함께
즐거운 시간

아이들과 함께라면 반드시 가야 할 곳이 알파카월드다. 화촌면 풍천리에 자리한 36만 4,000m²(11만 평) 숲에 남미 고산지대에 주로 서식하는 낙타과인 알파카가 뛰어놀고 있다. 알파카와 함께 사슴, 산양, 공작 등도 볼 수 있다. 아이를 동반한 가족뿐만 아니라 연인에게도 더없이 로맨틱한 장소다.

커다란 눈과 부드러운 털을 가진 알파카는 성격이 순하다. 아이들이 손바닥 위에 먹이를 올려두면 다가와서 먹는다. 알파카 사파리 기차를 타고 가며 알파카들을 만나볼 수도 있다. 알파카 말고도 다른 동물 친구들도 있다.

| more & MORE

양지말 화로구이(033-435-7533)의 고추장 화로구이가 유명하다. 고추장 양념으로 버무린 삼겹살을 참나무 숯불에 구워 먹는다. 중앙고속도로 홍천 IC 인근에 화로구이촌이 있다. 양념에 벌꿀을 넣어 돼지고기 특유의 냄새가 나지 않는다. 같은 양념에 버무려 굽는 더덕구이도 일품이다. 홍천 향토 음식으로 홍총떡(홍천메밀총떡)이 있다. 홍천군 관계자에 따르면 총을 닮아 이렇게 이름을 부른다고. 고소하고 차진 메밀 반죽에 김치나 무청 시래기, 제철 나물로 만든 소를 올려 둥글게 만 홍천의 명물이다. 한 끼 식사로 손색이 없고, 막걸리 안주로도 좋다. 홍천시장에 홍총떡을 파는 가게들이 늘어서 있다. 홍천강 막국수의 막국수도 놓치기 아까운 먹거리. 100% 메밀을 사용해 면을 뽑는다.

하루 | 강원 | 원주

귀기어린 숲을 거닐었습니다.
안도 다다오의 건축물은 그 자체로 예술입니다.

아직도 한국에 이런 숲이 있었다니요, 원주

서울에서 한 시간 거리 원주. 당일치기 여행을 다녀오기에 딱 좋은 거리다. 게다가 강원도다. 서울을 벗어났다는 느낌이 진하게 든다. 신림면 성황림은 신들이 사는 숲이다. 숲에 들어서면 한국에 이런 숲이 있다는 게 믿어지지 않을 정도로 깊고 울창하다. 아직도 1년에 두 차례 숲의 신에게 제사를 지낸다. 성황당 옆에 서 있는 커다란 전나무는 정말 신처럼 보인다. 일반인에게는 개방되지 않지만 원주시의 프로그램을 이용하면 숲탐방을 할 수 있다. 뮤지엄 산은 안도 다다오가 설계한 건물이다. 건축물 자체가 하나의 거대한 예술품이며 그 안에 세계적인 작가의 조각품과 제임스 터렐의 설치미술을 감상할 수 있는 공간이 있다. 기후변화홍보관과 고판화박물관도 놓지지 말자. 두 곳 모두 아이들과 즐겁고 유익한 시간을 보낼 수 있는 곳이다.

신림면 성남리 성황림 신들이 살고 있는 숲에 발을 들였습니다. 온 몸에 소름이 돋을 정도로 깊고 아름다운 숲
뮤지엄 산 이 건물에 몸을 들이는 것만으로도 힐링이 되는 기분입니다
기후변화홍보관 어떻게 하면 지구를 지킬 수 있을까요, 체험하며 알아봅시다
명주사 고판화박물관 우리가 몰랐던 고판화의 예술세계
카페 빨간지붕 성황당 숲의 여운을 즐기며 마시는 차 한 잔
| **more & MORE** 성황당 숲 체험 프로그램과 원주시티투어를 이용해 봅시다. 맛있는 황둔찐빵은 간식거리로 최고

신림면 성남리 성황림

신들의 숲을 거닐다

성황림 성황당과 신목인 전나무

오래전 조상들은 마을을 지켜주는 수호신이 있다고 믿었다. 수호신은 때로 돌이었고 때론 고목이었고 때론 장승이기도 했다. 마을 사람들은 매년 이 신에게 제사를 지내며 마을의 안녕과 주민들의 무병을 빌었다.

근대화를 거치며 이런 민간신앙은 대부분 사라졌지만 아직도 신들이 모여 사는 곳으로 여겨지는 곳이 있다. 원주시 신림면 성남리 성황림이다. 신림면의 '신'자는 '귀신 신(神)'자를 쓴다. 그러니까 '신이 깃든 숲'이라는 뜻이다.

주민들은 이 숲에 치악산을 지키는 신이 산다고 믿고 지난 100여 년 동안 제사를 지내왔다. 숲은 평소에는 엄격하게 출입이 금지됐고 1년에 단 두 번, 제사를 지내는 음력 4월 8일과 9월 9일에만 일반인에게 개방됐다. 아는 이들만 아는 '비밀의 정원'인 셈이다.

숲에 들어가기 위해서는 마을 주민들의 허락을 얻어야 한다. 숲으로 들어가는 출입문의 열쇠는 국립공원 관리소장님과 이장님 두 분만 가지고 있다. 문을 열고 들어가면 신의 공간이 펼쳐진다. 도로에서 단 열발자국만 들어왔을 뿐인데 아득한 원시림이 펼쳐진다.

숲은 원래 윗당숲, 아랫당숲으로 나뉠 만큼 큰 숲이었는데 1970대 초 수해로 윗당숲만 남게 됐다. 길을 따라가다 보면 성황당이 보인다. 성황당 오른쪽에는 수직으로 뻗어 올라간 전나무가 있고 왼쪽에는 엄나무가 자라며 성황당을 지키고 있는 것처럼 보인다. 지금의 성황당은 2012년 다시 지었다.

성황림에서 명상 체험을 하는 탐방객들

숲은 온대 낙엽활엽수림으로 중부지방 자연림의 모습을 대표하고 있다. 지정 규모는 5만 4,314㎡. 졸참나무, 느릅나무, 갈참나무, 신갈나무, 찰피나무 등이 자라고 복수초, 꿩의 바람, 윤판나물 등 100여 종의 초본류도 자란다.

성황당 옆에 자라는 전나무는 이 숲에서 유일하게 자라는 침엽수로 신목으로 모시는 나무다. 이장님의 안내를 받아 성황당 주위로 쳐진 금줄을 넘어 간다. 전나무의 수령은 400여 년쯤으로 짐작되는데 정확한 수령은 모른다고 한다. 높이는 29m, 가슴높이 지름은 1.3m에 달하는 고목이다. 치악산 성황신이 이 나무를 길삼아 오신다고 한다.

이 숲에 꼭 한 번 가보시라고 권해드리고 싶다. 숲에 들어서서 성황당을 돌아보고 숲길을 따라 걸어가 명상체험을 하고 다시 돌아오기까지 1시간이 채 걸리지 않지만 이 숲이 주는 감동과 울림은 크고 깊다. 숲을 나와서도 숲의 초록과 숲에서 불어오는 바람의 일렁임이 신의 움직임과 숨소리처럼 몸을 감각하고 있는 것만 같다. 꼭 한 번 이 숲에 가보시라고 다시 한번 권해드린다.

뮤지엄 산

안도 다다오와 제임스 터렐의
강렬한 예술체험

세계적인 건축가 안도 다다오가 건축한 미술관이다. 이 미술관을 짓는데 무려 8년이 걸렸다고 한다. 해발 275m의 산 위에 자리하며 부지는 총 7만 2,000m²에 달한다.

관람 거리는 2.5km 가량 이어진다. 걸어서 돌아보는데 약 2시간이 걸린다. 웰컴센터에서 출발해 플라워가든과 워터가든, 뮤지엄 본관을 지나 명상관과 제임스 터렐관으로 이어진다. 하나하나의 영역을 거쳐 가며 미술관 건물과 건물 속의 전시를 감상하도록 구성되어 있다. 제일 먼저 반기는 작품은 마크 디 수베로의 'For gerald manley hopkins'라는 작품이다. 플라워가든의 랜드마크 역할을 하는 높이 15m의 붉은색 구조물로 바람이 불면 윗부분이 움직인다.

플라워가든을 지나면 360여 그루의 자작나무가 자라는 자작나무숲. 자작나무숲을 지나면 워터가든과 뮤지엄 본관이 동시에 나타난다. 워터가든 연못 가운데를 가로지르며 난 길 위에 붉은 조각 작품이 있다. 알렉산더 리버만의 1998년 작품 'Archway'다. 비스듬히 절단한 붉은 원기둥이 얼기설기 얽혀 아치를 이룬다.

뮤지엄 산 조각공원 　　　안도 다다오 건축의 특징을 여실히 보여주는 뮤지엄 산

본관은 경기도 파주에서 실어온 파주석을 이용해 가지런하게 쌓아 올렸는데, 수면 위에 은은하게 반영을 이룬다. 수변 공간을 거울처럼 활용하는 안도 다다오의 장기가 빛을 발하는 순간이다.

본관은 크게 페이퍼갤러리와 청조갤러리로 나뉜다. 페이퍼갤러리는 종이박물관이다. 종이의 역사 등을 살펴볼 수 있다. 청조갤러리에서는 우리나라 미술계를 대표하는 화가들의 작품을 전시하는 갤러리 공간이다. 청조갤러리 앞에는 백남준의 'Communication Tower'가 서 있다. TV 모니터를 쌓아 올린 높이 5.2m의 작품이다.

본관을 나서면 스톤가든이다. 신라 고분을 모티브로 만든 동그란 반원의 스톤마운드 9개가 고요히 서 있다. 16만 개의 귀래석과 4만 8,000개의 사고석으로 만들었다고 한다. 스톤 마운드 사이로 부드럽게 휘어지며 길이 나 있고 길 중간중간 조각 작품들이 기다린다.

그리고 안도 다다오와 여러 차례 협업한 바 있는 제임스 터렐의 상설관이 있다. 터렐은 빛의 마술사라 불리는 설치 미술가다. 건물을 캔버스 삼아 빛으로 그림을 그린다. 전시실에는 그의 작품이 총 4점 있는데, 한 장소에서 모두 감상할 수 있는 기회는 해외에서도 흔치 않다.

백남준의 작품과 스톤마운드 그리고 청조갤러리

원주 기후변화홍보관

재미있는 체험으로 알아보는 지구의 환경

원지 행구수변공원에 자리한 원주 기후변화홍보관은 지구온난화 등 기후변화 문제에 대응하기 위한 목적으로 운영되는 공간이다. 지하 1층, 지상 2층으로 기획전시실, 4D영상관, 체험실 등을 갖추고 있다.

다양한 체험을 통해 재미있는 방법으로 아이들에게 지구의 환경을 어떻게 지키고 기후변화에 대처해야 하는지 설명한다. 친환경 교통수단인 자전거로 이산화탄소 줄이는 법도 배우고, 자동차 운전시에 환경에 도움되는 운전법이 어떤 건지도 체험을 통해 배울 수 있다. 4D영화를 통해서는 북극과 남극의 기후변화를 펭귄과 북극곰의 모험을 통해 알 수 있도록 했다. 에코백 색칠놀이도 재미있어 한다.

기후변화홍보관은 즐겁고 다양한 체험을 통해 지구의 환경에 대해 공부할 수 있다.

명주사 고판화박물관

우리가 생각지 못했던 고판화의 세계

신림면 황둔리 명주사에 위치하고 있다. 한국과 일본, 중국, 티베트, 몽골, 인도, 네팔 등지의 고판화 6,000여 점을 전시하고 있으며 고판화 원판 1,800여 점, 고판화 작품 300여 점, 목판으로 인쇄된 서책 200여 점과 관련 자료 200여 점 등을 소장하고 있다. 한국의 궁중 판화, 사찰 판화, 문중 판화, 능화 판화 등도 직접 볼 수 있다.

세계의 고판화를 전시한 고판화박물관

카페 빨간지붕

예쁜 도마가 눈길을 끄는 아기자기한 카페

성황당 숲 초입에 자리한 예쁜 카페다. 성황당 숲체험을 마치고 여운을 즐기기에 좋은 곳이다. 커피와 각종 음료를 파는데 제철 과일로 직접 만든 음료가 특히 맛있다. 카페 안에는 주인이 직접 만든 도마들이 진열되어 있는데 구입도 할 수 있다. 야외에서 햇살을 즐기며 음료를 마실 수도 있다. 민박도 겸하고 있으니 미리 예약을 하고 하룻밤 묵어보는 것도 좋을 듯. 직접 기른 재료로 만든 밥과 국, 나물로 차려진 '텃밭 밥상'도 맛볼 수 있다. 빨간지붕 가족 이야기는 '인간극장'에 방송으로 소개되기도 했다.

카페 빨간 지붕 벽은 주인이 직접 만든 나무 도마가 장식하고 있다. 느티나무, 편백나무 등 다양한 나무로 만든 도마는 용도에 맞게 구입할 수도 있다. 편안한 분위기에서 차를 마시며 시간을 보내기 좋다.

more & MORE

원주시는 매주 토요일 성황림 탐방 프로그램을 운영한다. 숲해설을 비롯해 소원지 써서 금줄에 끼우기, 취인절미 만들기, 꽃마차 타고 마을부터 성황림까지 가기 등을 함께 체험해 볼 수 있다. 매주 토요일 오후 3시부터 5시까지. 참가비는 1인 1만2,000원, 문의는 천호관광(033-763-1005)으로. 20명 미만은 취소될 수도 있다.

황둔마을은 전통 제조방식으로 찐빵을 만드는 찐빵집들이 모여 있다. 한 박스 사서 간식 삼아 먹어가며 원주를 여행해 보는 것도 좋을 듯. 각 빵집마다 특징이 있어 어느 집이 입맛에 맞을 지 미리 알아보고 가는 것이 좋다.

원주투어버스는 원주역에서 출발해 간현관광지, 원주레일바이크, 오크밸리, 뮤지엄산, 강원감영, 전통시장 등을 돌아본다. 1일권 성인 5,000원, 2일권 8,000원. 천호관광(033-763-1005)으로 문의하면 된다.

원주전통시장에 40년 이상된 순대집들이 있다. 장원순대(033-744-6932), 문막집(033-742-6197) 등이 유명하다. 빨간지붕(033-766-8041)의 숙박과 식사는 미리 전화해 보는 것이 좋다.

13 하루 | 충북 | 보은

법주사에 갔습니다, 오리숲을 걸었습니다

더도 말고 덜도 말고
보은 오리숲 딱 하루 여행

충북 보은땅 속리산 자락, 법주사 가는 길, 공기는 기분 좋게 말랑거리고, 참나무며 떡갈나무, 당단풍나무가 푸르다. 소나무도 어두운 초록을 몰아내고 햇살에 밝게 빛난다. 법주사 들어가는 길에 오리숲이라는 숲이 있다. 딱 걷기 좋은 2km의 소나무 숲길. 그래서 이름도 오리숲이다. 발바닥에 닿는 흙의 감촉을 느끼며 산책 삼아 걷기 좋다. 길 끝에서 만나는 법주사 금동대불은 보는 이의 마음을 지그시 누른다. 보은의 역사를 간직한 삼년산성은 웅장하고 단단하다. 경희식당의 정갈한 한정식은 보은 여행의 포만감을 더해준다. 더도 말고 덜도 말고 보은 오리숲 하루 여행.

말티재와 정이품송 왕이 넘었던 고개, 왕에게 길을 비켰던 소나무
오리숲 걷기 좋은 소나무 숲길, 그윽한 솔잎향이 가슴 속 가득 스며들었습니다
법주사 거대한 금동대불과 국내 유일의 목조탑
선병국가옥 봄 햇빛이 어룽대는 고택 처마
삼년산성 치열한 전투의 흔적을 간직한 산성
| more & MORE 상다리 부러지는 충청도식 한정식 한 상

벚꽃이 환하게 핀 말티재를 넘어 만나는 당당한 정이품송

말티재와 정이품송

구절양장 고개 넘어 가는 길

법주사에 가려면 말티재를 넘어야 한다. 말티재는 해발 300~400m로 차로 가기엔 그다지 높지 않은 고개다. 하지만 뱀이 똬리를 틀 듯 휘어지는 구절양장이라 한층 더 험준하게만 느껴진다. 가파르게 올라가야 하는 험한 길이기에 세조가 연에서 말로 갈아탔다고 해서 붙여진 이름이다. 말티고개를 넘으면 넓다란 분지가 거짓말처럼 나타나고 법주사 가는 길이 평탄하게 이어진다. 법주사 닿기 전, 이방인의 눈을 휘둥그레하게 만드는 것이 '정이품송'이다. 정이품송이라는 이름이 세조에서 비롯됐다고 전해져 온다. 세조가 법주사를 방문하고자 법주사 들머리에 당도했을 때 소나무가 제 스스로 처진 가지를 들어 올려 임금의 가마를 무사히 지나가도록 했고, 그것을 가상히 여긴 임금이 오늘날 장관급에 해당하는 정2품이라는 벼슬을 하사했다는 이야기가 그것이다.

오리숲과 법주사

소나무 떡갈나무 가득한 명품길

법주사는 절도 절이지만 절 초입에 자리한 숲이 더 좋다. 수령 100~200년 된 아름드리 소나무와 떡갈나무, 참나무가 넉넉하게 자란다. '오리숲'이라는 예쁜 이름을 가지고 있다. 숲의 길이가 '5리'에 이른다고 해서 붙여진 이름. 매표소에서 법주사까지 약 2km 정도 이어진다.
오리숲을 느낄 수 있는 길은 여럿이다. 상가 뒤쪽에서 시작되는 오리숲길을 따라 조각 공원을 거쳐 매표소를 지나 법주사로 가도 좋고, 주차장에서 시작되는 길과 오리숲 사이에 흐르는 계곡 옆으로 걸어 보는 것도 좋다. 이 길에는 황토 체험 시설도 있고 제법 굵은 벚나무들이 줄지어 있다.
숲을 지나 걸음은 자연스레 법주사에 닿는다. 신라 진흥왕때 창건했다. 법주사는 '부처님의 법이 머문다'는 뜻을 가지고 있다.

봄날의 흐드러진 벚꽃과 팔상전

법주사의 금동미륵대불은 신라 혜공왕 12년(776년), 진표율사가 처음 조성했는데, 40, 50대들은 법주사 대불을 1964년에 세워진 시멘트 대불로 기억한다. 1939년, 최초로 서양 조각을 한국 화단에 도입한 조각가 김복진(1901~1940)이 1백 척의 시멘트 미륵불 조성 불사를 맡는다. 그러나 이 불사는 김복진의 갑작스런 요절로 완성을 보지 못하다가 1964년에 이르러서야 박정희 대통령의 발원으로 완성된다. 그리고 1990년 청동대불로 다시 태어났고 2002년 6월 개금불사했다. 3mm 두께로 황금을 입혔고 모두 80kg이 들어갔다고 한다. 미륵대불은 우리나라에 남아 있는 유일한 목조탑인 팔상전을 내려다보고 있다.

법주사 금동미륵대불과 봄날 꽃비가 내리는 법주사

봄날 철쭉이 은은하게 핀 선병국가옥. 전통적 건축기법에서 벗어나 운조루를 참고해 지은 독특한 형식의 가옥이다.

선병국가옥
고택 처마에서 느끼는 봄날의 여유

법주사에서 나와 말티고개를 앞두고 왼쪽 길을 따른다. 길은 삼가저수지와 만수계곡, 서원계곡을 따르는데 계곡이 끝나는 자리쯤에 선병국가옥이 서 있다. 나무들이 우거진 드넓은 터에 궁궐 같은 고옥이 자리 잡고 있다. 속리산에서 흘러내리는 삼가천 물이 삼각주를 이룬 곳으로 집터가 하회마을처럼 연꽃이 물에 뜬 형국의 연화부수형이어서 자손이 번성하고 장수를 누리는 명당이라고 한다.

1919~1921년에 지어진 이 집은 전통적 건축기법에서 벗어나 건물의 칸이나 높이 등을 크게 하던 시기의 대표적 건물로 알려져 있다. 잔디가 깔린 마당이며 붉은 벽돌로 축대를 쌓은 모습 등은 전통의 고택에서는 찾아볼 수 없는 것들이다. 이 집을 지은 선병국의 부친 선정훈은 전남 고흥에서 크게 부를 쌓은 뒤 굳이 타향인 이곳에 이런 큰 집을 지었다고 전한다. 구례의 99칸 고택 운조루를 벤치마킹하고 경복궁을 중수했던 당대 최고 목수들을 뽑아 지었다고 하니 당시 그의 재력이 얼마나 대단했던지 짐작이 간다.

삼년산성

보는 이를 압도하는
난공불락의 요새

보은 읍소재지를 빠져나와 속리산으로 가다 보면 멀지 않은 곳에서 산허리를 두르고 있는 산성이 눈에 잡힌다. 성문 앞 주차장에 차를 두고 산책 삼아 성벽을 따라 걸어 보는 일이 썩 괜찮다. 산길이 완만하고 주위가 고즈넉해서 더욱 그렇다.

구들장처럼 납작한 자연석을 가지런히 쌓아 올린 산성은 보는 이를 압도한다. 한 칸은 가로, 한 칸은 세로로 우물 정자 모양으로 쌓고 내부를 모두 돌로 채운 난공불락의 요새다. 나무를 다루듯 돌을 자르고 맞춘 옛 석공의 솜씨가 놀랍다. 산성은 보은의 역사를 고스란히 품고 있다. 백제 성왕을 공격한 신라의 관산성 전투부대가 이곳에 주둔해 있었다. 태종무열왕이 당나라 사신을 접견한 곳도, 고려 왕건이 패퇴해 물러간 곳도 바로 이곳이다.

웅장하게 서 있는 삼년산성. 난공불락의 요새다.

| more & MORE

경희식당(043-543-3736) 산채정식이 유명하다. 속리산에서 나는 버섯, 나물 위주로 만든 반찬 40여 가지가 나온다. 가짓수도 가짓수지만 하나하나 들인 정성과 맛이 대단하다. 북어 보푸라기, 잘게 다져 새콤하게 무친 더덕 등 손이 많이 가 보기 힘들어진 반찬도 나온다.

오장환문학관에도 가 보자. 시인 오장환은 일제강점기인 1930년대부터 해방을 거쳐 분단으로 이어지는 한국 현대사의 소용돌이 속에서 가장 왕성한 작품 활동을 한 시인 중의 한 사람으로 서정주, 이용악과 함께 '시단의 3천재'로 불렸던 시인이다. 한국전쟁 중에 사망한 그는 월북문인에 대한 해금 조치가 이루어지면서 자료가 발견되고 주목받았다. 문학관에서는 그의 시집과 육필원고 등을 만날 수 있다.

14 하루 | 충북 | 괴산

마을 속 숨은 듯 자리한 소소한 책방

책방으로 떠나는
가을 여행 충북 괴산

책방으로 여행을 가 보면 어떨까. 충북 괴산군 칠성면 미루마을에 자리한 '숲속작은책방'은 여행지로 손색없는 책방이다. 어느 작가의 서재나 거실에 온 것 같은 느낌이 들게 하는 가정식 서점이다. 주인이 좋아하는 책 위주로 선택해 책장을 가득 채웠다. 손님은 책을 고르다가 편히 앉아서 책을 보고, 주인장에게 책을 추천받기도 한다. 하룻밤 머물며 책을 읽으며 북스테이도 해 볼 수 있다. 책을 읽고 가을 계곡 산책에 나서 보자. 화양구곡은 강이 굽이쳐 흐르는 가을 절경을 만날 수 있는 곳. 산막이옛길은 한적한 산길 트레킹을 즐길 수 있는 곳. 초등학생도 걸을 수 있을 만큼 길이 편하다.

괴산 숲속작은책방 작가의 서재야 서점이야, 따스하고 다정한 가정식 서점
화양구곡 기암괴석이 가득한 물길 따라가는 산책길
산막이옛길 옛 오지 마을길을 따라가는 산길 트레킹
| **more & MORE** 내친 김에 오토캠핑장에서 하룻밤 캠핑을 해 볼까

괴산 숲속작은책방

고즈넉한 전원주택 단지에
자리한 가정집 서점

숲속작은책방은 가정집을 서점으로 꾸민 공간이다. 책방에 놓인 책은 주인장이 취향에 따라 고른 것들이다. 방문객은 편안한 마음으로 책들을 골라 볼 수 있다.

숲속작은책방은 동화책이나 일러스트 북에 등장하는 집처럼 예쁘다. 야트막한 나무 담장 뒤에는 잔디가 깔린 마당이 아담하고, 분홍색 벽에 테라코타 기와를 인 이층집이 섰다. 담장 옆에 붙은 간판이 아니면 서점인지 모를 정도다.

문을 열고 실내로 들어서면 더 놀라운 광경이 펼쳐진다. 신발을 벗고 들어가면 어느 작가의 서재나 거실 같은 분위기가 풍긴다. 사방 벽에 책이 빼곡하다. 책꽂이에는 나름의 분류법에 따라 책을 진열했다. 실용서나 경제·경영, 자기 계발 분야 책보다 인문·교양서와 에세이가 주로 보인다. 환경과 생태에 관한 책, 집과 집 짓기, 마을 만들기, 노년과 죽음에 관한 책도 눈에 많이 띈다. 판매하는 책은 대략 3,000종이다.

가정집에 문을 연 '가정식 서점'이라는 특성 때문에 책을 많이 둘 수 없으니, 부부는 좋아하는 책 위주로 선택했다. 창가 쪽에 놓인 책이 부부가 좋아하고 추천하는 책이다. 소설을

숲속 작은책방의 책은 주인의 취향으로 고르고 추천한 것들이다.

비롯한 문학, 동화책, 그림책, 인문학, 환경과 생태 관련 책이 많고, 모두 신간이다. 외국 동화책도 상당히 눈에 띈다. 손님은 책을 고르다가 편히 앉아서 책을 보고, 주인장에게 책을 추천받기도 한다. 들어오면 반드시 책 한 권은 사야 하지만, 이를 기분 나쁘게 받아들이는 이는 아무도 없다. 책을 사는 자체가 책방을 살리고, 지속성을 유지하는 길임을 알기 때문이다.

책방을 둘러보면 부부의 따스함과 다정함이 곳곳에 묻어난다. 부부가 권하는 책에는 일일이 소개 글과 감상을 써서 띠지로 둘렀다. 군데군데 놓인 편지, 아이들이 좋아하는 캐릭터 인형 같은 소품도 따스함을 더한다. 다락방으로 올라가는 계단까지 책이 빼곡하다.

침대와 책꽂이가 놓인 다락방에서는 북스테이를 경험할 수 있다. 부부가 유럽의 책 마을을 둘러볼 때, 책방 2층 숙소에서 여행객이 오랫동안 머무는 걸 보고 아이디어를 얻었다고 한다.

사방이 책으로 가득한 괴산 숲속작은책방. 이곳에 머물다 보면 아이들이 자연스럽게 책과 친해진다.

화양구곡 금사담 반석 위에 자리한 암서재   운영담. 맑은 계곡물 위로 구름이 비친다고 해서 이름 붙었다.

화양구곡

기암괴석이 늘어선 물길

괴산에는 가을 정취를 느끼기 좋은 곳이 많다. 오랜만에 집을 나섰다면, 책방 여행을 마치고 화양구곡에 가 보자. 구곡은 강이 굽이쳐 흐르는 절경이 있는 계곡을 일컫는다. 괴산 화양구곡은 명승 110호로 지정되었다. 그 이유는 "속리산 국립공원 내 화양천을 중심으로 약 3km에 걸쳐 하류에서 상류로 거슬러 올라가며 좌우 자연경관이 빼어난 지점에 분포한다. 우리나라에 구곡이 많지만, 괴산 화양구곡은 1곡부터 9곡까지 거의 완벽하게 원형을 유지한다"고 밝힐 정도로 아름다움을 인정받은 곳이다. 화양구곡은 1곡 경천벽, 2곡 운영담, 3곡 읍궁암, 4곡 금사담, 5곡 첨성대, 6곡 능운대, 7곡 와룡암, 8곡 학소대, 9곡 파곶이다.

화양구곡하면 우암 송시열을 빼놓을 수 없다. 성리학자이자 노론의 거두였던 우암은 주자의 '무이구곡'을 본떠 이 계곡 이름을 지었다. 화양이란 이름만 봐도 우암이 얼마나 중국을 추앙했는지 알 수 있다.

산막이옛길의 울창한 소나무 숲길

산막이옛길 전망대에서 바라본 괴산호

산막이옛길

옛 오지 마을길을 걷기 길로

산막이마을은 사방이 산으로 막혀 달천에 놓인 섶다리를 가로질러야 들어갈 수 있는 오지였다. 1957년 괴산댐이 만들어지면서 산막이마을은 이 물길마저 막혀 버리고 말았다. 산막이라는 지명은 산이 장막처럼 둘러싸고 있어 막혔다는 뜻. 마을 사람들은 세상과의 단절을 피하기 위해, 그리고 다른 마을과 교류하며 삶을 이어가기 위해 호수와 맞닿은 산 벼랑을 따라 산길을 만들었다. 이 길이 바로 산막이옛길이다.

산막이옛길은 이 길을 걷기 길로 정비한 것이다. 칠성면 사은리 산막이마을에서 칠성면 외사리 사오랑마을까지 약 4.3km의 길이다. 길 초반에는 소나무 군락이 펼쳐지고 갈수록 굴참나무, 느티나무, 참나무, 신갈나무 등 다양한 수종이 나타난다.

걷다 보면 전망대가 나오는데, 여기서 바라보는 괴산호가 비경이다. 산막이마을까지 걸어갔다가 출발점으로 돌아갈 때는 배를 이용해도 좋다. 출발점 근처 차돌바위나루와 산막이나루 사이를 유람선이 수시로 오간다.

more & MORE

괴강국민여가캠핑장(010-8648-2901)에서 자연과 하룻밤 보내는 방법도 추천한다. 오토캠핑 사이트 47면(장애인 오토캠핑 사이트 3면 포함)과 캐러밴 사이트 5면, 대형 텐트 사이트 5면, 방갈로 사이트 3면을 갖췄다. 괴산하면 올갱이(다슬기)다. 40년 넘어 영업 중인 괴산 읍내 주차장식당(043-832-2673)이 올갱이국밥으로 명성을 떨치는 곳이다. 밀가루에 굴려 쓴맛을 없앤 올갱이를 얼갈이나 우거지와 함께 끓여내 시원하고 구수한 맛이 일품이다. 딱 국밥 한 종류만 낸다. 캠핑장 인근에 괴산의 별미 어죽국수를 잘하는 집이 있다. 맑은 물에서 잡은 각종 민물고기를 넣고 푹 끓인 뒤, 면을 넣어 만든다. 고춧가루와 후춧가루, 제피 가루 등을 듬뿍 넣어 먹으면 콧등에 땀이 송송 맺힌다.

| 15 | 하루 | 충남 | 서산

조금 일찍 서두른다면 알차고 쫀쫀한 하루 여행

소풍 나온 듯 해미읍성, 마음을 돌아보는 절 개심사, 서산

충남 서산은 아침 일찍 출발한다면 하루 나들이를 충분히 즐길 수 있는 곳이다. 조선 시대 역사를 오롯이 간직한 해미읍성과 마음을 편안히 내려놓을 수 있는 고즈넉한 절 개심사, 불교미술의 걸작으로 꼽히는 마애삼존불, 시끌벅적한 서산동부시장이 있다. 천주교 신자라면 박해의 현장으로 순례 여행을 떠날 수도 있다. 맛있는 먹거리도 준비되어 있다. 우럭젓국, 게국지 등 하나같이 서해안의 웅숭깊은 맛을 보여준다. 해미읍성에서 시작해 개심사-서산 용현리 마애여래삼존상-서산동부시장으로 이어지는 알차고 쫀쫀한 서산 하루 여행을 즐겨보자.

해미읍성 원형이 보존된 조선 시대 3대 읍성
개심사 반듯하지 않아 더 파격미로 다가오는 절
마애여래삼존상 햇빛보다 찬란한 백제의 미소
게국지와 우럭젓국 그리고 박속낙지탕 웅숭깊은 충청도의 별미들
서산동부시장 싱싱한 해산물을 저렴한 가격에 살 수 있는 곳
| more & MORE 진짜 소머리를 삶은 소머리국밥과 교황정식도 맛보고

해미읍성

조선 시대 3대 읍성

서산 여행의 첫 코스는 해미읍성이다. 서해안고속도로 해미 IC로 나와 5분이면 닿는다. 읍내 한가운데 우뚝 선 성이 인상적이다. 전남 순천의 낙안읍성, 전북 고창의 고창읍성과 더불어 조선 시대 '3대 읍성'으로 불린다.

해미읍성은 조선 초기 충청병마절도사가 근무한 영(사령부)이 자리한 곳이다. 충무공 이순신 장군도 1579년(선조12) 훈련원 교관으로 부임해 전라도로 전임될 때까지 10개월간 근무했다. 읍성으로 들어서기 전에 성곽의 돌에 청주, 공주 등 희미하게 고을명이 있는데 축성 당시 고을별로 정해진 구간을 맡아 성벽이 무너질 경우 그 구간의 고을이 책임지도록 한 일종의 '공사 실명제'다.

읍성 안에는 동헌과 객사, 민속 가옥 등이 있다. 남쪽의 정문 격인 진남루에서 동헌으로 가는 길 중간에는 둥근 담장을 두른 옥사(감옥)도 있는데, 이 옥사에 가슴 아픈 사연이 깃들었다. 서산과 당진, 보령, 홍성, 예산 등 서해 내륙 지방을 내포 지방이라 일컫는데, 조선 후기 서해 물길을 따라 들어온 한국 천주교가 내포 지방을 중심으로 싹틔웠다. 19세기 이 지방에는 주민 80%가 천주교 신자였을 정도다.

공원에 나온 듯 즐거운 시간을 보내기 좋은 해미읍성

조선 시대 성곽의 원형을 간직한 해미읍성. 천주교 박해의 현장이기도 하다.

해미읍성은 조선 시대 읍성의 모양을 고스란히 간직하고 있다.

당시 옥사에는 충청도 각지에서 잡힌 천주교 신자로 가득했다. 옥사 앞에 커다란 회화나무가 있는데, 이 나무 가지 끝에 철사를 매달고 신자들의 머리채를 묶어 고문 처형했다고 전한다. 지금도 이 나무에는 사람을 매단 철사 자국이 있다.

순교의 역사를 뒤로하고 바라보는 읍성은 평화롭기만 하다. 읍성 안에는 넓은 잔디밭이 펼쳐지는데, 벤치에 앉아 휴식을 즐기는 주민과 관광객의 모습이 유적지가 아니라 공원에 들어선 느낌이다.

읍성 인근에 충청 지역 무명 순교자를 기리는 해미순교성지(해미성지성당 일대)가 있다. 원형 성당은 무명 순교자들의 넋을 위로하고 어루만지듯 웅장하게 섰다. 성당 뒤편 일대는 '여숫골'로 불린다. 처형장으로 끌려가던 신자들이 '예수 마리아'를 끊임없이 외쳤는데, 이것이 '여수머리'를 거쳐 '여숫골'이 됐다고 한다. 성지 한쪽에는 발굴된 유해를 안치한 기념관도 있다. 해미읍성에 얽힌 이런 사연으로 2014년 한국을 찾은 프란치스코 교황이 해미읍성을 방문하기도 했다.

넓은 잔디밭이 펼쳐진 해미읍성. 해미읍성 성곽 돌에 새겨진 고을명

개심사

굽은 나무로도 이렇게
아름다운 건물을 지을 수 있다니

해미읍성에서 나온 길은 운산면 목장 지대를 지나 개심사로 이어진다. 이 길은 운산면 목장지대를 지나는데 봉긋한 언덕들 사이로 기분좋게 흘러든다. 봄이면 이 길에 벚꽃이 가득 핀다.
주차장에서 개심사 경내까지 멀지 않다. 일주문에는 '상왕산 개심사'라는 편액이 걸려 있다. 이응노 화백의 스승인 해강 김규진의 글씨다. 일주문을 지나 10여 분 정도 솔숲을 오목오목 짚어 가면 돌계단이 끝나는 곳에 절집이 무심한듯 서 있다.
개심사는 백제가 망하기 불과 6년 전인 654년(의자왕14)에 창건됐다. 절을 창건한 혜감스님은 절의 이름을 개원사로 했으나, 고려 때인 1350년에 처능스님이 중건하면서 '마음이 열리는 절'이라는 뜻을 담아 개심사로 바꿨다고 한다.
개심사로 들어가는 해탈문 들기 전 외나무다리와 만난다. 반듯한 직사각형 연못을 가로질러, 큰 통나무 기둥을 반으로 갈라 걸쳐 놓았다. 외나무다리를 건너지 않아도 경내로 들 수 있지만, 일부러 걸음한 이들 가운데 열에 아홉은 이 풍경에 반해 다리를 건넌다.
개심사에는 외나무다리 말고 눈길을 끄는 것이 하나 더 있다. 각 가람들을 받치고 있는 기둥들이 하나같이 굽어 있고 배가 불룩하며 위아래의 굵기가 다르다. 나무를 전혀 손질하지 않고 원래의 모습대로 갖다 썼다. 해탈문이며 범종각, 심검당 등 대부분이 그렇다. 특히 범종각 지붕을 받치고 선 네 개의 기둥은 제대로 된 것이 하나도 없다. 오히려 이것이 파격미로 다가온다. 굽은 나무로도 이렇게 아름다운 집을 지을 수 있다는 사실이 놀라울 뿐이다.

나무의 휘어짐을 그대로 살려내
더 아름다운 개심사의 건물들

마애여래삼존상

우리나라에서 최고로
손꼽히는 마애불

국내 최고의 마애불로 손꼽히는 마애여래삼존상의 아름다움

운산면 용현리에 자리한 서산 용현리 마애여래삼존상(국보 제84호)의 이름은 누구나 한 번쯤은 들어 보았을 터. 암벽에 선을 새기거나 솟아오르도록 다듬어 만든 불상을 마애불이라고 하는데 서산 마애여래삼존상은 우리나라에서 발견된 200여 개의 마애불 가운데서도 최고로 손꼽힌다. 큰 암벽 중앙에 부드러운 미소를 짓고 있는 석가여래입상이 있고 오른쪽에는 천진난만한 미소의 미륵반가사유상, 왼쪽에는 따뜻한 표정의 제화갈라보살입상이 선명하게 조각되어 있다. 석가여래입상은 둥근 얼굴에 눈을 크게 뜨고 두툼한 입술로 벙글벙글 웃는 모습이라 '백제의 미소'로 불린다. 삼존상은 각각 현재와 과거, 미래를 상징한다. 석가여래입상은 현세불이며, 제화갈라보살은 과거 석가에게 성불하라는 수기를 준 부처다. 그리고 미륵반가사유상은 미래를 뜻한다. 삼존상이 세상에 본격적으로 알려지기 전까지 동네 사람들은 이 바위를 산신령과 두 부인을 새긴 것으로 알고 있었다고 한다.

| more & MORE

'게국지'는 서산, 태안 지역에서 겨울 밑반찬으로 먹던 토속음식. 게장을 담갔던 국물에 묵은 김치와 배추 등속을 넣어 끓여 먹는다. 서산시청 앞 진국집(041-665-7091)은 게국지로 유명하다.
서산에서는 우럭을 소금에 절여 바닷바람에 꾸덕꾸덕 말린 우럭포를 만들어 두고두고 국을 끓여 먹었다. 우럭 대가리와 뼈로 육수를 우리고 무와 대파, 청양고추, 두부를 넣은 후 새우젓으로 간을 해 펄펄 끓인다. 국물맛이 깊으면서도 시원해 술꾼들의 해장국으로도 사랑받는다. 향토(041-668-0040)는 우럭젓국과 간장게장을 잘하는 집이다.
해미읍성 앞에 자리한 읍성뚝배기(041-688-2101)는 소머리곰탕으로 유명하다. 여행의 마지막 일정은 서산시장으로 잡자. 인근에서 잡아 올리는 낙지며 조개, 갑오징어의 싱싱함도 남다르다. 아이스박스에 포장해 주니 집으로 돌아오기 전, 해산물 쇼핑을 즐겨 보는 것도 좋을 듯.

16　하루 | 충남 | 논산

진정한 사대부의 정신과 노블레스 오블리주를 배우다

내 마음에 새겨진 영롱하고 기품있는 무늬, 논산

여행이란 마음에 무늬를 새기는 일일지도 모른다. 하루건 열흘이건 일 년이건 여행을 다녀오면 마음에는 여행에서 얻은 무늬가 또렷하게 남는다. 마음 한 구석에 새겨진 그 무늬는 미술관의 어느 그림 앞에서 만들어진 것일 수도 있고 석양의 어느 사원 앞에서 만들어진 것일 수도 있다. 논산은 마음에 깊고 단정한 무늬를 새길 수 있는 여행지다. 여행지로는 그다지 잘 알려지지 않았지만 조금만 깊이 들여다보면 우리가 몰랐던 깊고 웅숭한 곳들이 가득하다. 유교의 본향답게 곳곳에 자리한 서원과 고택들을 돌아다니다 보면 절로 옷깃이 여며지고 정신이 또렷해진다. 논산에서 우리의 마음과 정신을 가다듬어보자.

돈암서원 이기적인 현대 사회를 꾸짖는 낮지만 준엄한 목소리
숭례사 글씨조차 멋스러운 꽃담
명재고택 소박하지만 배려심 넘치는 사대부의 고택
관촉사 은진미륵 우스꽝스러우면서 친근한 미륵불
| **more & MORE** 황산벌 전투의 현장 백제군사박물관, 탑정호 노을 드라이브 즐기기. 묵직하고 걸쭉한 진짜 도가니탕을 맛보자

조선 최고의 예학자로 추앙받는 김장생의 위패를 모신 돈암서원. 흥선대원군의 서원철폐령에도 살아남은 서원 중 하나다.

돈암서원

예학의 대가 김장생의
위패를 모신 곳

논산에 들어서자마자 연산면으로 내처 달렸다. 돈암서원(사적 제383호) 담장이 얼른 보고 싶었고, 그 담장 너머 등불을 켠듯 환하게 피어 있을 배롱나무가 궁금했다.

논산은 충청도 유교의 본산이다. 예학의 대가인 사계 김장생과 우암 송시열, 명재 윤증 등 조선의 정치와 정신문화를 이끌었던 선현들이 논산에서 태어났다. 이런 까닭에 논산에는 노강서원, 충곡서원 등 서원과 연상향교, 은진향교 등 향교가 많다.

돈암서원은 논산에서 가장 큰 서원이다. 흥선대원군의 서원철폐령에도 훼손되지 않고 살아남은 47개 서원 중 하나다. 조선 최고의 예학자로 추앙받는 김장생의 학문과 덕행을 추모하기 위해 창건하여 위패를 모셨다.

김장생이 '예라는 본질은 변하지 않는다. 하지만 예의 형식은 시간과 장소 그리고 대상에 따라 변한다'고 했다. 예의 가치는 제도에 있는 것이 아니라 선을 행하는 데 있으며, 인간의 우열을 가리는 데 있는 것이 아니라 각자의 역할을 다하여 조화로운 사회를 만들려고 하는데 있다는 것이다. 그가 말한 예의 원리와 실천은 현대에도 크게 달라지지 않았다는 것이 놀랍다.

이토록 아름다운 꽃담이라니. 숭례사 꽃담은 김장생이 설파했던 예학 정신을 보여 준다.

숭례사

낙관을 찍어 놓은 듯
멋스러운 꽃담

돈암서원에 들어서 응도당을 지나 숭례사로 발걸음을 옮긴다. 숭례사 들어가는 입구의 좌우 꽃담 흰 벽에 낙관을 찍어 놓은 듯 전서체로 새겨진 글씨를 보고 있노라면 어떻게 이렇게 멋스러운 꽃담을 지을 수 있었을까 하는 생각이 절로 든다.

담에 새겨진 열두 자의 글씨는 '서일화풍', '지부해함', '박문약례'. '서일화풍'은 '좋은 날씨 상서로운 구름, 부드러운 바람과 단비'의 뜻. 다른 사람을 편안하게 해주고, 웃는 얼굴로 대하라는 의미가 담겨 있다. '지부해함'은 땅이 온갖 것을 다 실어 주고, 바다가 모든 물을 다 받아주듯 모든 것을 포용하라는 의미. 마지막으로 '박문약례'. 이는 지식은 넓게 가지고 행동은 예의에 맞게 하라는 의미. 지식은 넓을수록 좋지만 그것이 단지 지식으로만 그치고 행위와는 무관하게 되지 않기를 경계한 것이다.

오백 년 전의 주장이고 이론이지만 지금 들어도 전혀 낯설거나 구태스럽지 않다. 일상생활에서도 사소한 예가 사라지고 큰소리와 이기심만이 판을 치는 세상. 김장생의 가르침은 현대에서도 적용 가능한 지침일 뿐만 아니라 반면교사로 삼아야 할 교과서인듯 하다.

명재고택

조선 선비의
노블레스 오블리주

대쪽 같은 품성으로 유명했던 명재의 고택. 소박하면서도
단아한 멋을 뽐낸다.

조선 숙종 때 선비 명재 윤증(1629~1714)의 고택이다. 사대부집이지만 행랑채가 없고 울타리도 없이 소박한 것이 특징이다. 작은 연못 건너 평범해 보이는 대문과 사랑채, 아담한 마당과 대청마루, 광채 등이 옹기종기 모여 있다.

명재는 재야의 백의정승이었다. 대사헌 이조판서 우의정 등 수많은 벼슬이 내려왔지만, 단 한 번도 곁눈을 주지 않았다. 대신 그는 당시 조정을 장악하고 있던 노론의 거두 송시열에 맞서 끊임없이 비판의 상소를 올렸다. 송시열은 한때 그의 스승이었지만 아랑곳하지 않았.

명재고택의 아궁이를 눈여겨 볼 필요가 있다. 키가 무척이나 작은데 이는 보릿고개 때 굴뚝의 밥 짓는 연기가 피어오르는 것이 보이지 않도록 한 것이다. 배고픈 사람들이 이 연기를 보고 힘들어 할까 봐 배려한 것이다.

장독대가 늘어선 명재고택 전경. 기품이 느껴진다.

관촉사 은진미륵

장난기 가득한
부처의 미소

은진미륵의 얼굴 표정에는 은근한 장난기가 서려 있다.

논산에서 꼭 봐야 할 것은 관촉사의 '은진미륵'이다. 정식 이름은 석조미륵보살입상(보물 제218호). 고려 때 세운 불상인데 거대한 크기와 독특한 생김새로 유명하다. 높이가 18m, 둘레가 9m를 넘는다. 크기로 따지면 국내 미륵불 가운데 가장 크다. 귀 길이가 2.7m, 눈썹 사이 길이만 1.8m다.

생김새도 지금까지 우리가 보아 오던 부처와는 여실히 다르다. 우스갯소리로 하자면 가분수다. 머리가 몸체에 비해 유난히 크다. 눈은 길게 옆으로 찢어진데다 부리부리하며 코는 넓적하고 귀는 축 늘어졌다. 머리에는 졸업식에서 볼 법한 사각모 같은 갓을 썼는데 약간 괴이하게 보이기도 한다.

자꾸 보고 있노라면 어딘지 모르게 친근해진다. 당시 은진미륵이 얼마나 유명했는지, 논산 사람이 죽어 서승에 가면 염라대왕이 "은진미륵 보았니"라며 물었다는 이야기가 전할 정도였다고 한다.

| more & MORE

아이와 함께 갔다면 연산면 충곡리에 위치한 백제군사박물관(041-746-8435)에도 가 보자. 연산은 계백 장군이 5천 결사대로 5만 신라군에 맞서 최후의 항전을 벌인 황산벌 전투의 현장이다. 충곡리엔 계백 장군 유적지가 남아 있는데, 예전부터 계백 장군 묘라고 전해 오던 허름한 분묘를 잘 복원해 놓고, 백제군사박물관도 세워 놓았다. 탑정호는 해 질 때 풍경이 참 고즈넉한 곳이다. 호수를 일주하는 도로가 잘 나있어 논산과 인근 주민들이 드라이브하러 많이 찾는다. 연산에 자리한 고향식당(041-735-0407)은 도가니탕으로 유명한 곳. 힘줄 같은 것은 쓰지 않고 국내산 한우 도가니만을 사용한다.

17 하루 | 충남 | 부여

부소산성에서 정림사지 5층석탑 지나 궁남지까지

하루 동안
백제를 거닐었습니다, 부여

백제의 역사와 문화를 가장 잘 보여주고 응축하고 있는 도시를 꼽으라면 단연 부여일 것이다. 123년 동안 백제의 왕도였던 부여는 천년 세월이 깃든 역사의 보물 창고라고 해도 과언이 아니다. 부여는 작은 도시지만 곳곳에 옛 백제의 역사와 아름다움을 느낄 수 있는 곳이 옹기종기 모여 있다. 부소산성, 정림사지, 궁남지 등 화려하지 않지만 은근한 멋들을 느낄 수 있는 부여로 떠나보자. 여행 일정은 부소산성을 돌아본 후 가까운 정림사지와 국립부여박물관, 궁남지 등의 차례로 돌아볼 수 있도록 잡으면 된다. 백제 왕궁과 마을을 재현해 놓은 백제문화단지도 빼놓지 말자.

부소산성 백제의 역사를 더듬으며 걷는 숲길
정림사지 5층석탑 백제의 미를 여실히 보여주는 이토록 아름다운 탑
국립부여박물관 찬란한 백제 문화를 한 자리에
궁남지 한국에서 가장 오래된 인공 연못
백제문화단지 백제의 왕궁과 마을을 재현한 곳
| more & MORE 시원한 막국수와 푸짐한 쌈밥

부소산성

백제를 산책하다

백제 비운의 역사를 간직한 부소산성

부여 초입, 관광 안내소에서 얻은 부여 지도를 펼친다. 백마강이 부여의 중심을 지나며 크게 휘돌아 흐르는 것이 보인다. 백마강은 부여 사람들이 금강을 일컫는 이름. 『삼국사기』에는 백강, 『일본서기』에는 백촌강으로 기록되어 있다. 백마는 '큰 나라'라는 뜻으로 백마강은 '큰 나라가 있는 강'을 의미한다. 이 백마강을 한눈에 굽어볼 수 있는 곳이 부소산성이다.

부소산은 부여 북쪽에 있는 해발 100m 정도의 낮은 구릉이다. 소나무, 왕벚나무, 갈참나무, 상수리나무가 우거진 울창한 숲사이로 산책길이 잘 정비되어 있어 아이들과 노약자도 쉽게 걸을 수 있다.

사비문을 지나 오른쪽으로 난 길을 따르면 백제 삼충신인 성충과 흥수, 계백의 영정과 위패를 모신 삼충사, 백제 시대 왕과 귀족들이 계룡산 연천봉에 떠오르는 해를 맞으며 하루를 계획했다는 영일루, 백제 시대 곡물을 저장했던 창고인 군창지를 차례로 지난다. 군창지 다음에 만나는 곳이 반월루. 부여 읍내와 구드래 들판, 반월형으로 읍내를 감싸고 도는 백마강까지 한눈에 둘러볼 수 있는 곳이다.

반월루에서 낙화암이 가깝다. '의자왕과 삼천 궁녀'의 애틋한 이야기가 전해지는 곳이다. 하지만 삼천 궁녀가 이곳에서 몸을 던졌다는 기록은 어디에도 없다. 『삼국유사』에서는 '타사암(사람이 떨어져 죽은 바위)'이라는 훨씬 사실적인 이름으로 기록되어 있다. 낙화암 단단하고 너른 바위 위에는 '백화정'이라는 정자가 서 있는데, 이곳에서 유유히 흐르는 백마강이 한눈에 내려다 보인다.

낙화암에서 10분쯤 걸어 내려가면 고란사다. 규모가 작은 삼국 시대 사찰이지만 방문객의 발길이 끊임없이 이어진다. 법당 뒤에 있는 고란약수 때문이다. 한 잔을 마시면 3년이 젊어진다는 전설이 전해져 이곳 방문객은 남녀노소를 불문하고 '아기가 될 수 있다'는 경고문에도 모두 한 잔 넘게 들이켠다.

정림사지 5층석탑

석탑에 담은 백제의
우아함과 아름다움

크고 작은 석재들을 정갈하게 조각한 뒤 조립한 정림사지 5층석탑은 백제의 우아함과 아름다움을 여실히 보여준다. 유홍준 전 문화재청장은 『나의 문화유산답사기』에서 '아침 안개 속의 정림사탑은 엘리건트하고 노블하며 그레이스한

정갈한 아름다움의 정림사지 5층석탑

우아미의 화신이다'라고 적고 있다. 정림사지 석탑 앞에 서 있는데 옆에 서서 한참 동안 석탑을 바라보던 아저씨가 툭 한마디를 던진다. "거 참, 곱다." 우아한 기품이 우러나는 탑은 손을 대어 한 번 쓰다듬고 싶은 마음을 가까스로 억누르게 만들 정도다.

국립부여박물관

백제금동대향로를
감상할 수 있는 곳

금동대향로와 백제 시대의 유물들

정림사지를 나와 길을 하나만 건너면 국립부여박물관이다. 백제 문화의 진수로 손꼽히는 백제금동대향로를 볼 수 있는 곳으로 6세기 말 백제 부여 시대에 제작된 금동대향로는 동아시아에서 가장 우수한 걸작품으로 평가받는다. 전체 높이 62.5cm. 용 모양의 향로받침 위에 연꽃 모양의 향로 몸체를 사뿐하게 얹었다. 뚜껑 부분에는 산봉우리들이 솟아 있고 산봉우리에는 온갖 것들의 형상이 빚어져 있다. 자세히 보면 말타고 사냥하는 사람도 있고 신선들도 노닌다. 호랑이와 사자, 원숭이, 멧돼지, 코끼리, 낙타 등 여러 동물도 보인다. 뚜껑의 손잡이 부분은 봉황이 날아갈 듯 깃털을 움직이는 모습으로 표현했다. 불교문화연구가들은 백제금동대향로가 불교의 이상향인 연화장의 세계를 표현하고 있다고 지적한다.

궁남지

백제의 우아한 정원

부여를 여행할 때 빼놓을 수 없는 곳이 궁남지다. 궁남지는 '궁 남쪽에 있다'고 해서 붙여진 이름. 『삼국사기』에 '궁궐의 남쪽에 20여 리나 되는 긴 수로를 파 물을 끌어들여 연못을 만들고 주위에 버드나무를 심었다'는 기록이 남아 있다. 634년 무왕시절 만든 국내에서 가장 오래된 인공 연못이라고 한다. 1만 평 정도에 이르는 지금의 궁남지는 1965년에 복원한 것인데, 원래 규모의 3분의 1쯤이라고 한다.

궁남지 한 가운데의 '뜬 섬'에는 포룡정이라는 현판이 걸린 정자가 있다. 이는 백제 무왕의 어머니가 궁남지에 살던 용이 나타나자 의식을 잃은 뒤 무왕을 잉태하게 되었다는 탄생 설화에서 유래한 이름이다. 뜬 섬으로 이어지는 나무 다리를 건너면 정자로 들어갈 수 있다.

한여름의 궁남지. 연못을 밝히는 등처럼 연꽃이 피었다. 무왕 시절의 궁남지도 연꽃으로 환했을 것이다.

백제문화단지는 아이들과 함께 돌아보기 좋다. 옛 백제의 건물을 옮겨놓은 것이 아니라 그대로 복원한 것이다. 내부가 상당히 넓은데 꼬마 기차와 전기자전거 등을 이용해 돌아볼 수 있다. 꼬마 기차를 타면 해설을 들으며 돌아볼 수 있다.

백제문화단지

백제를 재현한 곳

부여 여행의 마지막 코스는 백마강 건너에 자리한 백제문화단지다. 백제 왕궁과 마을을 재현해 놓았다. 당시의 생활상을 재현한 사비성에는 왕궁 및 능사, 생활문화마을, 위례성, 고분공원, 역사문화관 등이 들어서 있다. 입구인 정양문을 지나면 사비궁이 나온다. 신년하례식, 사신 접견 등 왕실의 중요 행사 때만 사용하던 공간이다. 이곳에 가면 백제 사비 시기의 중궁을 재현한 중궁전, 왕의 집무실 등을 볼 수 있다. 사비궁을 나오면 오른쪽으로 커다란 목탑 하나가 눈에 들어온다. '능사'다. 능사는 백제 최고의 성군으로 꼽히는 '성왕'의 명복을 빌기 위해 창건된 사찰이다. 능산리에서 발굴되었던 것을 원형과 똑같은 크기로 이곳에 재현했다고 한다.
백제문화단지에서 빼놓을 수 없는 관람 포인트는 역시 생활문화마을. 백제 시대 귀족부터 군관가옥, 그리고 중류계급과 서민계급의 집들을 재현해 놓았다. 군관 계백의 집, 건축가 아비지의 집, 의박사 왕유릉타의 집, 불상 조각가 도리의 집 등이 있다.

| more & MORE

장원막국수(041-835-6561)는 오래된 가정집을 식당으로 사용하고 있다. 어린 시절 뛰놀던 외할머니댁이 생각나게 한다. 육수는 새콤하고 달콤하다. 면은 메밀 함량이 높아 가위가 굳이 필요 없다. 끼니 때마다 요란한 줄이 대문 밖에 진풍경을 만든다. 구드래나루터 주변으로 음식특화거리가 조성되어 있다. 구드래돌쌈밥(041-836-9259)의 쌈밥과 나루터식당(041-835-3155)의 장어구이가 유명하다.

18 하루 | 충남 | 예산

예술가의 흔적을 좇아 떠난 여행

조선 최고의 천재와 비운의 여류 화가를 만난, 예산

조선 최고의 천재이자 가장 뛰어난 예술가로 일컬어지는 추사 김정희. 충남 예산에는 그가 태어난 고택이 있다. 꼿꼿한 양반처럼 서 있는 고택을 거닐다 보면 추사의 예술혼이 그대로 전해지는 것만 같다. 집안 곳곳에 걸린 주련의 글귀를 읽다 보면 흐릿했던 정신이 명징해지는 느낌이 든다. 수덕사와 수덕여관은 천재 여류화가 나혜석과 고암 이응노의 흔적이 깃든 곳. 그들이 머물며 예술혼을 불태웠던 현장에 서 보자. 예당 저수지는 노을이 아름답다. 출렁다리가 놓였고 음악 분수도 볼거리다. 가까운 대흥마을은 예산의 슬로시티이자 우화 '의좋은 형제'의 무대이기도 하다.

추사고택 조선 최고의 천재 추사 김정희가 태어난 곳
수덕사 군더더기 하나 없는 단순한 아름다움의 극치
수덕여관 나혜석과 고암 이응노의 자취가 남은 곳
예당저수지와 의좋은 형제마을 예산의 슬로시티를 느리게 느리게
| **more & MORE** 부드러운 한우 갈비와 푸짐한 산채정식, 물놀이도 즐겨 보자.

추사고택

추사의 영롱한
예술혼과 만나다

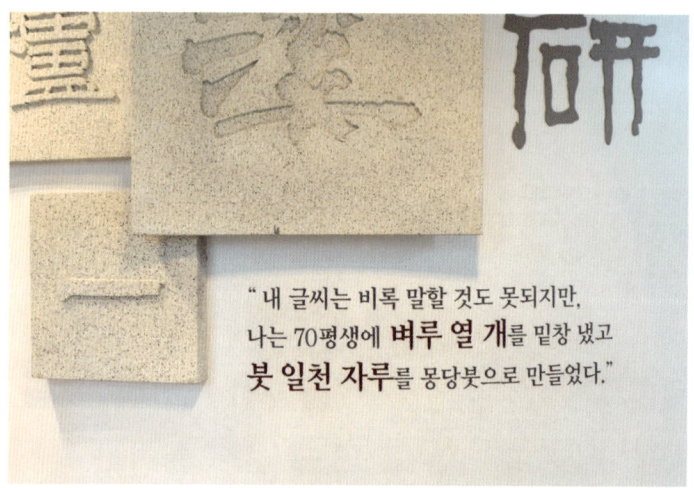

추사 김정희는 조선 최고의 천재로 일컬어지지만 평생 피나는 노력도 멈추지 않았다.

추사의 흔적이 서린 곳은 많다. 제주 대정읍에는 그가 유배생활 중 머물던 적거지가 있다. 과천에도 그의 흔적이 남아 있다. 하지만 추사 김정희의 발자취와 정신을 좇아가는 첫 걸음은 충남 예산에서 시작해야 옳다. 이곳에 그가 태어난 생가가 있기 때문이다.

고택은 건재하다. 방금이라도 방 어디에선가 추사의 칼칼한 헛기침 소리가 들릴 것만 같다. 추사고택은 조선 시대의 전형적인 대갓집 형태인 'ㅁ'자 집이다.

추사는 이 집에서 태어났지만 오래 살지는 않았다. 추사는 일곱 살 때 이 집 대문에 '입춘첩'을 써 붙이는데, 이를 본 북학파의 대가 초정 박제가는 '훗날 이 아이가 학문과 예술에 큰 인물이 될 것'을 예언, 스스로 스승이 될 것을 자처했다. 그는 그에게 학문을 가르쳤을 뿐 아니라 청나라 석학들과의 학문적 교류도 주선했으며 훗날 추사가 실사구시 학문의 대가이자 금석학의 지존이 되는 데 큰 역할을 하기도 했다.

영의정 체제공 역시 추사에 대한 예언을 했다. 그는 추사의 글을 보고는 추사의 아버지에게 이렇게 말했다. "이 아이는 필히 명필가가 될 것 같은데, 진짜로 명필가가 되면 운명이 기구해질 것이니, 붓 대신 문장으로 세상을 울리도록 해야 할 것이오."

조선 최고의 천재로 일컬어지는 추사 김정희가 태어난 추사고택. 고택 마당을 거닐고 있으면 그가 헛기침을 하며 걸어 나올 것만 같다.

추사고택을 거닐다 보면 무엇보다 눈에 띄는 것이 곳곳에 주렁주렁 걸린 주련들이다. 이 주련들만 음미해도 이곳을 찾은 보람이 있다. 주련 아래엔 각 글귀들을 번역해 놓은 조그만 설명문이 붙어 있어서 한문에 익숙하지 않은 일반인들도 그 의미를 거칠게나마 알 수 있다.
'세상에서 가장 큰 일 두 가지는 농사와 독서라', '천하의 최고는 나라에 충성하고 부모에 효도하는 자라' 등등 하나같이 추사가 남긴 귀하고 아름다운 말들이다. 이 중에서 가장 유명한 것이 안채 정면의 기둥에 걸려 있는 주련이다. '대팽두부과강채 고희부처아녀손'. 해석하자면 '좋은 반찬은 두부 오이 생강나물이요, 훌륭한 모임은 부부와 아들딸 손자와의 만남이라'는 뜻이다. 이는 추사가 과천에 머물던 시절, 71세로 세상을 떠나기 두세 달 전에 썼을 것으로 추정되는 글귀다. 어마어마한 양반 집안에서 태어났지만 참인생은 소박하고 평범한 것에 있다는 사실을 깨달은 추사 말년의 생각을 보여 준다.
고택 왼쪽에는 추사의 묘소가 자리잡고 있다. 과천에 있던 것을 1930년대에 이곳으로 이장한 것이라 한다. 그 옆으로 추사기념관이 있다. 추사의 작품 46점을 1년 내내 전시하고 있는 공간이다. 1층에는 상설전시실과 영상실, 그리고 체험실이 있다.

수덕사

그 단아한
아름다움 앞에서

정확한 창건 연대는 알 수 없지만, 백제 말에 지어진 것으로 알려져 있다. 최소 1,300년이 넘은 고찰이다. 수덕사 대웅전은 봉정사 극락전, 부석사 무량수전과 함께 우리나라에서 가장 오래된 목조 건물로 꼽히는데, 유일하게 건립 연도(1308년)를 정확히 알 수 있는 건물이기도 하다. 보는 이에게 팽팽한 긴장감을 전해 주는 배흘림기둥은 아, 하는 탄성을 절로 불러 일으킨다. 장식 하나 없는 문살은 그 앞에 선 이의 마음을 지그시 눌러준다. 대웅전 옆으로 돌아가면 대웅전이 지닌 아름다움의 극치를 만날 수 있다. 맞배지붕의 멋을 고스란히 보여 주는 측면은 군더더기를 배제한 단순미의 정수를 보여 준다.

수덕여관

한국 최초의 서양화가
나혜석이 머물렀던 곳

수덕사 아래 자리한 수덕여관은 한말 3대 신여성으로 불리던 여류문인 김일엽, 화가 나혜석의 자취가 남아있는 곳이다. 춘원 이광수와의 로맨스로 유명한 일엽은 1933년 38세에 이곳으로 들어와 수도승의 길로 접어들었고 한국 최초의 서양화가였던 나혜석 역시 한국 최초의 변호사였던 김우영과 이혼 후 수덕여관에 머물며 몸과 마음을 추스렸다. 당시 수덕여관에는 그림에 열정을 가진 청년들의 발길이 잦았는데 고암 이응노가 그녀의 대표적인 수제자다. 수덕여관 앞의 바위조각은 동백림 사건으로 고암이 귀국했을 때 고향산천에서 삼라만상의 성함과 쇠함을 추상화하여 표현한 작품이다.

예당저수지의 저녁 풍경

의좋은 형제 동상

예당저수지와 의좋은 형제마을
호숫가 따라가며 느린 여행

예산읍에서 나와 대흥 방면으로 가다 보면 예당저수지를 만난다. 눈앞에 펼쳐지는 저수지는 호수처럼 넓다. 과거에는 아산만까지 배들이 오갔다고 한다. 2019년 만들어진 예당호 출렁다리도 건너 보자. 저녁에는 음악분수도 가동된다. '한국관광공사 야간 관광 100선'에도 올랐다. 예당호를 따라가는 느린 호수길도 만들어져 있다.

예당저수지 닿기 전 의좋은 형제마을도 들러보자. 슬로시티이기도 한데, 대흥동헌과 달팽이 미술관이 돌아볼 만 하다. 대흥동헌은 예산군에 유일하게 남은 관아 건물로, 1914~1979년에는 대흥면사무소로 쓰였다. 대흥동헌 앞에는 의좋은 형제 동상이 있다. '의좋은 형제'는 밤새 상대의 창고로 볏단을 나르다가 우연히 만난 형제 이야기다. 초등학교 교과서에 실린 내용으로, 대흥마을에서 이성만 형제 효제비가 발견되며 실화로 밝혀졌다. 대흥면사무소 앞에 있다. 달팽이 미술관도 눈길을 끈다. 옛 대흥보건지소를 개조한 건물로, 대흥마을 사람들의 이야기를 담은 전시가 자주 열린다.

| more & MORE

리솜스파캐슬(041-330-8000)은 물놀이 시설을 갖춘 온천테마파크다. 테마를 달리한 30여 개의 스파시설과 200m 길이의 급류파도풀, 오르락내리락하는 워터슬라이드를 갖추고 있다. 한 겨울에도 실내는 물론 1만 1,570m²(3,500평)의 야외물놀이 시설을 모두 운영한다.

고덕갈비(041-337-8700)는 한우암소갈비를 낸다. 간장양념에 잰 두툼한 갈비를 양푼에서 건져 초벌구이를 한 뒤 손님상에 낸다. 초벌구이를 마친 고기는 연기와 냄새가 적게 나며 잘 타지도 않는다. 육질이 부드럽고 달지 않은 것이 특징이다. 연탄불에 굽는 탓에 불향도 은근하게 밴다.

수덕사 아래에 산채정식과 비빔밥 등을 내는 집들이 많다. 수덕식당(041-337-6019)은 더덕과 산야채를 수덕골 자락에서 손수 길러내어 올리는 것으로 유명한 집이다.

백제의 화려한 유적과 독특한 양식의 성당 그리고 근대 건축물들

KTX 타고 다녀오는 당일치기
익산 역사문화여행

전북 익산은 옛 백제의 유적과 근대문화유산이 다수 남아 있어 여행지로 손색이 없다. 게다가 서울 용산역에서 호남선 KTX가 개통하면서 익산이 가까워진 덕택에 조금만 서두르면 당일치기 여행도 다녀올 수 있다. 왕궁리 오층석탑과 미륵사지석탑은 옛 백제의 화려한 영화를 떠올리게 해 주는 유적. 나바위 성당과 두동교회는 한식과 양식이 결합한 아름다운 종교 건축물이다. 원불교 중앙총부에서는 한식과 일식이 결합한 건축양식도 접할 수 있다. 익산은 일제강점기 수탈의 중심에 있었던 까닭에 옛 일본식 건축물도 많이 남아있다. 한국에서 가장 오래된 역인 춘포역도 그 모습 그대로 서 있다.

왕궁리 오층석탑 화려한 백제의 옛 영화를 추억하는 듯 무연히 서 있는 탑
미륵사지 우리나라에서 가장 큰 절터. 어렴풋한 자국을 간직한 채 흩어져 있는 석물 부재들
나바위 성당 팔작지붕에 한식 기와를 올린 서양식 성당
두동교회 우리나라에서 2동만 남아 있는 한옥 교회
익옥수리조합 일제강점기 호남 수탈의 상징
고도리 석조여래입상 음력 12월에 만난다는 두 남녀 석불
호소가와 주택과 춘포역 일본인 지주의 집과 우리나라에서 가장 오래된 역
원불교 중앙총부 1920년대의 다양한 건축물을 만나보자
| **more & MORE** 고기 국물에 밥을 토렴한 뒤 싱싱한 육회를 얹어내는 황등비빔밥

왕궁리 오층석탑

백제가 화려한 왕도였음을
증언하고 있는 탑

왕궁리 오층석탑에서 바라본 새벽녘의 익산

익산은 경주와 공주, 부여와 함께 우리나라 4대 고도다. 특별법으로도 지정되어 있다. 왕궁, 왕릉, 사찰, 산성이라는 고도의 4대 조건을 충족하고 있다는 뜻이다.

익산 왕궁리는 백제 궁궐터가 있었다고 전해지는 장소다. 백제 무왕 때인 639년에 건립했다는 제석정사 터를 비롯해 그 안에 관궁사, 대궁사 등의 절터와 토성터 등이 남아 있는데 이는 이곳이 왕도였거나 왕도와 직접 관련이 있는 유적이라는 학설을 뒷받침한다. 『신증동국여지승람』, 『대동지지』, 『익산읍지』 등의 문헌들도 이곳이 '옛날 궁궐터', '무왕이 별도를 세운 곳', '마한의 궁성터'라고 적고 있다.

왕궁리에서 단연 돋보이는 것은 오층석탑이다. 언제 세워졌는지 알려진 바가 없다. 흥미로운 것은 화장실 유적. 삼국 시대 최초의 화장실이면서 최대 규모를 자랑한다. 회충, 편충 등 기생충 알도 발견됐다고 한다.

익산은 백제 제30대 왕인 무왕의 흔적을 고스란히 간직한 고장이다. 백제 무왕은 신라의 선화 공주와 국적을 초월한 사랑 이야기를 남긴 왕으로 왕궁리 유적은 무왕 때 천도한 백제의 왕궁이 있던 자리다. 위풍당당한 왕궁리 오층석탑은 무왕 시절을 대변하는 것만 같다. 아침에 해 뜰 때쯤 붉게 물들어 가는 하늘 아래 우뚝 솟은 석탑의 실루엣이 장관이다.

『삼국유사』에 따르면, 백제 무왕과 왕비가 사자사에 가는 길에 지금의 미륵산인 용화산 밑의 연못에서 미륵삼존이 나타나자 연못을 메우고 세 곳에 각각 탑과 법당, 회랑을 짓고 미륵사라 했다고 한다. 1980년부터 1994년까지의 발굴조사 결과, 탑과 법당이 회랑으로 둘러싸인 것이 확인되어 『삼국유사』의 기록이 사실임이 밝혀졌다.

미륵사지

목탑 양식으로 쌓은 최초의 석탑

익산하면 가장 먼저 떠오르는 여행지는 미륵사지다. 익산시 금마면 한가운데 솟은 미륵산 자락 아래에 자리한다. 폐사됐으니 엄밀히 말해 미륵사지다. 신라 땅으로 가 섬섬옥수 선화 공주를 데려왔던 사내 무왕이 나라가 기울어 가는 시점에 지은 절이다. 시인 신동엽은 시 〈금강〉에서 미륵사에 얽힌 이야기를 이렇게 들려 준다.

"어느 날 선화는 미륵산 아래를 산책하다 미륵불을 캤다. 땅에서 머리만 내놓은 미륵 부처님의 돌, 마동왕의 손가락 이끌고 다시 가 보았다. 안개, 비단 무지개, 백성들이 모여 합장, 묵념. 그들은 35년의 세월 머리에 돌 이고 염불 외며 농한기 3만 평의 땅에 미륵사, 미륵탑 세웠다."

백제의 고결한 웅지를 집약한 이 절을 두고 훗날의 역사는 '동양 최대 최고'라는 수식어로 치장한다. 『삼국유사』에는 '전각 탑 회랑을 각각 3개씩 세우고 그 이름을 미륵사라 했다'고 적혀 있는데, 2,000개가 넘는 돌을 정교하게 쌓아 올린 미륵사탑은 목탑 양식으로 쌓은 최초의 석탑이었고 우리나라에서 가장 컸다.

미륵사지에서는 지금까지 2만여 점의 유물이 출토되었는데, 고려와 조선 시대의 기록이 새겨진 명문 기와까지 나온 것으로 봐서는 미륵사가 조선 시대까지 사찰로 기능했다는 것을 알 수 있다.

나바위 성당

팔작지붕을 올린
서양식 성당

익산에는 구한말에서 일제강점기까지의 시대상을 살필 수 있는 근대 건축물이 여럿 남아 있다. 근대를 주제로 여행을 떠날 때 이웃한 군산 못지않은 풍성한 이야깃거리를 갖고 있는 땅이 바로 익산이다.

익산 근대 문화여행의 가장 첫걸음을 놓아야 할 곳이 화산 천주교회다. 나바위성지 또는 나바위 성당으로 더 많이 알려진 곳이다. 나바위 성당은 건축 양식이 독특하다. 정면에서 보면 벽돌로 만들어진 영락없는 서양식 교회지만 건물 옆으로 돌아가 측면을 보면 팔작지붕에 한식 기와를 올렸다. 처마 아래로는 툇마루를 개조해 만든 회랑이 이어진다. 1906년 처음 지어질 당시, 나바위 성당은 흙벽과 마룻바닥, 기와지붕과 나무로 만든 종탑이 선 순 한옥 목조 건물이었다. 그러다 1916년까지 증축을 거듭하면서 한옥과 양옥의 형태가 뒤섞였다.

성당 안에도 초기 성당의 모습이 고스란히 남아 있다. 내부에는 공간을 가르는 8개의 목조 기둥이 있는데, 이는 남녀유별의 관습을 지키기 위한 것이라고 한다. 창도 이채롭다. 스테인드글라스 대신 한지의 수묵 그림을 댔다. 성당 분위기가 한층 그윽한 것도 이 때문이다.

서양식 건축양식과 한국 건축양식이 독특하게 어우러진 나바위 성당

나바위 성당의 스테인드글라스는 한지에 수묵 그림을 그렸다.

한옥으로 지어진 두동교회.
내부에 서까래가 그대로 보인다.

두동교회

한옥으로 지어진
ㄱ자형 교회

나바위 성당에서 멀지 않은 성당면 두동리에는 1929년에 세워진 두동교회가 있다. 한옥으로 지어진 ㄱ자형 교회로 김제의 금산교회와 더불어 국내에 두 곳밖에 남아 있지 않다. 이렇게 지은 이유는 남녀 신도가 따로 앉아서 설교자를 볼 수 있도록 하기 위해서다. 성당 앞 마당에는 나무로 쌓아 올린 종탑의 모습도 그대로 간직돼 있다.

익옥수리조합

시대를 증언하는 일제강점기의 건축물들

익산이기 전, 이리였던 마을은 일제강점기 일제가 통감부를 설치하고 호남평야에서 곡식을 수탈해 일본으로 가져가기 위해 1907년에 전군도로를 개설하며 커지기 시작한다. 그리고 1914년, 이리를 연결지점으로 호남선 철도가 놓이면서 만경강 유역의 한촌은 근대 도시로 발전하게 된다.

일제강점기 시절의 익산을 상징하는 건물이 익산 구 익옥수리조합 건물이다. 1930년 지어진 이 건물은 익산과 옥구군의 농장 지주들이 농지를 관리하고 쌀 생산량을 늘리고자 창설한 익주수리조합의 사무소였다. 붉은 벽돌로 지어진 건물은 원형이 잘 남아있는데 창문과 창문 사이에 벽돌로 치장쌓기를 한 것이라든지, 테두리보의 벽면을 붉은 벽돌로 쌓은 것 등은 현재 건축기법과 다르다고 한다.

우리나라 근대 농업 수탈의 역사를 증언하는 건물. 맨사드 지붕의 목조트러스 가구법 등 독특한 건축기법을 보여 건축학을 공부하는 사람들도 많이 찾이온다. 1층은 익산문화관광재단이 사무실로 사용하고 있고 2층과 3층은 방문객들에게 공개하고 있다. 영화 <동주> 촬영장소이기도 하다.

고도리 석불입상과 호소가와 주택, 춘포역

고도리 석조여래입상
옥룡천이 얼어붙으면 만난다는 두 석불

왕궁리 유적 인근, 익산시 금마면 동고도리와 서고도리의 경계에 옥룡천을 사이에 두고 두 기의 불상이 마주 보고 서 있다. 약 200m 거리를 두고 서 있는데 고려 시대에 만들어진 불상이라고 한다. 불상은 각각 남자와 여자라고 전해지며 쓰러져 방치되어 있던 것을 1858년에 익산 군수 최종석이 현재 위치에 세웠다고 한다. 가장 큰 특징은 머리에 쓴 관과 극도로 생략된 신체 표현이다. 뒤에서 보면 그저 돌기둥처럼 보일 정도다. 자세히 보면 눈초리와 입꼬리에서 희미한 웃음기가 느껴진다. 평소에는 바라만 보고 있다가 음력 12월에 옥룡천이 얼어붙으면 만나서 그동안 못다 나눈 정을 나누다 새벽닭이 울면 아쉬움을 뒤로한 채 각자의 자리로 되돌아간다는 전설을 간직하고 있다.

호소가와 주택과 춘포역
일본 대지주의 주택과 우리나라에서 가장 오래된 역

익산 시내에서 나와 만경강을 따라가면 춘포라는 한적한 시골 마을에 닿는데 이 지역에 유독 오래된 일본식 가옥이 많다. 이는 일제강점기 시절, 이 지역이 일본인들이 경영했던 농장들이 밀집되어 있었던 곳이기 때문이다. 호소가와 주택은 일본인 농장이었던 호소가와 농장의 에토라는 사람이 1940년경 지은 것이다. 당시 이런 건물이 있었다는 것은 주변에 관리해야 할 농지가 많았으며 많은 소출을 내기 위해 물관리를 잘해야 했다는 것을 증명한다.
호소가와 주택에서 5분 거리에 1914년에 세워진 춘포역이 있다. 우리나라에서 가장 오래된 역이다. 처음 문을 열었을 때의 이름은 '대장역'이었다. 일본식 지명인 '대장촌리'에서 유래한 것인데 1996년 익산시의 일제 잔재 청산 명목으로 조선 시대 이름인 '춘포리'라는 이름을 되찾으면서 역명도 춘포역으로 바뀌었다. 당시 소규모 철도역사의 건축양식과 슬레이트를 얹은 맞배지붕형식의 목조건물 양식이 그대로 남아있다.

원불교 중앙총부는 봄이 가장 예쁘다.
곳곳에 벚꽃이 피고 수선화가 흐드러진다.

원불교 중앙총부

한식과 일식이 결합된
다양한 근대 건축물들

익산 근대문화여행의 마무리는 익산 시내에 자리한 원불교 중앙총부다. 원불교의 산 역사를 느낄 수 있는 순례지이자 한식과 일식이 혼합된 1920년대의 다양한 근대 건축물을 만날 수 있는 곳이기도 하다. 대종사이 거처로 지어긴 금강원, 대종사 뿐만 아니라 2내 성산 송사, 3대 대산 종사가 열반한 종법실, 집회소였던 공회당, 대종사의 집필장소였던 송대 등이 모두 일본식 주택건축 영향을 받은 목조 구조의 개량 한옥들이다. 벚나무를 비롯해 다양한 수목이 어울려 있어 봄산책을 즐기기에 더없이 좋은 곳이기도 하다.

more & MORE

성당포구 마을은 고려 시대부터 조선 시대까지 세곡을 관장하던 성당창이 있던 곳이다. 한때 쌀 600석을 실을 수 있는 배 60척 이상이 정박할 정도로 번성했던 곳이지만 지금은 물안개와 낙조가 풍광을 이루는 한적한 강변 마을이다. 일몰이 특히 아름다운 곳이다.
황등면의 황등비빔밥은 익산을 대표하는 음식이다. 한때 우시장까지 있었다던 황등시장은 위세를 잃었지만, 비빔밥집은 성업 중이다. 황등비빔밥은 밥을 살짝 비벼 고기국물에 토렴을 한 뒤 그릇을 데워 수분을 말려 육회를 얹어 내는 게 특징이다. 한일식당(063-856-4471), 진미식당(063-856-4422), 시장비빔밥(063-858-6051)이 맛집으로 꼽힌다. 기본찬과 더불어 선지국을 곁들인다.

하루 더 여행

부산 | 대구 | 울산 | 강릉 | 영월 | 태백 | 제천 | 울진 | 포항 | 경주 | 안동 | 봉화 | 울릉도 | 남해 | 거제 | 진주-사천 | 통영 | 하동 | 함양 | 장수 | 군산 | 전주 | 부안 | 강진 | 담양 | 여수 | 목포 | 장흥-벌교 | 고흥 | 신안 암태도-팔금도-안좌도-자은도

부산 영도와 송정 그리고 초량이바구길까지,
처음 만나는 부산

온리 부산, 빈티지 부산, 리얼 부산

해운대와 광안리, 남포동 말고도 부산에는 갈 곳이 많다. 부산 영도는 '올드' 부산이라 불리는 곳. 부산의 '빈티지'한 모습이 고스란히 남아 있다. 깡깡이 예술마을과 흰여울문화마을은 레트로한 부산의 모습을 느끼기에 모자람이 없는 곳. 초량이바구길과 감천동 문화마을에서는 피난민들이 일구어 낸 풍경을 만날 수 있다. 장림포구는 알록달록한 컨테이너 하우스가 포구를 따라 이어지는 곳. 젊은 여행자들이 인스타 사진을 찍기 위해 반드시 들르는 곳이기도 하다. 기차역이 바다를 바라보며 서 있는 송정역 주변도 부산의 낭만을 느끼게 해 준다. 그리고 빼놓을 수 없는 부산의 맛. 돼지국밥, 고등어 백반, 밀면, 양곱창, 군만두 등 부산의 음식들을 즐겨 보자. 깡통시장, 국제시장, 자갈치시장 구경은 보너스다.

영도 깡깡이 예술마을 문닫는 조선소가 예술 공간으로 탈바꿈
흰여울문화마을과 절영해안산책로 바다를 바라보는 마을, 영화 '변호인'의 촬영지
초량이바구길 168계단 모노레일 타고 느끼는 그 시절 부산
송정역과 미포 오거리 한적한 해변 앞 고풍스런 기차역
장림포구 알록달록한 컨테이너 하우스, 한국의 '베네치아'
감천문화마을 산비탈에 빼곡하게 들어선 계단식 마을
시장 여행 깡통시장에서 국제시장, 자갈치시장까지
| more & MORE 돼지국밥, 고등어 백반, 밀면, 양곱창, 군만두 등 부산의 음식들

영도 깡깡이 예술마을

조선소에서 즐기는
재미있는 예술 체험

영도의 재발견 깡깡이 예술마을. 옛 조선소 마을을 예술적 분위기 가득한 예술마을로 재탄생시켰다.

부산 영도구 대평동 옛 도선장 주변 동네는 일제강점기인 1912년 우리나라 최초 근대식 조선소가 들어서면서 조선 산업이 시작됐다. 또한 바다를 배경으로 남포동 방면의 육지를 바라보고 있는 지형이어서 1970년대에는 수리 조선업 메카로 자리 잡게 됐다. 배를 수리하려면 배 아래쪽에 붙은 조개와 이물질을 제거하고 녹을 벗겨내야 하는데, 하루 종일 이 작업을 하는 망치 소리가 동네에 가득했다고 해 깡깡이 마을이라는 이름이 붙었다. 지금도 조선 업체 12개가 운영 중이다. 2000년대 조선업이 쇠퇴하면서 쇠락하던 마을은 2015년 문화예술형 도시 재생 프로젝트와 함께 활기를 띠기 시작했다. 예인선을 개조해 꾸민 선박 체험관, 옛 영도 도선의 이야기를 들으며 남항 일대를 둘러볼 수 있는 '깡깡이 유람선', 방문객들이 시계, 장식품 등을 조립해 볼 수 있는 '깡깡이 마을 공작소' 등 즐길 거리가 풍부하다.

깡깡이마을 곳곳에는 '공공예술 프로젝트'를 통해 33개 예술 작품이 설치되어 있다. 마을 초입에 자리한 안내 센터에서 배포하는 리플릿에 예술작품 위치가 자세히 나와 있는데 이들 작품을 하나씩 따라가다 보면 깡깡이마을 역사를 조금씩 더 이해하게 된다. 구름 모양 가로등과 총천연색 벽화 등은 '인생샷' 배경으로 손색이 없다.

아이들은 깡깡이 예술마을 메이커스 프로그램을 통해 비즈 공예, 드로잉 엽서, 키트 조립 등을 체험해 볼 수 있으니 홈페이지(http://kangkangee.com)를 미리 보고 가면 좋다.

흰여울문화마을과 절영해안산책로

푸른 바다를 보며
산비탈에 들어선 마을

흰여울문화마을 벽에 그려진 벽화

흰여울문화마을은 영화 '변호인'을 찍은 곳이기도 하다.

흰여울문화마을은 과거 한국전쟁 이후 갈 곳 없던 피난민들이 가파른 절벽에 집을 짓고 살기 시작하면서 형성된 마을이다. 영화 '변호인' 촬영지로 알려지면서 유명세를 탔다. 하얀색으로 칠한 담벼락을 따라 걸으면 변호인 촬영지, 이송도전망대, 흰여울문화마을 예술 공방 등을 만날 수 있다. 예전에 봉래산 산기슭에서 여러 갈래의 물줄기가 바다로 굽이쳐 내렸는데, 물살이 빨리 흘러내리는 모습이 마치 흰 눈이 내리는 것 같다고 해 도로를 '흰여울길'이라고 불렀고 마을 이름도 이 도로 이름을 따라 붙였다고 한다.

계단을 따라 절벽 아래로 내려가면 절영해안산책로가 나온다. 길이는 3km 정도로 해안 산책을 즐기기에 좋다. 바닥이 시원한 파란색으로 칠해져 있고 2014년 국토해양부가 선정한 대한민국 5대 해안누리길에 선정되었다고 한다.

초량이바구길

옛 부산의 이야기를
간직한 '168계단'

부산역에서 초량동 산복도로 쪽으로 '초량이바구길'이 있다. 옛 백제병원을 거쳐 김민부 전망대를 지나 까꼬막까지 이어진다.
부산역 앞 차이나타운은 신발원, 마가, 홍성방 등 유명 중국집이 몰려 있는 곳. 차이나타운을 지나면 텍사스 거리다. 텍사스 거리에서 초량2동 주민센터를 지나면 초량 초등학교가 나오는데 여기에서 '초량이바구길'이 시작된다. 담장에는 동구의 역사와 역사적 인물이 담긴 사진이 붙어 있다.
이바구길에는 168계단이 있는데 이곳에서 '168계단 모노레일'을 타볼 수 있다. 2015년 문을 열어 인기를 끌고 있다. 이삼 분 정도 모노레일을 타면 168계단 승강장에 닿는다. 주변에는 '이바구 놀이터', '6·25 막걸리', 장난감 가게 등 이색 가게가 몰려 있다. 이곳에서 부산항을 시원하게 내려다볼 수 있다.

기차가 지나가는 미포 오거리와 송정역

송정역과 미포 오거리

바다를 바라보고 선 오래된 기차역

광안리와 해운대의 복잡한 분위기를 피하고 싶다면 송정해수욕장을 추천한다. 번화가에서 약간 벗어난 곳에 자리하고 있어 한적한 해변가 분위기를 만끽할 수 있다. 송정해수욕장 앞에 자리한 송정역과 미포 오거리에서 만나는 풍경은 부산의 빈티지를 느끼게 해준다. 1941년 만들어진 송정역은 연두색으로 칠한 벽과 뾰족한 지붕을 올린 모습이 단아하면서도 고풍스럽다. 미포 오거리는 내리막길을 따라 철로 표지판과 철길, 바다가 어울려 이국적인 풍광을 빚어낸다. 영화 '해운대'를 촬영하기도 했다.

168 계단. 모노레일을 타고 오를 수도 있다.

알록달록한 컨테이너가 늘어서 있는 장림포구

장림포구

포구를 따라 늘어선
알록달록 컨테이너 하우스

부산 여행에서 SNS에 가장 자주 올라오는 곳. 알록달록한 컨테이너 하우스가 늘어서 있어 이탈리아 '베네치아'를 연상시킨다. 이 산책로 덕분에 커플들 사이에서는 '부네치아'로 불리는 곳이다. 화려한 무지개 색깔을 입힌 건물과 배가 떠 있는 포구가 어울려 낭만 그득한 분위기를 낸다.

감천문화마을

옛 피난민들이
만든 계단식 마을

1950년대 6.25 피난민의 힘겨운 삶의 터전으로 시작해 지금의 산자락 빼곡하게 들어선 계단식 마을이 만들어졌다. 산비탈을 따라 계단식으로 지어진 파스텔톤의 집들과 미로 같은 골목길이 '한국의 마추픽추'라고 입소문을 타면서 관광객들이 모여들고 있다. 마을에 입주한 예술가들의 공방에서 다양한 공예 체험도 가능하다.

감천문화마을 골목에 그려진 벽화

다닥다닥 판자집들이 늘어선 감천문화마을

시장 여행

깡통시장에서 국제시장,
자갈치시장까지

부산은 시장의 도시다. 170여 개의 재래시장이 있다. 부평시장은 부산 최대의 시장이다. 1010년 조선인과 일본인이 같이 열었다. 당시 부산에서 일본인들의 생필품을 파는 유일한 시장이었다고 한다. 해방이 되고 한국 전쟁을 거치면서 부평시장에는 통조림을 비롯한 미군들의 군수 물자가 흘러들어 왔고 그래서 일명 '깡통시장'으로 불렸다. 그러다 1965년 한일 수교가 맺어지면서 일제 워크맨을 비롯한 전자 제품, 코끼리밥통, 화장품, 양주 등이 부평시장으로 밀려들었다. 서울에 사는 연예인들도 물건을 사기 위해 부산으로 내려올 정도였다고 한다.

길 건너편은 국제시장이다. 서울의 남대문시장과 닮았다. 신발, 가방, 안경, 귀금속 등을 파는 상점들이 좁은 길을 따라 미로처럼 얽혀 있다. 국제시장의 다양한 물건을 구경하는 것도 즐겁지만 국제시장의 하이라이트는 역시 구석구석에 숨은 맛집을 찾아 나서는 일이다. 골목마다 저렴하고 맛있는 길거리 음식들이 반긴다. 어묵, 비빔당면을 비롯해 충무김밥, 잔치국수, 파전, 순대, 식혜, 유부초밥, 수수부꾸미 등 다 나열하기도 힘들다.

여름에는 팥빙수가 인기다. 커다란 얼음덩이를 옛날 팥빙수 기계에 넣고 손잡이를 휙휙 돌린다. 수북이 쌓인 투명한 얼음 위에 팥 한 숟가락을 올리고 연유를 듬뿍 뿌린다.

자갈치시장은 국내 최대 수산물 시장이다. 우리나라 수산물과 건어물의 30~50%가 이곳에서 공급된다고 하니 그 규모를 짐작할 수 있다. 시장에 들어서면 노점상들이 줄지어 서 있는데, 끝이 보이지 않는다. 좌판에는 고래고기를 비롯한 각종 생선들이 올라와 있다. 특유의 바다 내음이 물씬한 거리에는 구경하러 온 이들로 발 디딜 틈이 없다.

싱싱한 해산물이 가득한 부산 자갈치시장. 입을 행복하게 하는 다양한 먹거리들도 찾는 이를 즐겁게 한다.

여행에서 언제나 우리를 매료시키는 공간은 시장이다. 현지인들의 생생한 삶이 오롯이 담겨 있는 시장은 여행이 곧 사람을 만나는 일이라는 걸 깨닫게 해준다. 부산은 시장의 도시다. 국제시장, 자갈치시장, 부평시장 등 170여 개의 재래시장이 있다. 일제강점기 부산의 시장은 많은 물자들이 일본으로 반출되는 통로였으며 한국전쟁 때는 피난민들의 삶의 터전이기도 했다. 이후 부산의 시장은 산업화와 도시화의 중심에 서서 막대한 역할을 했다. 군부독재 시절에는 민주화 운동의 생생한 현장으로 그 기능을 수행하기도 했다. 민초들의 질긴 삶이 살아 숨쉬는 곳 시장. 부산을 제대로 여행하고 싶다면 시장으로 가야 한다.

| more & MORE

부산에서 가장 먼저 맛봐야 할 음식이 밀면과 돼지국밥이다. 밀면은 부산식 냉면이다. 돼지국밥은 돼지고기를 삶은 뽀얀 국물에 야들야들한 돼지고기를 듬뿍 넣고 양념에 무친 부추를 넣어 먹는다. 해운대 양산국밥(051-703-3544) 추천. 밀면은 부산식 냉면이다. 전쟁 직후 이북 출신 피난민들이 메밀과 녹말이 없어 밀가루로 만들어 먹던 면요리가 밀면의 시작이다. 쫄깃하면서도 질기지 않은 면발과 감칠맛 나는 육수가 특징이다. 부산역 앞 황산밀면(051-469-6918)이 맛있다. 자갈치시장 앞에 고등어 백반을 내는 식당이 몇 집 몰려 있다. 방금 구운 고등어를 단돈 5천 원에 먹을 수 있다. 양곱창 거리도 가 보자. 푸짐한 양곱창과 대창을 저렴한 가격에 맛볼 수 있다. 대양양곱창(051-248-4758)이 유명하다. 깡깡이 예술마을에 자리한 복성만두(051-412-9468)는 50년 노포. 직접 만든 군만두와 만두백반이 유명하다. 만두백반은 서울에서 보기 힘든 음식. 만둣국에 밥을 말아 먹는다. 초량 옹골찬(051-462-7002)은 '낙곱새'가 맛있다.

진골목 지나 청라언덕까지 걸었습니다,
김광석도 추억했습니다

오래된 시간을 느리게 걷다, 대구 도보 여행

대구는 오래된 시간이 남아 있는 도시다. 진골목에서 시작해 약전시장을 지나 청라언덕까지 이어지는 도보 여행길에서는 우리가 잊고 있었던 시간과 만난다. 조금은 퇴색했고 조금은 이국적이고 그래서 조금 더 정이 간다. 방천시장은 가수 고 김광석의 흔적이 남은 곳이다. 그를 추억하며 따라가는 길이 만들어져 있다. 전국 3대 시장 중 하나로 손꼽히는 서문시장도 방문해 보자. 떠들썩하면서도 넉넉한 '갱상도' 아지매들의 인심을 느낄 수 있다. 대구막창, 찜갈비, 납작만두 등 '대구 10미'라 일컬어지는 대구의 맛있는 음식도 여행자를 행복하게 해준다. 대구로 여행을 가서, 대구의 오래된 시간을 걸어 보자.

약전골목 우리나라 최대의 한약재 시장
진골목 20년 전 시간으로 돌아간 풍경
계산성당에서 청라언덕까지 천천히 걸으며 느끼는 골목 풍경
방천시장 '영원한 가객' 가수 김광석을 추억하며 걷다
서문시장 없는 것 빼고 다 있는 대구 최대의 시장
| more & MORE 대구막창, 찜갈비, 육개장, 납작만두 등등등 맛있는! 대구 10미 맛보기

약전골목
국내 최대의
한약재 시장

진골목
근대의 시간을
걷다

우리 나라에서 가장 오래된, 자그마치 350여 년의 전통을 이어오고 있는 약재 시장이다. 3대를 이어온 한약방이 수두룩하다. 처음에는 경상감영 안 객사(지금의 경북인쇄소 동편) 마당에 있었으나 객사가 헐리자 지금의 위치로 옮겨 앉았다. '영 바람 쐰다'는 말이 있었다. 전국의 약령시를 한 바퀴 돌아보는 것을 뜻하는 말인데, '대구 영 바람' 안 쐬면 약효가 없다는 말이 나올 정도로 대구 약령시가 유명했었다. 그때 그 시절 각지에서 모여드는 구매상이 1만 명을 넘었다고 하니 그 규모를 짐작할 만하다. 약전골목의 내력을 알려 주는 건물이 있는데 구 제일교회다. 대구경북 최초의 개신교 교회다. 이 건물은 1898년 남성정교회로 처음 설립된 뒤 1933년 벽돌 교회당을 새로 짓고 지금의 '제일교회'로 이름을 바꿨다. 13~15세기 중세 고딕 양식의 건물로 빨간 교회 건물을 뒤덮은 담쟁이덩쿨이 어울린 모습이 인상적이다.

서울역에서 KTX를 타고 1시간 40분을 가면 동대구역이다. 대전을 지나 한숨 까무룩 졸면, 이어폰을 끼고 좋아하는 앨범을 한 바퀴 들으면, 소설책을 반쯤 읽으면 도착한다. 동대구역에서 지하철을 타고 반월당 네거리에서 내린다. 대형 쇼핑센터와 백화점이 들어선 이곳은 대구의 최고 번화가다. 대구 걷기 여행은 이곳에서 시작한다.

반월당 네거리에서 한일극장 쪽으로 걷다 중앙시네마 옆 조그만 골목으로 들어서면 붕붕거리던 도시의 소음이 일순간 모두 사라진다. 시간은 20년 정도 되돌아간 것 같다. 붉은 벽돌을 쌓은 담장이 이어지고 약간 촌스런 서체의 아크릴 식당 간판이 어지럽다. 중절모를 쓴 노인들이 느린 걸음으로 골목을 지난다. 이 골목의 이름은 진골목. 고층 빌딩에 둘러싸인 이곳은 마치 섬처럼 무심하게 떠 있다.

'진골목'이라는 이름은 '긴 골목'을 뜻하는 경상도 사투리다. 경상도에서는 '길다'를 '질다'로 발음하는데 이 때문에 '긴 골목'이 '진 골목'으로 불리게 됐다. 하지만 이름만큼 길지는 않다. 고작해야 100m 남짓 될까. 한때 이곳에 대구의 내로라하는 부자들이 모여 살았지만 세월이 흘러 그들은 떠났고 고래 등 같던 대저택들은 요정과 술집 골목으로

변했다가 지금은 숯불갈비집으로, 보리밥집, 아구찜집, 한방백숙집 등으로 다시 변했다.
그나마 옛 모습을 지키고 남아 있는 집이 정소아과다. 붉은 벽돌담이 이어지는 구불구불한 진골목을 따라 걷다 보면 '정 소아과의원'이라는 간판을 단 2층집을 만날 수 있다. 현존하는 대구 최고의 양옥건물이다. 1937년 화교 건축가 모문금이 설계, 건립한 주택인데 유럽의 영향을 받은 일본식 건축풍이라고 한다. 히말라야시더가 심긴 넓은 정원, 별채, 벽돌조 2층 양옥이 잘 어울리는 이 건물은 일제강점기 부유층의 생활 모습과 그 시절 근대 건축의 진수를 파악할 수 있게 해준다.

진골목 끝에는 옛날 다방이 있다. '미도다방'이다. 1982년 문을 연 뒤로 대구·경북 지역의 정치인과 유림, 문인 사이에서 명소가 됐다. 손님 대부분은 70, 80대 노인이다. 웬만큼 머리가 희끗희끗하지 않으면 자리에 앉아 있기가 민망할 정도다.

시간이 멈춘 듯한 대구 진골목. 길지 않은 골목이지만 골목이 간직한 풍경은 깊다. 진골목은 우리가 어느새 잊고 있었던 시간의 흔적을 우리 눈앞에 조용히 펼쳐 보인다.

계산성당 지나 청라언덕까지 걷는다. 아늑한 골목길은 여행자를 마냥 기분좋게 만든다.

계산성당에서 청라언덕까지
걷는 것만으로도 기분이 좋아지고 마음을 내려놓게 되는 길

약전골목을 나와 대로를 따라 걸으면 운치있는 성당과 만난다. 계산성당이다. 프랑스 선교사 로베르가 설계한 것으로 서울, 평양에 이은 세 번째 고딕 양식의 성당이다. 서울 명동성당을 지었던 중국인들이 내려와 1902년 지었다고 한다. 시인 이상화가 이 성당에서 영감을 얻어 〈나의 침실로〉를 지었고 선종한 김수환 추기경의 사제 서품식도 이곳 계산성당에서 치렀다.

내부는 아름답다. 높은 아치형 천장을 통과한 햇살은 성모 마리아와 대천사들의 조각상 위로 무한정 쏟아져 내린다. 스테인드글라스에는 서상돈, 김종학, 정규옥 등 초기 대구 천주교 신자의 모습이 그려져 있는데 색이 어찌나 고운지 성당을 나와서도 눈에 아른거릴 정도다.

계산성당을 옆으로 몇 걸음만 걸어가면 즐비한 고층 빌딩 사이에 〈빼앗긴 들에도 봄은 오는

이상화 시인의 옛집을지나 대구제일교회와 3.1운동길까지 정겨운 골목 풍경이 이어진다.

가〉로 유명한 이상화 시인의 옛집이 섬처럼 남아 있다. 이곳에서 시인은 1939년부터 임종 때까지 약 4년간 머물며 작품 활동을 했다. 이상화 고택은 한때 인근 지역 개발로 인해 사라질 위기에 처해었지만 대구 시민들이 고택보존운동본부를 만들어 지켜냈다. 이상화 고택 바로 앞에는 국채보상운동을 이끈 서상돈의 고택이 자리하고 있다.

성당 맞은 편으로 우뚝 솟은 첨탑이 보인다. 대구제일교회다. 교회 뒤편이 청라언덕. '청라언덕과 같은 내 맘에 백합 같은 내 동무야'라는 노래 '동무 생각'의 무대가 됐던 곳이기도 하다. 언덕으로 올라가는 길은 3.1운동길이다. 1919년 1,000여 명의 학생들이 이 길을 통해 서문시장으로 나가 독립 만세를 외쳤다. 계단이 모두 90개여서 일명 90계단길로도 불리며 〈운수 좋은 날〉, 〈빈처〉를 쓴 소설가 현진건이 자주 산책하던 곳이라고 해 '현진건길'이라고도 불린다. 청라언덕에 오르면 동화속에나 나올 법한 예쁜 집이 세 채 서 있다. 대구시 유형문화재로 지정된 선교박물관, 의료박물관, 교육역사박물관이다. 미국 선교사들의 사택으로 지어졌는데 대구 최초의 서양식 건물이기도 하다.

방천시장

가수 김광석을 추억하다

마지막 코스는 방천시장이다. 중구 대봉동에 위치하고 있다. 청라언덕에서 2km 남짓 떨어져 있다. 방천시장의 가장 큰 스타는 고 김광석이다. 시장 어귀에는 그의 동상이 세워져 있다. 다리를 비스듬히 꼬고 앉아서 기타를 치고 있는 모습이 마치 살아 있는 것만 같다. 김광석의 동상이 이곳에 서 있는 까닭은 그가 이곳 대봉동에서 태어났기 때문.

대봉동 방천시장은 가수 고 김광석의 흔적이 서린 곳이다. 그를 추억하는 김광석 거리가 만들어져 있다.

애잔하고 서정적인 노랫말과 폭발적인 가창력으로 한국 모던포크의 계승자로 주목받던 그는 1996년 1월 스스로 생을 마감했다. 쓸쓸하게 세상을 저버렸지만 그의 팬들은 아직도 그를 잊지 않고 이곳을 찾아 그를 그리워한다.

그의 동상부터 방천시장 동편 신천대로 둑길을 따라 '김광석 다시 그리기 길'이 100여 미터 남짓하게 이어지는데, 김광석의 얼굴과 노래 가사 등을 주제로 다양한 벽화들이 그려져 있다. 방천시장이 이렇게 바뀌면서 사람들도 다시 찾아오기 시작했다. 주말이면 전국 각지에서 몰려든 여행객들과 장을 보러 나온 시민들로 시장은 북적인다. 시장 측도 매주 토요일마다 '토요반짝 예술시장'을 열어 다양한 이벤트를 벌이고 있다.

언제나 붐비는 서문시장　　　　　서문시장 입구　　　　　대구의 별미 납작만두

서문시장

없는 것 빼고는 다 있는 대구 최대의 시장

서문시장은 조선 후기 삼남에서 가장 큰 시장이었고 지금도 전국 3대 시장의 하나로 꼽힌다. 약 5,000여 개의 점포가 있으며 주말이면 10만 명이 넘는 사람이 찾아올 정도다. 시장에 들어서면 없는 것 빼고는 다 있다는 말이 실감난다. 칼국수, 떡볶이 등 시장 특유의 맛있는 먹을거리도 널려 있다. 이왕 대구에 왔으니 납작만두를 맛보자. 보통의 만두가 만두피 안에 소를 잔뜩 넣어 두툼한 반면 납작만두는 이름 그대로 납작하다. 얇은 만두피 안에는 당면과 부추밖에 없다. 모양은 반달처럼 생겼는데, 다른 만두처럼 물에 한 번 삶은 뒤 구워 먹는다. 한국 전쟁 때 먹을 것이 없어서 만두 속으로 당면과 부추만을 넣어 만들어 먹은 데서 유래했다고 한다. 납작만두는 그냥 먹는 것보다는 고춧가루와 식초, 설탕을 섞은 간장을 위에 뿌려 먹으면 더 맛있다. 쫀득하면서도 담백한 맛이 은근히 중독성 있다.

| more & MORE

동인파출소 뒷골목에 찜갈비 골목이 있는데 20여 개의 찜갈비집이 성업중이다. 갈빗살에 빨간 고춧가루와 마늘을 듬뿍 넣은 양념과 함께 조리하는데 등줄기에 땀이 배일 정도로 화끈하게 매운맛이 특징이다. 낙영찜갈비(053-423-3330), 벙글벙글 찜갈비(053-424-6881)가 유명하다. 진골목 막다른 길 끝에 진골목식당(053-253-3757)이 있다. 이 식당에서 고춧가루를 넣은 칼칼한 고깃국을 끓여내면서 '육개장'이란 음식이 시작됐다. 옛집식당(053-554-4498)도 반백년을 이어온 육개장 맛집이다. 중앙로역 근처의 원조국일따로국밥(053-253-7623)의 따로국밥은 65년 넘는 전통을 자랑한다. 갓 지어낸 밥과 선지를 넣은 국을 따로 낸다. 안지랑 막창골목은 40여 곳의 막창집들이 도로 양쪽으로 펼쳐져 장관을 이루는 곳이다. 상주식당(053-425-5924)은 경상도식 추어탕으로 유명하다.

22 하루 더 | 울산 | 울주

재미있는 옹기마을 체험, 산속 깊은 암자,
한국에서 제일 빠른 일출

공업 도시 아니랍니다, 볼 것 많은 여행 도시랍니다, 울산 울주

울산하면 떠오르는 이미지는 커다란 굴뚝을 세우고 있는 거대한 공업 단지다. 하지만 옹기마을과 간절곶, 내원암을 여행하고 나면 생각은 완전히 바뀐다. 옹기마을에서 옹기 만들기 체험을 하다 보면 시간 가는 줄 모르고, 숲속 깊은 암자에서는 나만의 고즈넉한 시간을 보낼 수 있다. 간절곶은 우리나라에서 가장 먼저 해가 뜨는 곳. 커다란 우체통에 편지를 써 볼 수 있다. 장생포항은 한국 고래잡이의 흔적을 엿보고 고래에 대한 생태를 공부할 수 있는 곳. 벽화가 예쁜 신화마을에서는 인생사진도 찍어 보자. 그러니까 공업 도시가 아니라 여행 도시 울산.

외고산 옹기마을 옹기를 만들다 보면 시간 가는 줄 모르고
내원암과 내원암 계곡 이렇게 깊은 숲이 있었다니, 그 깊은 숲에 들어앉은 고요한 암자
진하해수욕장 아이들과 함께 즐기는 해수욕
간절곶 우리나라에서 가장 처음 맞는 아침
신화마을 골목골목 걸으면 만나는 벽화
| more & MORE 달콤담백한 언양식 불고기

외고산 옹기마을은 국내 최대의 옹기마을이다. 옹기를 직접 만드는 장인을 만날 수도 있고 옹기 만들기 체험도 해볼 수 있다. 옹기의 역사를 전시한 옹기박물관도 구경해 보자.

외고산 옹기마을

눈부시다,
장독대 뚜껑마다 고인 햇볕들

울산 울주군 온양읍에 외고산 옹기마을이라는 곳이 있다. 국내 최대 옹기마을이다. 전국 옹기 생산량의 50%를 차지한다. 마을에는 8명의 옹기장을 비롯해 총 128가구 중 40여 가구가 옹기업에 종사하며 살고 있으며 옹기박물관, 옹기 회관, 옹기전시관, 상설판매장, 체험실습장 등도 들어서 있다.

외고산 옹기마을의 탄생은 1957년으로 거슬러 오른다. 경북 영덕에서 옹기를 만들던 고 허덕만 씨가 이주하면서부터다. 부산으로 피란을 떠나던 허 씨는 이곳의 풍부한 질점토에 반해 이곳에 뿌리를 내렸다. 따뜻한 기온과 마을의 완만한 구릉도 가마를 만들기에 적격이라고 판단했다. 1960~70년대에는 이곳에 머무르는 옹기장인과 도공이 350명을 훌쩍 넘었다고 한다. 당시 마을에서 생산한 옹기는 인근 부산과 울산뿐 아니라 서울로도 팔려 나갔고 미국와 일본으로까지 수출됐다.

옹기마을의 집들은 담장부터 지붕까지 모두 옹기로 꾸몄다. 옹기 파편들을 박아 넣어 토담을 만들었고 지붕에는 커다란 옹기 항아리를 올려놓았다. 마을 고샅길을 걷다 보면 옹기에 유약바르는 것도 심심찮게 볼 수 있다.

다양한 체험거리도 많다. 마을에 자리한 옹기 제작장에서는 전통 방식으로 옹기를 만드는 과정을 직접 볼 수 있다. 큰 독은 대부분 장인의 손을 거친다. 나이 든 사람은 힘이 부쳐서, 젊은 사람은 기술이 부족해서 쉽게 덤벼들지 못하는 작업이 큰 독 만드는 작업이다. 아무래도 사람의 손을 거치다 보니 옹기의 모양이 약간 비뚤어지기도 하고 거칠기도 하다. 하지만 이것이 오히려 옹기만의 매력이다.

외고산 옹기마을 홈페이지에 다양한 체험 프로그램을 미리 공지하고 있다. 어떤 프로그램이 준비되어 있는지 방문 전 꼭 홈페이지를 확인하도록 하자. 외고산 옹기마을에 있는 옹기업체도 소개하고 있으니 미리 살펴보고 쇼핑목록을 준비하는 것도 좋을 듯.

영남 제일의 명당 자리에 들어선 내원암

내원암

영남 최고의 명당에
자리잡은 암자

내원암 입구에 자리한 팽나무

한여름에도 서늘한 냉기를 내뿜는
내원암 계곡

내원암은 울산 울주군과 경남 양산시의 경계에 있는 대운산 자락에 있는 내원암 계곡에 자리한 암자다. 암자 가는 길, 숲의 분위기는 첩첩산중이다. 울산광역시에 자리한 산과 골이라고는 여겨지지 않는다. 강원도 오지를 걷는 기분이다.

걷다 쉬기를 반복하며 땀을 한 바가지 흘리며 한 시간 정도 올랐을까. 커다란 팽나무 한 그루가 모습을 드러낸다. 수령이 450~500년, 둘레 6.5m, 높이 18m에 달한다고 한다. 팽나무 뒤로 내원암의 지붕이 수줍은 듯 보인다.

내원암은 작다. 대웅전을 비롯해 5채의 당우만이 고즈넉히 산자락에 들어서 있다. 신라 중기 고봉 선사가 창건했다고 전하는데, 남아 있는 자료가 거의 없어 정확한 연혁은 알 수 없다. 고봉 선사는 창건 당시 내원암이 들어선 자리를 '영남 제일의 명당'이라고 극찬했다고 한다. 실제로도 내원암은 대운산의 꽃봉오리 모양을 이룬 다섯 봉우리 한가운데 자리하고 있다. 내원암에 서 있는 팽나무는 원래 내원암의 본사였던 대원사가 있던 자리다. 모습이 코끼리를 닮았다고 하는데, 그 말을 듣고 보면 그런 것도 같다.

진하해수욕장

아이들과 함께
물놀이 하기 좋은 곳

자, 이제 계곡을 벗어나 바다로 가 보자. 내원암 계곡에서 진하해수욕장까지 10분 거리. 계곡물로 더위를 씻은 뒤 바다 물놀이를 즐기기에 좋다. 울산의 남쪽 울주군 서생면 진하리에 자리하는데, 울산 제일의 해수욕장이자 파래소 폭포와 함께 울주 12경에 포함될 만큼 아름다운 해수욕장이기도 하다. 파도가 밀려오는 북쪽에서 살짝 비껴 앉은 곳에 자리하고 있어 잔잔한데다 수심도 깊지 않아 아이들과 함께 해수욕을 즐기기에 좋다.

간절곶

한국에서 가장
먼저 해가 뜨는 곳

간절곶 소망 우체통

박제상 부인 석상

진하해수욕장에서 10분 거리인 간절곶은 울주군을 대표하는 여행 명소다. 동해의 맨 아래 자락, 남해와 물을 섞는 귀퉁이에 자리한다. 한반도에서 해가 가장 먼저 드는 곳이기도 하다. 영일만 호미곶보다 서쪽에 위치하지만 위도가 낮아 1~2분 정도 먼저 뜬다. 간절곶이라는 이름은 바다에서 보면 긴 '간짓대(막대기)'처럼 보인다 해서 간절곶이란 이름이 붙었다. 울산지역 읍지에도 '울산 간절곶에 해가 떠야 한반도의 새벽이 온다'는 기록이 내려온다.

간절곶 언덕배기에는 등대가 서 있다. 간절곶은 지형상으로 태평양을 향해 열려 있는 중요한 뱃길이었다. 한때 장생포의 포경선들이 태평양의 고래떼를 쫓았고 지금도 원유를 실은 유조선과 자동차를 싣고 가는 컨테이너선 등 수많은 화물선과 어선들이 오간다. 울산 앞바다는 석유나 가스 등 액체 화물 수송량이 전국에서 가장 많은 곳이기도 하다. 그런 까닭에 등대도 일찍 들어섰다. 지금 서 있는 등대는 밀레니엄 당시 한반도에서 가장 먼저 해가 뜨는 곳으로 알려지면서 관광객들이 몰리자 2001년 새로 세운 것이다.

간절곶은 자그마한 공원처럼 꾸며 놓았다. 제법 거센 파도가 쉴 새 없이 부딪히는 바다 끝자락 해안엔 운치 있게 벤치도 놓여 있다. 남편을 기다리다 망부석이 됐다는 신라 충신 박제상 부인 석상도 세워져 있다.

간절곶을 찾는 여행객들이 기념사진을 찍는 곳이 있다. '소망 우체통'이다. 사람 키보다 훨씬 크다. 높이가 무려 5m, 가로 2.4m, 세로 2m다. 무게는 7t이나 된다. 그냥 형식적으로 세워 놓은 게 아니라 남울산 우체국에서 관리하고 있는 진짜 우체통이다. 매일 오후 1시에 우편물을 거둬간다고 한다.

간절곶 북쪽에는 드라마 하우스가 자리하고 있다. 드라마 '메이퀸'에서 해주의 아버지를 죽이고 조선소를 집어삼킨 장도현의 저택으로 나온다. 드라마 '욕망의 불꽃'과 영화 '한반도'의 촬영지로도 알려져 있다. 바다를 바라보며 선 이국적인 건물들이 연인들의 발걸음을 불러들인다.

바다를 바라보는 벤치

우리나라에서 해가 가장 먼저 뜬다는 간절곶의 바위

신화마을

걷고 또 걷고 싶은
벽화 마을

아이들과 함께 울산을 여행한다면 신화마을에도 가 보자. 장생포에서 차로 5분 거리다. 1960년대 석유화학단지가 건립될 당시 매암동 주민들이 집단 이주하면서 형성된 신화마을은 '2010 마을 미술 프로젝트'에 선정되면서 울산을 대표하는 벽화 마을로 자리매김했다. 영화 '고래를 찾는 자전거', '친구2' 촬영지로도 유명하다.

 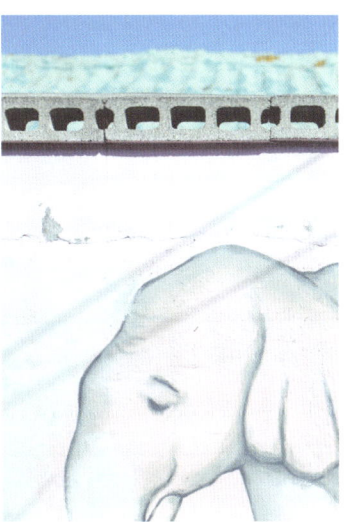

신화마을의 다양한 벽화들. 많은 영화의 배경이 됐다.

more & MORE

장생포는 한국 고래잡이의 역사를 고스란히 간직한 곳. 전성기엔 한 해에 대략 1,000여 마리의 고래가 인근 앞바다에서 잡혔다고 한다. 하지만 1986년 세계 여러 나라가 고래를 잡는 포경업을 금지하면서 장생포는 일반의 기억에서 점점 사라져갔다. 지금은 그물에 걸려 올라온 고래 고기를 파는 음식점과 고래박물관이 옛 추억을 반추하고 있다. 장생포 고래박물관은 고래잡이 금지 이후 사라져 가는 포경 유물 250여 점을 전시하고 있다. 12.4m 길이의 브라이드고래 골격과 13.5m 길이의 한국계 귀신고래 모형, 반구대 암각화관 등 볼거리가 다양하다.

파래소 폭포 가는 들목인 언양읍은 '한우불고기 특구'로 지정되어 있을 만큼 불고기로 이름난 동네다. 일제시대부터 봉계, 경주, 울산, 영천과 더불어 영남의 5대 우시장으로 유명해 양질의 한우 공급이 가능했고 여기에 언양식 불고기 조리법이 어우러져 언양 불고기가 탄생했다. 언양기와집불고기(052-262-4884)가 유명하다.

23 하루 더 | 강원 | 강릉

방짜 수저 공방을 엿보았고요,
정동심곡 바다부채길도 걸었습니다

두 번째 강릉 여행,
2% 다른 강릉 여행

강릉하면 떠오르는 곳. 경포대, 정동진, 오죽헌, 선교장 등 하지만 이미 가 봤던 곳이다. 이번 여행에서는 다른 코스로 가기로 했다. 강릉 시내-주문진-헌화로-하슬라 아트월드를 잇는 코스다. 강릉의 중심과 남과 북을 잇는 이 코스는 우리가 지금까지 알고 있던 강릉과는 '약간' 다른 강릉을 만나게 해준다. 방짜 수저를 만드는 장인의 작업장에도 들르고 강릉 예술인들이 모여 있는 창작촌에서 만들기 체험도 해본다. 반가의 풍성한 밥상도 받고 떠들썩한 포구 횟집에서 회도 맛본다. 우리나라에서 가장 아름다운 해안 산책로도 걸어 보고 바다 드라이브도 즐긴다. 올해엔 약간 색다른 강릉 여행을 즐겨 보자.

원조참방짜공방 수천 번 두드려 만드는 방짜 수저
강릉 예슬창작인촌 아이들과 함께 다양한 예술 체험
하슬라 아트월드 갤러리, 조각공원, 호텔이 어우러진 종합 예술 공간
정동심곡 바다부채길 바다를 옆에 두고 걷는 트레킹 코스
헌화로 동해의 시원한 바다 풍경을 따라가는 드라이브 코스
주문진항 떠들썩한 포구의 풍경
| **more & MORE** 맛있는 강릉, 물회도 맛있고 두부도 맛있고 장칼국수도 맛있고

방짜 수저의 전통을 이어가고 있는 김우찬 전수조교. 부친에게 물려받은 작업도구를 가지고 4대째 방짜 수저의 맥을 잇고 있다.

원조참방짜공방
4대째 이어가는 방짜 수저의 가업

'예향' 강릉에 방짜 수저를 만들며 외길 인생을 걷는 젊은 장인 김우찬 전수조교가 있다. 16세 때 강원도 무형문화재 14호인 아버지 고 김영락 방짜수저장에게서 방짜 수저 만드는 일을 배운 뒤 지금까지 한길을 걷는다. 2001년 대한민국 전승공예대전 입선, 전국공예품대전 은상, 강원 무형문화대전 신진상, 2013년 대한민국 전승공예대전 특선 등 수많은 상을 받았다.
방짜 수저는 구리와 주석을 정확한 비율로 섞은 방짜를 망치로 두드려서 만든 숟가락과 젓가락이다. 방짜는 구리 1근(600g)에 주석 4.5냥(168.75g)을 더한 것인데, 정확한 비율을 따지면 구리가 78%, 주석이 22%를 차지한다. 구리가 조금이라도 더 들어가면 쇳덩이가 딱딱해서 망치로 칠 수 없고, 주석이 더 들어가면 망치질할 때 쇠가 터지고 만다.
방짜 수저를 만드는 모든 과정은 수작업이다. 먼저 잿빛 쇳덩이를 수천 번 두드려 단단하게 만든다. 그 다음 숯불에 달군 쇠를 모루에 올려놓고 위아래를 뒤집어 가며 망치로 두드린다. 이 과정에 수저의 기본 모양이 만들어진다. 이것을 숯불에 15회 이상 담금질해 두드리면 쇠의 조직이 치밀해져 강도가 높아지고 광택이 난다. 다음은 망치 자국이 울퉁불퉁한 숟가락을 나무틀에 고정하고 쇠칼로 불에 달구며 생긴 때를 벗겨 낸다. 이 작업을 거치면 비로소 반짝이는 놋

 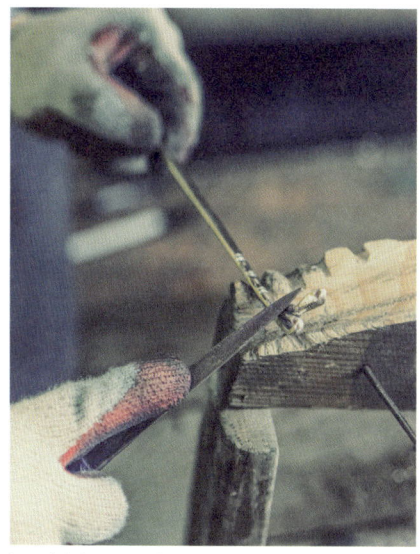

쇳덩이를 두드리고 펴서 만드는 방짜 수저는 모든 과정이 수작업이다. 40여 가지 도구로 사흘 동안 두드리고 깎아야 수저 한 벌이 탄생한다. 새긴 문양과 거기에 담긴 뜻도 여러 가지. 손잡이에 매화를 새긴 매화수저는 장수를, 죽절문을 새긴 죽절수저는 다산다복을 상징한다. 매화와 연꽃, 대나무를 새긴 방짜 수저를 보면 그 아름다움에 감탄이 절로 나온다.

쇠가 드러난다. 이 쇠를 줄질로 다듬고, 날카롭고 뾰족한 칼로 머리와 손잡이에 문양을 새긴다. 그리고 쇠기름으로 광을 내면 수저 한 벌이 탄생한다.

김 전수조교 집안은 4대째 방짜 수저를 만든다. 작업실 한쪽에는 부친에게 물려받은 작업 도구들이 놓였다. 모두 100년이 넘은 것이다. 할아버지, 아버지까지 쓰다가 지금은 김 전수조교가 물려받아 사용한다. 수저 한 벌을 만드는 데 40여 가지 도구를 사용해야 한다.

고되지만 돈이 안 되는 일이다. 방짜 수저는 한 달에 만들 수 있는 양이 정해져 있다. 김 전수조교는 한때 생활이 힘들어 방짜 수저 만드는 일을 포기할까 생각했다. 외로운 길을 걷게 한 아버지를 원망하기도 했으나, 지금은 방짜 수저를 지켜 달라는 유언을 떠올리며 열심히 만들고 있다.

김 전수조교의 작업실은 오죽헌 한옥마을에 있다. 작업을 보기 위해 찾아오는 사람은 언제나 환영한다. 방짜 수저가 조금이라도 알려지길 바라는 마음에서다. 작업장을 보고 싶은 분들은 김 전수조교의 휴대폰(010-3345-7835)으로 연락하면 된다.

옥으로 만든 장신구들

강릉 예술창작인촌
아이들과 함께 예술 체험

오죽헌 바로 옆에 예술창작인촌이 있다. 옛 경포 초등학교를 리모델링한 곳으로 한지 공예, 도예, 자수 등 다양한 분야의 예술인 22명이 입주해 있다. 이들이 만든 다양한 예술품을 감상할 수 있을 뿐만 아니라 자수며 유리공예 등 다양한 체험을 해 볼 수 있으니 아이들과 함께 떠나온 가족이라면 꼭 한 번 찾아볼 만한 곳이다. 같은 건물 2층에 자리한 동양자수박물관은 조선 궁중유물자수를 비롯한 우리 자수 300여 점과 중국 및 일본 등의 동양자수 110여 점을 전시하고 있는 곳으로 자수의 아름다움을 한껏 느껴볼 수 있다.

강릉 예술창작인촌에는 아이와 함께 즐길 수 있는 다양한 프로그램이 준비되어 있다.

조각공원과 갤러리, 숙박시설을 갖춘 종합 예술 공간 하슬라 아트월드

하슬라 아트월드
바다를 바라보며 자리한 예술관

하슬라 아트월드 야외 전시관의 다양한 작품들

정동진 가는 길에 자리한 하슬라 아트월드는 산언덕과 바다 사이에 자리잡은 종합 예술 공간이다. 갤러리 뿐만 아니라 조각 공원, 호텔 등이 자리한다. 활엽수가 가득한 길을 따라 가면 소나무 정원이 펼쳐지고 곳곳에 설치 미술품이 놓여 있다. '빌렌도르프의 비너스'를 닮은 조각부터 매미와 같은 곤충을 형상화한 작품, 다양한 모양의 추상 작품까지 산책로를 따라 걸어 오르며 작품을 발견하는 재미가 쏠쏠하다. 야외뿐만 아니라 뮤지엄 호텔 전시실에도 호기심을 자극하는 작품들이 전시되어 있다. 동화책에서 튀어나온 듯한 피노키오 작품이 전시된 피노키오 미술관, 자유자재로 움직이며 사람 흉내를 내는 마리오네트 미술관 등도 챙겨 봐야 한다.

정동심곡 바다부채길과 헌화로
바다를 옆에 두고 걷는 길

'정동심곡 바다부채길'은 정동진 썬크루즈 리조트 주차장과 심곡항 사이에 조성된 2.86km 길이의 탐방로로 걷는 내내 푸른 바다를 옆에 두는 호사를 누릴 수 있는 길이다. 청명한 파도 소리에 귀를 씻고 바다 위 불쑥 솟은 기암괴석을 감상하는 일도 즐겁다.
탐방로는 경사가 거의 없어 남녀노소 누구나 어렵지 않게 둘러볼 수 있다. 탁 트인 바다를 바라보며 걷는 즐거움도 크지만 해안선을 따라 곳곳에 놓인 기암괴석을 감상하는 재미도 여간 쏠쏠한 것이 아니다. 코스 종점은 심곡항. 이름처럼 깊은 골짜기에 있는 마을이다. 육지 길이 없어 마을 사람들은 한국 전쟁 당시 세상이 난리가 난 줄도 몰랐다고 한다.
심곡항에서 금진항까지 이어지는 2.1km 구간은 헌화로로 불린다. 멋진 바다 드라이브 코스기도 하다. 〈삼국유사〉의 〈헌화가〉가 이곳을 무대로 했다. 도로 옆 바닷가엔 거북이를 닮은 거북바위를 비롯 구선암, 합궁골, 백두대간 공룡가족 등 저마다 독특하게 생긴 기암괴석이 줄을 서 있다.
헌화로가 가장 아름다운 때는 해 뜰 녘. 기암괴석과 어우러진 헌화로의 일출은 밋밋한 수평선에서 떠오르는 정동진의 일출보다 훨씬 감동적이다.

헌화로를 걷다 만난 풍경. 아침 해 뜰 무렵이나 저물녘이 가장 아름다운 풍경을 보여준다.

싱싱한 해산물을 살 수 있는 주문진 어시장

주문진항으로 가는 7번 국도 변의 풍경

주문진항
100년 전통의 동해안 최대 항구

주문진항은 동해안에서 가장 큰 항구 중 하나다. 참모습을 보려면 귀항하는 어선과 수산물 중개인, 도매상, 관광객이 몰려드는 아침나절에 찾는 것이 좋다. 위판장 뒤편으로 좌판이 늘어선 어시장이 형성돼 있다. 새벽 배가 싣고 온 오징어와 꽁치, 고등어 등을 싸게 살 수 있다. 바닷가 안쪽으로는 건어물 상가들이 많은데 평양, 광주, 부산 등의 상호가 붙어 있다. 100년의 전통을 자랑하는 항구인 만큼 일찍부터 전국에서 사람이 몰렸고, 자신의 출신 지역을 따서 상가 이름을 지었다고 한다.

more & MORE

강릉을 대표하는 맛은 초당두부다. 부드럽고 고소한 맛이 특징. 경포호에서 10분 거리에 자리한 서지초가뜰(033-646-4430)에서는 옛 강원도 반가의 밥상을 맛볼 수 있다. 각종 나물무침과 장아찌들, 고등어 구이, 쑥설기떡, 고추부각 등이 상 가득 오른다. 미리 예약을 하는 것이 좋다. 사천항은 강릉에서도 물회로 유명한 곳. 포구를 따라 물회집들이 늘어선 물회 거리가 있다. 장안횟집(033-644-1136)이 가장 유명세를 타고 있는 곳이다. 주문진항에 자리한 주문진실비생선구이(033-661-4952)는 생선 구이로 이름난 집이다. 벌집칼국수(033-648-0866)는 장칼국수로 유명한 집. 요리사 백종원이 강릉 3대 칼국수 집으로 소개하면서 널리 알려졌다. 40년째 옛 문화 여인숙 건물을 개조하지 않고 그대로 사용하는데, 예전 여인숙이었을 때의 흔적이 곳곳에 묻어 있다.

24 하루 더 | 강원 | 영월

강 따라 이어지는 비경, 곳곳에 자리한
재미있는 박물관

즐겁고 유익한 우리 가족 영월 여행 대작전

영월은 최적의 가족 여행지다. 우리나라의 모습을 꼭 빼닮은 한반도지형은 아무리 보아도 신기하다. 바위를 칼로 쪼갠 듯 잘라 놓은 선돌은 꼭 누가 일부러 이렇게 만들어 놓은 것 같다. 단종 비운의 역사가 담긴 장릉과 청령포는 역사공부를 겸한 여행지로 좋다. 장릉의 아늑한 소나무 숲길은 꼭 한 번 걸어볼 만하다. 동강사진박물관, 아프리카박물관, 조선민화박물관, 탄광문화촌 등 영월에 자리한 흥미롭고 이색적인 박물관과 갤러리도 알찬 여행을 만들어준다. 시간이 여유롭다면 별마로천문대에서 달이나 행성, 별을 관측하며 즐거운 시간을 보내 보자.

한반도지형 어떻게 이렇게 똑같이 생겼을까
선돌 벼락맞아 쪼개진 듯 두 개로 갈라진 거대한 바위
청령포 단종이 유배되어 쓸쓸한 생을 마감했던 곳
김삿갓 유적지 천재 시인 김삿갓이 묻힌 곳
장릉 소나무들이 단종 능을 향해 고개를 숙이고
박물관 여행 아프리카, 책, 곤충, 사진, 테디베어 등등 재미있는 박물관이 너무 많아요
별마로 천문대 커다란 망원경으로 별을 관찰해 봅니다
| **more & MORE** 맛있는 두부구이와 고소한 묵밥

선암마을 한반도지형은 우리나라 지도와 신기할 정도로 닮았다.

한반도지형
강과 세월이 땅에 새긴 한반도 지도

영월을 찾은 여행자들이 가장 먼저 달려가는 곳은 선암마을의 한반도지형과 선돌이다. 한반도지형은 영월 시내에서 20분 거리에 있다. 주차장에서 전망대까지 완만하면서도 조붓한 오솔길을 따라 15분 정도를 가면 닿는다. 가는 길 중간중간에 카르스트 지형 중 하나인 돌리네를 볼 수 있다. 돌리네는 석회암 지대의 주성분인 탄산칼슘이 지하수에 용식되면서 깔때기처럼 움푹하게 꺼진 지형을 일컫는다.

나무로 만들어진 전망대에 서면 어른 아이 할 것 없이 '야, 신기하다'며 감탄사를 쏟는다. 공중에서 한반도 지도를 보는 듯한 풍경이 고스란히 눈앞에 펼쳐진다. 토끼를 닮은 땅 모양은 누군가가 일부러 조각해 놓은 것만 같다. '디테일'도 살아 있다. 전망대에 서 있던 어느 여행객이 "야, 동고서저도 학교에서 배운 그대로네"라고 하니 옆에 있던 일행들이 "어떻게 그건 안까먹고 용하게도 기억하고 있네"하고 웃으며 맞장구를 친다. 그 말을 듣고 보니 그런 것도 같다. 한반도 동쪽은 경사가 급하고 서쪽은 비교적 완만한다. 백두대간을 연상케 하는 빽빽한 소나무, 땅끝 해남마을과 포항 호미곶 등이 절묘하게 배치되어 있다. 게다가 맨 위쪽 시멘트공장은 압록강 너머 만주 땅에 들어선 중국 공장지대를 연상케 한다.

선돌 전망대. 일부러 베어놓은 듯 바위가 갈라져 있다.

선돌
벼락맞아 쪼개진 듯 반으로 갈라진 돌

선돌은 70m 높이의 절벽이 반으로 쪼개져 두 개로 나뉘어 있다. 벼락을 맞은 것 같기도 하다. 쪼개진 절벽과 크게 휘돌아 가는 강, 강 자락에 일구어 놓은 밭이 어우러져 평화로운 풍경을 만들어 낸다. 선돌이란 이름은 돌의 모양이 마치 신선처럼 보인다고 해서 붙은 이름. 그러고 보니 도포 자락을 입은 두 명의 신선이 까마득한 절벽 위에 서 있는 것처럼 보여 신선암으로도 불리는데 선돌을 바라보며 소원을 빌면 한 가지 소원이 꼭 이뤄진다는 전설이 있다.

선돌에 서면 영월이 얼마나 고요한 곳인지 알 수 있다. 강물은 느리게 흐르고 숲은 평온하다.

청령포

단종의 슬픈 생애를 만나다

영월은 단종이 묻혀 있는 땅이다. 조선 역사상 가장 불행했던 임금으로 꼽힌다. 단종은 총명한 왕자였다. 성삼문, 박팽년 등 집현전의 뛰어난 학자들이 그의 스승이었다. 세종은 어린 손자를 유난히 귀여워했다. 8살의 나이에 세손이 됐고, 10살에 세자로 책봉됐다. 아버지 문종이 임금이 된 지 2년 만에 승하하자 단종은 12살의 나이로 보위를 물려받았다.

임금이 어리다 보니 주변에서는 치열한 권력 투쟁이 벌어질 수밖에 없었다. 최종 승자는 삼촌 수양대군(세조). 황보인과 김종서를 죽이고 권력을 장악한 세조는 3년 뒤 단종을 멀고 먼 강원도땅 영월로 유배시켰다. 어린 시절 글을 가르쳤던 성삼문과 박팽년, 세자 시절의 스승이었던 이개 등은 단종 복위 운동을 벌이다 발각돼 죽음을 당했다. 이들이 사육신이다. 김시습과 남효온 등은 벼슬을 버리고 은거해 생육신으로 불린다.

청령포는 단종이 귀양살이를 했던 곳이다. 앞에는 강줄기가 가로막고 있고, 뒤에는 벼랑이 솟은 천혜의 감옥이다. 유일하게 육지와 이어진 곳은 육육봉이란 험준한 암벽이 솟아 있어 배가 아니면 세상 밖으로 나갈 수 없다. 임금에서 노산군으로 강등돼 영월까지 쫓겨온 단종은 청령포에서 두 달을 보냈다.

청령포에 갇혀 있던 단종은 큰 홍수가 닥치자 영월 읍내로 보내졌고 17세가 되던 해 12월 사약을 받는다. 어린 임금의 시신은 강물에 버려졌다. 아무도 시신을 거들떠보지 않았지만 엄홍도라는 관리가 몰래 시신을 수습해 지금의 장릉 자리에 묻었다.

김삿갓 유적지

천재시인 김삿갓의
묘가 있는 곳

옥동천 자락에 있는 김삿갓면은 강원도에서 처음 슬로시티로 지정된 곳으로 흔히 김삿갓이라 부르는 난고 김병연의 유적지가 있다. 1807년(순조 7) 경기도 양주에서 태어난 김병연은 자라면서 글 읽기와 시 쓰기에 남다른 재능을 보여 스무 살 되던 해 과거에서 홍경래의 난 때 항복한 김익순의 죄상을 비판하는 글을 써 장원을 차지한다. 하지만 뒤늦게 김익순이 자신의 조부임을 안 김병연은 스스로 하늘을 볼 수 없는 죄인이라며 큰 삿갓을 쓰고 방랑한다.

유적지 초입에 김삿갓의 시비가 이어지고 성황당 오른쪽 양지바른 언덕에는 김삿갓의 묘소가 있다. 유적지 가까이 자리한 난고 김삿갓 문학관도 돌아보자. 김병연의 생애와 문학 세계를 한눈에 볼 수 있는 곳이다. 김삿갓의 생애와 발자취를 좇아 일생을 바친 정암 박영국 선생의 연구 자료가 전시되었다.

김삿갓 유적지의 김삿갓 동상

장릉은 비운의 왕 단종의 능이다. 장릉으로 가는 소나무 숲길

장릉

울창한 소나무숲 지나 닿는
단종의 능

장릉은 조선 임금 중 유일하게 강원도에 있는 능이다. 단종이 대군으로 복권된 것은 224년 뒤인 1681년 숙종 때. 그로부터 다시 17년 뒤에는 단종임금으로 완전한 복권이 이뤄졌다.

능으로 가는 길, 소나무가 울울창창 우거진 길을 따라 걷는다. 솔잎 사이로 새어나온 햇빛은 어깨를 따스하게 데우는데, 단종의 슬픔을 아는듯 모르는 듯 여행을 떠나 온 이들의 발걸음은 차라리 소풍길 마냥 평화롭고 다정하기만 하다. 장릉 주변 소나무들이 능을 향해 허리를 굽힌 모습이 이채롭다.

박물관 여행

동강사진박물관, 민화박물관, 아프리카박물관, 곤충박물관 등등

영월은 곳곳에 박물관이 있어 아이를 동반한 여행자라면 박물관을 중심으로 일정을 짜도 좋다. 김삿갓 유적지 가기 전에 만나는 조선 민화박물관은 서민의 삶이 녹아든 민화를 감상할 수 있는 곳. 조선 후기부터 일제강점기까지 그려진 춘화, 중국과 일본의 춘화도 전시하고 있다.

영월 아프리카미술박물관은 조각과 그림, 공예품 등을 통해 아프리카의 토착 문화와 전통 예술을 엿보는 공간이다. '아프리카 여인', '북 치는 사람', '여인 인물상' 등 아프리카인의 일상 생활을 보여 주는 목조각, 종교 의식에 사용하는 가면, 인물상, 상아 작품, 청동 작품, 생활 용기, 장신구 등 아프리카의 문화를 느낄 수 있는 다채로운 작품이 눈길을 끈다.

북면 마차리에 자리한 탄광문화촌은 1960~70년대 영월광업소가 있던 탄광촌 마을 풍경을 그대로 재현한 곳. 광부들이 탁주 한 사발로 피로를 푸는 주점과 이발관, 양조장, 배급소와 버스 정류장 등 그 시절 그 모습이 보는 이의 마음을 아리게도 훈훈하게도 한다.

베어가 곰인형박물관, 아프리카미술박물관의 전시물, 조선민화박물관의 민화작품

베어가 곰인형박물관에는 테디베어 전문 작가인 고현주 씨 등 국내·외 작가 30명의 수제 곰인형 작품 500여 점이 전시돼 있다.

영월 곤충박물관은 국내 최초로 개관한 곤충 전문 사립박물관. 순수 국내 곤충만을 전시하는 박물관으로 폐교가 된 분교 건물을 개조해 나비, 나방, 잠자리, 딱정벌레 등 1만여 종 3만여 점의 곤충들을 전시하고 있다.

동강사진박물관은 2005년 영월군청 앞에 개관한 국내 최초의 공립 사진박물관이다. 이곳에는 1940~1980년대 한국인의 삶을 진솔하게 기록한 다큐멘터리 사진을 비롯해 동강사진상 수상 작가들의 작품, 영월 군민이 기증한 사진 등 1,500여 점이 소장되어 있으며, 클래식 사진기 130여 점이 전시되어 있다. 사진에 관심 있는 이라면 꼭 들러 봐야 할 곳이다.

별마로 천문대

영화 '라디오 스타'의 그곳

별마로 천문대는 강원도 영월읍 영흥리 봉래산 정상에 건설된 국내 최대 규모의 천문대이다. 별마로란 별, 마루(정상), 로(고요할 로)의 합성어로 '별을 보는 고요한 정상'이라는 뜻. 지름 80cm 주망원경과 여러 대의 보조망원경이 설치돼 있어 달이나 행성, 별을 잘 관측할 수 있다. 안성기와 박중훈이 주연한 영화 '라디오 스타'의 촬영지로 유명세를 얻었다. 아이들과 함께라면 꼭 가 볼 만한 곳이다. 매달 1일부터 다음달 예매를 하기 때문에 서둘러야 한다.

별마로 천문대는 시민천문대 최상의 관측조건인 해발 799.8m에 자리하고 있다. 연간 관측일수가 196일로 우리나라 평균 116일보다 훨씬 많아 국내 최고의 관측 여건을 가지고 있다. 아이들에게는 4D체험 시설이 최고 인기다.

more & MORE

영월 초입 주천강에 요선암이 있다. 요선암은 강바닥에 있는 거대한 바윗덩어리. 사과를 깎듯 돌려 깎은 바위며 요강 같은 구멍이 난 바위 등등 하나같이 수많은 시간과 물살이 만들어 낸 작품이다. 요선암에서는 법흥사가 가깝다. 선덕여왕 12년(643) 자장율사가 당나라에서 가져온 부처의 진신사리를 봉안하기 위해 만든 사찰이다. 설악산 봉정암, 오대산 상원사, 영취산 통도사, 태백산 정암사와 함께 부처의 진신사리를 모신 국내 5대 적멸보궁의 하나이기도 하다.

주천묵집(033-372-3800)의 묵밥과 산초두부, 박가네(033-375-6900)의 곤드레나물밥이 유명하다. 다하누촌은 저렴한 가격에 한우를 먹을 수 있는 곳. 매장에서 고기를 구입해 인근 식당에 가서 테이블 세팅비를 내고 고기를 구워 먹을 수 있다. 다하누한우프라자(033-372-2280) 등이 있다.

25 하루 더 | 강원 | 태백

야생화와 눈 맞추며 걸었습니다,
〈태양의 후예〉 세트장도 있더라고요

예전엔 미처 몰랐어요, 태백이 이렇게 즐거운 곳이었는지

태백은 온 가족이 즐겁게 1박 2일을 보낼 수 있는 곳이다. 예상 외로 가볼 만한 곳이 많다. 분주령은 봄과 가을이면 천상의 화원을 펼쳐 보이는 곳. 철마다 온갖 야생화가 핀다. 코스도 어렵지 않아 가족과 함께 부담없이 야생화 트레킹을 즐길 수 있다. 철암에서는 한때 영화를 누렸던 탄광 도시 태백의 흔적을 만날 수 있다. 그 시절 건물들이 박물관과 전시관으로 꾸며져 여행자들을 맞는다. 한강과 낙동강의 발원지인 검룡소와 황지연못, 아이들이 좋아하는 태백고생대자연사박물관과 용연동굴, '태양의 후예' 세트장 등을 돌아다니다 보면 1박 2일이 짧게만 느껴진다.

분주령 봄 가을 꽃 보며 걷기 좋은 트레킹 코스
바람의 언덕 풍력 발전 단지와 고랭지 배추밭이 어우러진 이국적인 풍경
검룡소와 황지연못 한강과 낙동이 시작된 그곳
태백고생대자연사박물관과 용연동굴 아이들이 좋아하는 공룡 화석과 동굴 탐험
철암 탄광 도시 태백을 기억하고 엿볼 수 있는 곳
| more & MORE 고소한 한우 갈빗살과 물닭갈비

분주령

봄과 가을 야생화
트레킹의 성지

분주령 가는 길, 공기가 맑고 청량하다.

분주령은 정선과 태백을 잇는 38번 국도가 지나는 두문동재 터널 위에 자리한 고개다. 봄가을 야생화 트레킹을 즐기기에 좋은 곳이다. 길도 어렵지 않아 초등학생 이상이라면 함께 갈 수 있다.
입구에 자리한 산불 감시 초소의 차량 차단기를 넘으면 트레킹이 시작된다. 금대봉으로 향하는 길, 길은 비포장 임도다. 이 길은 불바래기 능선으로도 불린다. 불바래기는 불을 바라본다는 뜻. 화전민들이 밭을 일구기 위해 산 아래에서 불을 놓고 이곳에서 기다리다 맞불을 놓아 산불을 진화했던 곳이다.
신갈나무가 빼곡하게 우거진 길을 따라 30분 정도 가면 금대봉에 닿는다. 정상 높이가 1,418m 지만 출발 지점의 높이가 1,268m이니 150m 정도 올라 온 셈이다. 금대봉 정상에 서면 길은 두 갈래로 나뉜다. 하나는 매봉산으로 이어지는 백두대간길이고 다른 하나는 분주령길이다. 분주령 쪽으로 방향을 잡는다. 작은 오솔길을 따라 가을 트레킹을 즐기기에 부족함이 없는 길이다. 야트막한 경사길을 걷다 보면 어느 순간 시야가 갑자기 밝아지고 널찍한 관찰로와 전망대를 만난다. 목책을 세운 관찰로는 이국적이기까지 하다. 관찰로는 잘 정비되어 있다.
전망대에서 내려와 능선길을 따른다. 왼쪽은 정선 땅이고 오른쪽은 태백 땅이다. 십여 분 걸으면 낙엽송길이 나타난다. 걸음을 이어가면 고목나무 샘을 만난다. 이 샘과 함께 제당굼샘 등 네 개의 샘에서 솟아난 물이 땅으로 스미어 다시 검룡소에서 분출한다.
고목나무샘에서 슬렁슬렁 걷다 보면 어느새 분주령이다. 분주령은 태백시 창죽동과 정선군 백전리를 잇는 고갯길이다. 지금은 사람이 다니지는 않지만 옛날에는 사람들이 많이 넘어 다녔다고 해서 분주령이라는 이름이 붙었다.
분주령에서는 길을 선택해야 한다. 대덕산 정상으로 향하는 길과 검룡소 쪽으로 내려가는 길이 있다. 가벼운 트레킹이 목적이니 굳이 대덕산으로 향할 필요는 없다. 검룡소로 내려선대도 아쉬울 것은 없다. 대덕산 정상까지는 천천히 걸어도 1시간만 더 시간을 내면 된다.

고랭지 배추밭과 풍력발전기가 어우러진 매봉산 바람의 언덕. 정상까지 차가 올라간다.

바람의 언덕

고원 도시 태백의 진면목

태백의 웬만한 고원 지대는 1,000m가 훌쩍 넘는다. 고원 도시 태백을 가장 잘 느낄 수 있는 곳이 매봉산(1,303m) '바람의 언덕'이다. 고산준령을 배경으로 고랭지 배추밭이 끝없이 펼쳐지는데, 아쉽게도 지금은 배추를 볼 수 없다. 대신 산꼭대기에 늘어선 풍력 발전기가 이국적인 풍경을 선사한다.

바람의 언덕에서 내려오는 길, 매봉산 아래 있는 '삼대강 꼭짓점'도 들러 보자. 한강과 낙동강, 동해로 흘러가는 오십천의 경계가 되는 곳이다. 여기에 떨어진 빗물이 서쪽으로 흘러가면 한강이 되고, 남쪽으로 가면 낙동강, 동쪽으로 흐르면 오십천이 된다.

매봉산에는 850kw급 발전기가 설치되어 있으며, 2만㎡의 산지를 개간하여 만든 고랭지 채소단지가 조성되어 있다.

검룡소와 황지연못
한강과 낙동강의
발원지

한강발원지 검룡소

검룡소는 한강의 발원지로 일컬어지는 곳이다. 이곳에서 시작한 물줄기는 장장 514km를 굽이치고 달려 서해안으로 흘러든다.

한강 발원지라고 해서 깊은 산속에 숨어 있다는 것이 아니다. 주차장에 차를 대고 평탄한 비포장길을 20여 분 걸어가면 닿는다. 피나무, 물푸레나무 등이 울창한 이 길은 아이 손을 잡고 다녀오기에도 좋다.

검룡소에서 하루 2~3천 톤 가량의 지하수가 솟는다. 장마철이면 5천 톤까지 뿜어낼 때도 있다. 아무리 가물어도 마르는 법이 없고 수온도 사시사철 섭씨 9도 안팎으로 일정하다.

검룡소 아래로는 너비 1~2m로 파인 암반을 따라 20여 미터를 흐르는 와폭이 있다. '용틀임폭포'라고도 부르는데 용에 관한 전설도 깃들어 있다. 옛날 서해에 용이 되고자 하는 이무기가 살았는데, 하루는 한강을 따라 하늘에 오르기 위한 여행을 했다. 그래서 도달한 곳은 검룡소. 이무기는 암반을 오르기 위해 지그재그로 몸을 뒤틀었는데, 지금의 와폭은 이무기가 몸부림 친 자국이라는 것이다.

태백 시내 한복판에 자리한 황지연못은 낙동강의 시작점이다. 『동국여지승람』, 『척주지』, 『대동지』 등에서 낙동강의 근원지라고 밝혀 놓고 있다. 연못 주변은 공원으로 조성돼 시민들의 휴식처가 되고 있다.

낙동강의 시작점 황지연못. 공원으로 조성되어 있다.

태고의 자연이 간직한 신비를 경험할 수 있는 용연동굴과 대백고생대자연사박물관. 용연동굴은 고생대 오르도비스기에 퇴적된 석회암이 수백 년간 빗물과 지하수에 서서히 녹아서 만들어진 석회 동굴이다. 태백고생대자연사박물관에는 삼엽충과 암모나이트 등 다양한 종류의 화석과 암석들 그리고 공룡뼈 모형 등이 전시돼 있다.

태백고생대자연사박물관과 용연동굴
아이들이 좋아하는 곳

태백에는 아이들과 함께 가볼 만한 곳이 많다. 아이들이 가장 좋아하는 곳은 태백고생대자연사박물관이다. 전국에서 유일하게 고생대 지층 위에 건립된 고생대 전문 박물관으로 고생대 삼엽충, 두족류 및 공룡 화석과 자체 제작한 영상물, 입체 디오라마 등을 전시하고 있다.

용연동굴은 국내 동굴 중 가장 높은 해발 920m 지점에 있다. 1억 5,000만~3억년 전에 생성된 것으로 추정된다. 총 길이 1.5km. 동굴 내부에는 다양한 모양의 석순과 종유석, 석주 등이 즐비하다. 동굴 내부에는 폭 50m, 길이 130m의 광장과 인공 분수, 조명 시설이 만들어져 있는데 자연 생성물들과 어우러져 신비로운 경관을 연출한다. 주차장에서 동굴 입구까지 1.1km 구간을 운행하는 '낭만의 용연열차'도 아이들에게 인기다.

한국 최대의 탄광도시 태백의 진면목을 만날 수 있는 철암

철암
옛 탄광의 풍경 속을 걷다

철암은 우리나라의 대표적인 탄광 마을 중 하나다. 지금이야 작은 마을로 전락했지만 한때 인구가 5만에 이르던 도시였다. 당시 풍경은 비교적 잘 보존되어 있다.

가장 먼저 눈에 띄는 것은 마을 한가운데 자리한 철암역두 선탄장이다. 70여 년의 역사가 녹아 있는 우리나라 석탄산업의 상징이다. 등록문화재 제21호. 아직도 건물에는 석탄가루가 켜켜이 쌓여 있다. 이 검은 가루가 한때 '검은 노다지'로 불렸다는 것이 믿기지 않는다. 이곳에서는 영화 '인정사정 볼 것 없다'(1999)에서 주인공 안성기와 박중훈이 쏟아지는 비를 맞으며 주먹다짐을 벌이는 장면을 촬영하기도 했다.

선탄장 건너편에는 4~5층 건물들이 당시의 옛모습 그대로 간판을 달고 서 있다. 페리카나 치킨도 있고, 호남슈퍼, 봉화식당, 한양다방도 있다. 하지만 지금은 모두 영업을 하지 않는다. 대신 철암탄광역사촌으로 재단장해 박물관이며 전시장으로 사용되고 있다.

남쪽 신설교에서는 철암천변을 따라 서 있는 탄광촌의 상징물인 '까치발 건물' 11채를 볼 수 있다. 까치발 건물은 주민에 비해 부족한 주거공간을 확보하기 위해 하천 바닥에 목재 또는 철재로 지지대를 만들어 집을 넓힌 것이다. 물속에 기둥을 박아 세운 수상가옥과 비슷하다고 상상하면 된다. 대부분 1945~60년대 지어진 것들이다.

태백은 인기 드라마 '태양의 후예'를 촬영했다.

'태양의 후예' 세트장
수많은 시청자들을 사로잡은 그곳

드라마 '태양의 후예' 세트장에도 들러 보자. 드라마에서 모우루중대와 해성병원 의료 봉사단이 머물던 우르크 태백부대를 메디큐브와 막사 등으로 조성해 복원했다. 태백부대 옆에는 지진으로 무너진 우르크발전소가 있는데, 송중기가 송혜교의 신발 끈을 묶어준 곳이다.

▶ more & MORE

태백에서 가장 많이 보이는 것이 고깃집이다. 태백 사람들은 소갈빗살을 즐겨 먹는다. 서울에서 먹던 것은 생갈비를 저미고 남은 자투리 갈빗살이지만, 이곳에선 아예 갈빗살 위주로 정형하기 때문에 고기 맛이 좋다. 과거 탄을 캐던 지역답게 연탄불로 고기를 굽는데, 불향이 깃들어 고소한 맛이 더 진하다. 배달식육실비식당(033-552-3371), 태백한우골(033-554-4599), 원조태성실비식당(033-552-5287)이 잘 알려진 맛집이다.

물닭갈비도 별미다. 볶음식으로 유명한 춘천 닭갈비와 달리 갖은 식재료를 쇠판에 넣고 육수를 부어 끓여 낸다. 전골처럼 국물이 자작하다고 생각하면 된다. 태백닭갈비(033-553-8119), 승소닭갈비(033-552-4040) 등이 알려졌다. 황지시장에 자리한 부산감자옹심이(033-552-4498)의 감자옹심이와 감자전도 태백 사람들이 즐겨 찾는다.

하루 더 | 충북 | 제천

모노레일도 탔습니다. 염색 체험도 했고요

굽이굽이 호숫길 따라
신나고 또 즐거웠습니다, 제천

청풍호 자락을 따라가며 여행했다. 모노레일을 타고 올라가 비봉산 정상에서 바라본 청풍호는 하늘과 햇살을 담고 반짝였다. 바다인 듯 내륙인 듯, 한국에 이런 풍경이 있었다니! 탄성이 절로 나왔다. 호반을 따라가며 드라이브도 즐겼다. 아이와 함께 염색 체험을 하며 쪽빛 손수건도 만들었고 솟대 공원에도 갔다. 까마득한 벼랑 아래 있는 절 정방사에서 바라본 풍경은 또 다른 느낌으로 다가왔다. 호수 옆 산비탈을 따라 난 괴곡성벽길도 걸었다. 가족과 함께 손을 잡고 걸으며 청풍호의 풍광을 즐겼다. 의림지, 박달재, 배론성지로 이어지는 코스는 제천 북부의 비경을 즐길 수 있는 코스다.

청풍호 관광모노레일 탄성이 나오는 모노레일, 탄성이 한 번 더 나오는 기막힌 풍경
청풍호 드라이브 염색 체험 등 다양한 재미가 가득
정방사 까마득한 벼랑 아래 자리잡은 절
괴곡성벽길 청풍호의 풍광을 제대로 즐기다
제천 북부 청풍문화재단지와 의림지, 박달재, 배론성지, 탁사정 등 또 다른 느낌
| **more & MORE** 매운 등갈비로 혀가 얼얼

청풍호 관광모노레일

아찔한 모노레일 뒤 만나는
아득한 풍경

비봉산 정상으로 가는 모노레일

최근 제천에서 가장 인기 있는 여행 아이템은 청풍호 관광모노레일이다. 해발 531m의 비봉산 정상까지 모노레일을 타고 오르는데, 정상에서 바라보는 청풍호의 경치가 기가 막히다고 소문이 나면서 관광객들이 몰려들고 있다.

모노레일은 문이 없다. 회전목마 타듯 손잡이를 잡고 앉아 있어야 한다. 안내 요원이 모노레일 앞에 있는 버튼을 누르니 덜컹하며 출발한다. 속도는 빠르지 않다. 사람의 빠른 걸음 정도지만 스릴감이 보통이 아니다. 등판각이 심한 곳은 50~60도에 달한다는데 실제로 체감하는 것은 거의 90도 수준이다. 앞에 앉은 여대생은 출발 때부터 무섭다고 소리를 지르다가 나중에는 아예 고개를 숙이고 눈을 감아 버린다. 아이들은 마냥 재미있어 한다. 반대편에서 내려오는 객차를 향해 손을 흔드는 여유까지 부린다. 정상까지 오르는 데 걸리는 시간은 23분. 소리를 지르고 깊은 숲 사이를 지나다 보면 이 시간이 전혀 지루하지 않다.

모노레일이 닿는 비봉산 정상에는 널찍한 나무 데크가 설치되어 있다. 모노레일을 타고 오르는 내내 탄성을 지르다가 정상에 서면 한 번 더 탄성을 내지른다. 남쪽으로는 월악산 영봉과 주흘산, 박달산이, 북쪽으로 적성산, 금수산이 어깨를 걸고 서 있다. 동쪽의 소백산 비로봉까지 아스라이 눈에 잡힌다. 이들 봉우리와 능선이 드넓은 호수와 어우러져 세상 어디 내놓아도 뒤지지 않을 풍경을 선사한다. 호수 주변 산자락을 들고 나는 굽이굽이가 물갈퀴처럼 뻗어나가 있는데 노르웨이의 피오르 해안을 떠올리게도 한다.

모노레일을 타고 올라가 닿은 비봉산 정상에서 내려다 본 청풍호 일대의 경관. 360도로 펼쳐지는 풍경은 다른 산은 흉내낼 수 없는 독특함과 장쾌함을 자랑한다.

청풍호 드라이브

청풍호 따라가며 즐기는
호반 드라이브

청풍호를 가로지르는 옥순대교

모노레일은 미리 예약을 해야 한다. 아니면 현장 구매를 하고 기다려야 한다. 기다리는 사이, 청풍호를 따라 호수 드라이브를 즐기며 금수산 자락에 자리한 몇 곳을 돌아보는 것도 좋은 방법이다. 청풍리조트 방면으로 가다 보면 제천 산야초마을과 능강솟대문화공간, 정방사 쪽으로 이어진다. 두세 시간이면 충분히 돌아볼 수 있는 코스다.

제천을 대표하는 여행지를 꼽으라면 단연 청풍호. 1985년에 충주댐을 건설하면서 생겨난 인공 호수로 제천시와 충주시, 단양군에 걸쳐 있다. 청풍호를 일컫는 별명은 '내륙의 바다'. 그만큼 크고 넓다. 면적 67.5km^2, 평균 수심 97.5m, 저수량 27억 5,000톤에 달한다.

제천은 예로부터 약초로 유명한 고장이었다. 대구, 전주와 함께 조선 시대 3대 약령시였다. 특히 한약재에서 빼놓을 수 없는 황기가 유명한데, 지금도 국내에서 생산되는 황기의 70%가 제천에서 유통, 판매된다. 제천 산야초마을과 약초생활건강은 약초를 이용한 다양한 체험을 할 수 있는 곳이다. 아이와 길을 나선 여행객에게 추천한다. 우리 약초의 생김새와 효능을 배우고, 제철에 수확해서 잘 말려 둔 갖가지 약초로 비누 만들기와 손수건 염색 등을 체험할 수 있다.

산야초마을에서 나온 길은 능강솟대문화공간과 정방사로 이어진다. 능강솟대문화공간은 전국에서 유일한 솟대 테마 공원이다. 오리나 기러기 등 새를 높은 장대에 올려놓은 솟대는 고조선 시대부터 이어온 문화로, 마을의 안녕과 풍요를 기원하기 위해 마을 입구에 세웠다. 이곳에서는 다양한 솟대 작품뿐만 아니라 우리나라 희귀 야생화도 만날 수 있다.

청풍호 드라이브를 하며 만난 풍경. 제천 산야초마을에서는 염색체험을 해볼 수 있다.

정방사 지붕 너머로 청풍호가 아스라이 내려다보인다.

정방사
절벽 아래 매달린 천년 고찰

다음 코스는 정방사다. 산야초마을에서 충주호를 왼쪽에 두고 클럽ES방향으로 가다 보면 오른쪽에 능강계곡으로 오르는 길이 있는데, 이 길을 따라 십여 분 올라가면 절 주차장에 닿는다. 오르는 길이 워낙 가파르고 구불거려 절이 서 있는 자리가 어떤 곳인지 짐작이 가고도 남는다. 정방사가 자리잡은 곳은 의상대라는 까마득한 절벽 바위 아래다. 들어가는 입구도 독특하다. 바위 두 개 사이로 난 사람 한 명이 통과할 만한 길을 지나야 한다. 절은 암벽 아래 마치 제비집처럼 아슬아슬하게 매달려 있다. 그 앞으로는 청풍호 풍경이 펼쳐진다. 아침 무렵이 특히 아름다운데, 월악산 영봉과 청풍호에서 피어오르는 아득한 물안개가 어울려 한 폭의 그윽한 수묵화를 그려낸다. 작년에는 비봉산까지 오르는 청풍호반 케이블카도 오픈했다. 모노레일과 케이블카 승강장은 차로 약 20분 떨어져 있다. 모노레일로 올랐다가 케이블카로 내려와도 된다. 두 승강장 사이를 무료 셔틀버스가 운행한다.

아찔한 벼랑 아래 자리잡은 정방사

능강솟대문화공간의 솟대

괴곡성벽길

슬로시티 수산의 진면목을
만날 수 있는 걷기 길

청풍호 동쪽에 자리한 수산면은 2012년 10월 충청북도에서 처음 슬로시티 인증을 받았다. 슬로시티 수산을 가장 잘 경험할 수 있는 곳이 청풍호자드락길 6코스 괴곡성벽길이다. 옥순대교가 바라보이는 옥순봉 쉼터에서 출발해 괴곡리, 다불리를 거쳐 지곡리까지 9.9km를 잇는다. 소요 시간이 4시간을 훌쩍 넘는다.

청풍호의 풍광을 즐기려면 굳이 괴곡성벽길을 완주하지 않아도 된다. 들머리에서 백봉 전망대까지 가도 청풍호를 제대로 눈에 담을 수 있다. 넉넉히 한 시간 정도 걸린다. 옥순봉 쉼터에서 옥순대교를 건너 5분쯤 걸으면 오른쪽으로 이정표가 보인다. 이곳이 들머리다. 시작부터 수풀이 우거진 오르막이다. 넉넉히 한 시간 정도 걸린다. "이 길로 올라가셔야 수월하데유~, 믿어 봐유~" 등등 넉살 좋은 충청도 사투리가 씌어진 안내판이 힘을 북돋아 준다. 이렇게 울창한 숲길을 통과하면 다불리에 도착한다. 마을을 둘러싼 바위가 불상을 닮았다고 이런 이름이 붙었다. 현재는 5가구가 살고 있는데 황기와 더덕농사를 짓고 있다. 그나마 자드락길 덕택에 외지인이 찾아들면서 마을 한 켠에 막걸리와 부침개를 파는 '백봉 산마루 주막'이 들어서기도 했다.

주막을 지나면 길은 평탄하다. 여기서 정상까지는 200m. 아이 손을 잡고 걸어도 좋을 만큼 아늑한 오솔길이다. 푹신한 오솔길을 따라 십여 분을 가면 '사진 찍기 좋은 곳'이라 이름붙은 전망대가 나타난다. 나무 데크로 만들어진 전망대에는 솟대가 서 있고 그 너머로 옥순대교와 옥순봉, 말목이산 등 청풍호 북쪽의 풍경이 시원하게 펼쳐진다. 이곳에서 100여 미터 더 올라간 곳에 백봉전망대가 만들어져 있다.

괴곡성벽길을 따라가며 만나는 풍경. 깊은 산길과 울창한 숲길, 호수를 내려다보는 전망 좋은 길이 이어진다.

박달재와 배론성지, 의림지는 제천 북부의 비경이다.

제천 북부 여행

또 다른 느낌의
제천을 만나다

청풍호를 벗어나 제천 북쪽으로 향하면 청풍문화재단지와 의림지, 박달재, 배론성지, 탁사정 등이 있다. 청풍문화재단지는 충주댐 건설로 청풍면 일대가 수몰됐을 때 이곳에 있던 각종 문화재들을 옮겨놓은 곳으로 청풍 석조여래입상을 비롯해 금남루, 금병헌 등 다양한 문화재를 만날 수 있다.

의림지는 '제천 10경' 중 '제1경'으로 꼽힌다. 우리나라에서 가장 오래된 저수지로 삼한 시대 축조됐다. 호수 주변에 순조 7년(1807)에 세워진 영호정과 1948년에 건립된 경호루, 수백년을 자란 소나무와 수양버들, 30m의 자연폭포 등이 어우러져 있다.

봉양읍과 백운면을 가르는 박달재는 고 반야월의 유행가 〈울고 넘는 박달재〉로 유명세를 얻은 곳. 봉양읍에 있는 배론성지는 한국 천주교 전파의 진원지다. 김대건 신부에 이어 한국 천주교 두 번째 신부가 된 최양업 신부의 무덤도 있다. '배론'은 이곳 지형이 배 밑바닥 모양과 비슷해서 붙은 이름이다.

more & MORE

두꺼비식당(043-647-8847)의 등갈비와 곤드레밥도 유명하다. 식당에 들어서면 양푼이에서 보글보글 졸여지는 등갈비찜이 코끝을 자극한다. 살짝 데쳐낸 콩나물과 부드러운 등갈비를 한입 가득 먹으면 매콤한 맛에 입안이 얼얼해진다. 봉양읍 장평리의 산아래(043-646-3233)는 우렁쌈밥 등을 내는 친환경 식당이다. 유기농 재배 채소와 발아현미밥 등을 낸다.

27 하루 더 | 경북 | 울진

세상 잡다한 일들일랑 부디 찾지 마시길

온천과 바다와 숲길, 울진에서 꼭꼭 숨어 보낸 1박 2일

울진에는 덕구온천이라는 한국 최고의 온천이 있다. 국내 유일의 자연 용출 온천이다. 따뜻한 물에 몸을 담그고 있으면 세상만사가 평화로워진다. 온천에서 시작해 덕구온천 원탕까지 온정골을 따라가는 왕복 2시간 거리의 트레킹은 덕구계곡의 비경을 경험하는 시간. 7번 국도를 따라가는 바다 드라이브는 또 어떤지. 죽변항, 후포항 등의 포구를 지나고 오직 푸른색으로만 이루어진 세상과 만난다. 울창한 금강소나무 숲 산책도 권해드린다. 쭉쭉 뻗은 잘생긴 소나무 숲 속을 걷다 보면, 울진에 머무는 며칠 동안은 잡다한 일들일랑 부디 일어나지 말았으면 하는 마음이 든다.

덕구온천과 온정골 트레킹 뜨거운 물에 몸을 담그고 숲길을 걸으니 조금은 낙관적이 되는 것 같아
7번 국도 바다 드라이브 죽변항까지 푸른 바다를 끼고 달린다. 바다 끝에서 만나는 그림같은 포구
불영사 마음마저 내려놓은 절집 산책
금강소나무숲 세상에서 가장 잘생긴 소나무
| more & MORE 회국수, 전복죽 등 대게 말고도 먹을 게 넘쳐나는 울진

덕구온천

국내 유일의
자연 용출 온천

"한국에서 단 하나밖에 없는 온천이에요." 덕구온천 측의 설명이다. "덕구온천은 국내 유일의 자연 용출 온천입니다. 인위적으로 지반을 뚫고 들어가 수맥을 찾아내 물을 끌어 올리는 것이 아니라 물줄기가 스스로 땅을 뚫고 솟아나죠. 땅속에서 마그마가 충분히 데운 물인 데다, 광물질이 녹을대로 녹아 있습니다."

그러니까 덕구온천의 물은 땅속에서 데워지고 채워졌다가 스스로 넘쳐나는 물이라는 뜻. 그만큼 수량이 풍부하다. 섭씨 42.6도의 온천수가 매일 4,000톤씩 뿜어져 나온다. 하지만 실제로 필요한 양은 2,000톤. 남는 물은 계곡으로 그냥 흘려 보낸다.

원탕은 응봉산 중턱에 있다. 이곳에서 솟은 온천수는 송수관을 통해 덕구계곡을 거슬러 덕구온천 온천장까지 보내진다. 온천장에서는 이 물을 데우거나 식히지 않고 그대로 사용한다. 인위적으로 열을 가하거나 식히면 온천수 본래의 성분이 파괴될 수 있기 때문이다.

탕에 몸을 담그니 몸이 따뜻해지기 시작한다. 피가 빨리 돌고 있다는 말이다. 눈이 저절로 스르륵 감긴다. 뜨거운 온천에 몸을 담그고 있노라면, 뭐랄까, 약간씩 어긋나 비뚤어져 있던 마음이 제자리를 찾아 들어간다고나 할까, 그런 느낌이 든다. 조금은 관대해지는 것도 같고, 대책없이 낙관적이 되는 것도 같다.

온정골 트레킹

신비로운
계곡 속으로

덕구온천에서 시작해 온천수가 솟구치는 '원탕'에 이르는 4km 코스는 덕구계곡의 절경 속을 걷는 코스다. 아이들과 함께 걸어도 좋은 평탄한 길인데 보통 걸음으로 걸어도 2시간이면 왕복이 가능하다. 이른 아침의 숲길을 걷다 보면 머리 한편이 싱그러워지는 것만 같다.

선녀탕을 지나고 만나는 용소폭포는 덕구계곡 풍경의 하이라이트. 수백 년 동안 승천하지 못하던 이무기가 매봉산 산신령의 도움을 받아 하늘로 올라갔다는 전설이 깃들어 있다. 원탕 옆엔 발을 담그고 피로를 풀 수 있는 족욕탕도 있으니 빼놓지 말자.

덕구온천에서 응봉산 중턱 원천까지 가을 풍경을 품으며 트레킹할 수 있다.

후포항의 아침. 갈매기와 어선이 어우러져 멋진 풍광을 만들었다.

7번 국도 드라이브

후포항에서 시작해
월송정 망양정 지나 죽변항까지

죽변항의 밤, 봉평해수욕장 그리고 망양정

죽변항에서 일출을 맞았다.
수평선 너머로 하늘을 붉게 물들이며
해가 솟는다. 죽변등대가 보인다.
죽변항에서 나와 7번 국도를 따라
드라이브를 하며 맞은 동해의 풍경

후포항에서 7번 국도를 따라 북진하며 바다 드라이브를 즐긴다. 차창 오른편으로 드넓은 바다가 내내 펼쳐진다. 갯바위마다 낚시꾼들이 낚싯대를 드리우고 서 있다. 한적한 곳에 차를 세우고 바닷가로 내려가 빈 백사장을 걸어 본다. 눈 앞에 펼쳐지는 것은 푸른색의 하늘과 망망대해다.

길은 계속 흘러 월송정과 망양정을 차례로 지난다. 월송정은 관동팔경 중 가장 남쪽에 위치해 있다. 고려 시대에 처음 지어진 오래된 누각인데 신라의 화랑들이 소나무숲에 모여 달을 즐겼다 해서 월송정이라 이름 붙였다. 망양정은 조선 숙종이 '관동 제일의 누'라는 친필 편액을 하사할 정도로 해안선과 바다의 풍광이 일품이다.

드라이브의 끝은 죽변항이다. 죽변항은 예로부터 화살을 만드는 재료였던 소죽이 많다고 해서 붙여진 이름이다. 지금도 죽변 등대가 자리한 야트막한 산에는 소죽이 빼곡히 들어서 있다. 죽변항에는 또 다른 명소가 있다. 죽변 등대 아래쪽 절벽에 아슬아슬하게 자리잡고 있는 SBS 드라마 '폭풍 속으로'의 세트장이다. 드라마의 주인공 현준과 현태의 집과 교회, 선착장, 대나무 숲길이 그대로 남아 있다. 바닷가 작은 마을은 1910년에 세워진 하얀 등대까지 어우러져 이국적인 정취를 물씬 풍긴다. 엽서에나 나올 것 같은 주황 지붕의 예쁜 교회당이 서 있고 아래쪽에 아담한 집이 자리잡고 있다. 교회당과 집 뒤편으로는 드넓은 바다가 아득히 펼쳐진다.

불영사

고즈넉한 겨울 정취
불영사

서울에서 출발한다면 영동고속도로와 동해고속도로를 이용해 동해까지 간 뒤 7번 국도를 타고 울진으로 가는 것이 좋다. 돌아올 때는 봉화와 영주를 거쳐 중앙고속도로를 이용하면 된다. 이 동선을 따른다면 불영사에 가볼 수도 있다.

불영사는 그윽한 정취가 넘치는 절집이다. 부처 형상 바위의 그림자가 연못에 비친다고 해서 이 같은 이름이 붙었다. 일주문에서 대웅보전으로 이어지는 1.5km의 숲길에서는 불영계곡의 비경과 울창한 금강송림을 한꺼번에 즐길 수 있다. 주차장에서 약 20분 정도가 걸린다. 불영계곡은 깎아지른 듯한 단애와 기암괴석이 아찔한 풍경을 빚어내 한국의 '그랜드캐니언'으로 불린다. 울진읍에서 36번 국도를 타고 불영사로 향하는 중간에 불영정, 선유정 같은 전망대가 마련되어 있다.

불영사 연못. 부처 형상의 바위 그림자가 연못에 비친다고 한다.

금강소나무숲

왕실에서 관리했던
귀한 소나무

금강송 에코리움과 금강송숲

울진은 금강소나무로 유명하다. 금강소나무는 일반 소나무와 달리 휘지 않고 하늘로 쭉쭉 뻗는 것이 특징이다. 소광리 금강소나무 군락지는 '22세기를 위해 보존해야 할 아름다운 숲', '2012 한국 관광의 별(생태관광자원 분야)'로 선정되기도 했다.

소광리에 자리한 금강송 에코리움을 찾으면 금강소나무 숲을 쉽게 체험할 수 있다. 2019년 7월 문을 연 금강송 에코리움은 금강소나무를 테마로 한 체류형 산림 휴양 시설로, 금강송 테마 전시관과 금강송 치유센터, 찜질방, 유르트, 약 150명이 숙박 가능한 수련동, 금강송 숲체험길 등을 갖췄다.

more & MORE

동심식당(054-788-2557)은 후포항에서 30년째 전복죽을 해 온 식당이다. 칼국수식당(054-782-2323)은 가자미회국수가 맛있다. 울진군청 앞 네거리 시장통에 있다. 9번 충청도집(054-783-6651)은 죽변항 어민들이 추천하는 물회집이다. 후포항에는 대게집이 많다.

28 하루 더 | 경북 | 포항

계곡과 포구에서 만끽하는 늦가을의 정취

우리가 몰랐던
가을의 도시, 포항

아실지 모르겠지만 포항은 만추를 즐기기에 더없이 좋은 여행지다. 내연산 계곡은 폭포전시장이라 불리는 곳으로 부담 없이 가을 산행을 즐기기 좋다. 계곡을 보며 걷는 재미도 쏠쏠하다. 기청산 식물원도 꼭 가보시길 권해드린다. 아담하고 예쁜 식물원이다. 갖가지 식물들과 눈 맞추며 가을 산책을 즐겨보자. 죽도시장은 동해안권 최고의 수산시장이다. 멸치칼국수, 물회 등 먹는 재미, 구경하는 재미에 시간 가는 줄 모른다. 크루즈를 타고 돌아보는 포항운하와 구룡포까지 이어지는 바다 드라이브도 강추. 구룡포에는 인기 드라마 〈동백꽃 필 무렵〉의 촬영지도 있으니 지나치지 말 것.

내연산 계곡 내연산 계곡 따라 걸으며 가을을 제대로 즐겨 보자. 아이들도 갈 수 있을 만큼 평탄한 등산로
기청산 식물원 2,500여 종의 식물들이 가을 풍경을 제대로 연출한다
죽도시장 볼 것 많고 먹을 것 많은 동해안 최대의 수산시장. 쇼핑도 여기서
포항운하와 영일대해수욕장 운하 크루즈는 아이들이 좋아한다. 동해 바다도 제대로 즐겨 보자.
구룡포 근대문화역사거리는 화제의 드라마 〈동백꽃 필 무렵〉의 촬영 장소
호미곶 아침 일찍 일어나 동해안 해맞이 도전

| **more & MORE** 포항가서 물회 안 먹으면 섭섭. 포항 빈티지인 영일대 호텔에서 하루 묵어 보기

내연산 계곡

시원한 물소리를 들으며
가을 계곡 트레킹

내연산 계곡은 가을 풍경을 만끽하며 트레킹을 즐기기에 좋다. 데크로드와 안전펜스 등이 잘 설치되어 있어 남녀노소 누구나 편안하게 걸을 수 있다.

내연산 계곡은 폭포 전시장이라고도 불린다. 4km쯤 되는 골짜기 곳곳에 폭포가 즐비하다. 그중 제1폭포인 쌍생폭포부터 12폭포인 시명폭포까지 어디 내놓아도 손색없는 폭포가 12개나 된다. 굳이 다 가지 않고 제7폭포인 연산폭포까지만 가도 된다. 편안한 트레킹 코스가 약 2.7km 이어지는데 누구나 쉽게 접근할 수 있을 만큼 평탄하다. 아이와 함께 걸어도 왕복 2시간이면 넉넉하다.

폭포전시장이라 불리는 내연산 계곡. 다양한 폭포들을 감상하며 트레킹을 즐기자.

하이라이트는 연산폭포다. 연산폭포 가기 전 구름다리가 아찔하게 걸려 있는데 출렁이는 구름다리를 건너면 굉음과 함께 쏟아지는 연산폭포 절경을 감상할 수 있다. 내연산의 빼어난 경치는 진경산수화의 대가로 불리는 겸재 정선이 이곳 현감으로 재직할 때 '내연삼용추'라는 연작 작품으로 그리기도 했다.

내연사 입구에 자리한 보경사는 신라 진평왕 때에 지명스님이 창건했다고 전해진다. 당시 스님이 당나라에서 가져온 불경을 연못에 묻고 지었다고 해서 보경사로 불리게 됐다.

갖가지 야생화가 자라는 기청산 식물원은 아늑하면서도 다정한 풍경으로 관람객을 맞는다. 뿌리가 위로 자라는 낙우송이 가장 큰 볼거리다.

기청산 식물원

꽃과 나무 사이로
물씬한 가을 정취

기청산식물원은 한국에서 가장 아름다운 식물원 가운데 한 곳이다. 야생화를 비롯해 토종 들풀, 수목, 각종 꽃 등 총 2,500여 종의 식물이 자란다. 새들이 지저귀고 단풍으로 물든 나무들 사이로 난 길을 따라 걷다 보면 절로 힐링이 되는 느낌이다. 양치식물원, 자생화원, 아열대원, 희귀멸종위기식물원 등이 있는데, 아이들이 가장 흥미를 보이는 곳은 커다란 낙우송이 서 있는 곳이다. 나무 둘레에 뿌리가 송이처럼 솟아나 있다. 뿌리로 숨을 쉬는 것인데, 이 희한한 모습에 아이들은 신기해하며 자리를 떠날 줄 모른다.

죽도시장

경북에서 가장 크고
맛있는 시장

죽도시장은 동해안 최대의 상설시장이다. 1970년대 초 포항 제철이 들어서면서 대형 상설시장으로 규모가 커졌다. 지금은 2,000여 점포가 빼곡히 들어차 있다.

시장에는 평일, 주말 가리지 않고 사람들이 몰려든다. 김, 파래, 매생이부터 상어, 고래고기까지 동서남해안에서 나는 거의 모든 수산물이 거래된다. 생선을 실은 손수레와 장을 보러 나온 사람들로 정신이 하나도 없을 지경. 억세지만 구수한 경상도 사투리를 들으며 시장 이곳저곳을 기웃거리는 재미가 여간 쏠쏠한 것이 아니다.

죽도시장에서 가장 많이 볼 수 있는 해산물은 문어다. 경상도에서는 문어를 귀하게 여긴다. 제사를 지낼 때 문어를 올리지 않으면 안 될 정도다. 개복치라는 생선도 볼거리다. 크기가 2m나 되는 물고기다. 물회로도 먹고 수육으로도 먹는데, 포항에서는 주로 등 부분의 흰색 창자를 삶아 초장에 찍어 먹는다. 운이 좋으면 시장 입구에서 개복치를 해체하는 광경을 볼 수 있다.

시장 구경에서 음식이 빠질 수 없는 법. 죽도시장의 가장 유명한 먹을거리는 물회다. 시장 한편에 물회 골목이 있다. 뜨끈한 수제비도 맛보자. 시장 한쪽에 수제비를 파는 좌판식당이 늘어선 골목이 있다. 메뉴는 수제비와 국수, 칼수제비 단 세 가지. 감자와 부추 등을 넣고 팔팔 끓인 멸치국물에 칼국수면과 수제비를 뚝뚝 뜯어 넣고 김가루를 가득 뿌려 내준다.

포항운하 크루즈

죽도시장 앞을 흐르는 포항운하

포항운하와 영일대해수욕장

가을 정취 가득한
바다 풍경

죽도시장 앞으로는 포항운하가 흐른다. 1970년대 초 포항 제철 준공으로 물길이 막혔던 동빈 내항 일대에 오염물이 쌓이면서 죽도시장까지 악취가 진동했는데, 이를 과거의 모습으로 복원하면서 길이 1.3km, 폭 17~20m의 물길을 낸 것이다. 포항운하 홍보관에서 출발하는 포항 운하 크루즈를 타면 포항운하와 동해 바다를 유람할 수 있다.

영일대해수욕장은 포항 바다의 정경을 만끽할 수 있는 곳이다. 원래 이름은 북부해수욕장이었지만 해상 누각인 영일대가 새로 세워지면서 영일대해수욕장으로 이름이 바뀌었다. 해수욕장 뒤편으로 카페와 레스토랑, 횟집 등 유흥시설이 밀집해 있어 젊은이들에게 가장 인기 있는 곳이기도 하다. 떠오르는 아침 해를 맞기에도 좋은 곳이다.

영일대 해변의 아침

해상누각 영일대

구룡포

〈동백꽃 필 무렵〉의
촬영지 바로 그곳!

이왕 나선 걸음 구룡포까지 가 보자. 햇빛에 검게 그을린 어부들의 부지런한 모습, 생선을 손질하는 여인네들의 웃음소리, 그리고 바다를 분주히 오가는 고깃배의 모습이 정겨운 곳이다. 구룡포에서 가장 인기있는 곳은 근대문화역사거리다. 200m의 좁다란 골목 양편에 1910년대 일본인 어부들이 모여 살던 적산 가옥이 다닥다닥 붙어 있다. 특히 1938년 구룡포어업조합장을 지내면서 큰 부를 쌓은 '하시모토 젠기치'의 2층집이 눈길을 끈다. 당시 일본에서 공수한 건축 자재로 지은 이 건물은 부쓰단, 고다쓰, 란마, 후스마, 도코노마 등 일본의 건축 양식이 고스란히 반영돼 있다. 지금은 근대역사관으로 사용되고 있으며 건물 내부에는 당시 구룡포의 모습을 담은 사진들과 생활용품 등이 전시되어 있다. 엄청난 인기를 끌었던 드라마 '동백꽃 필 무렵'의 촬영지기도 하다.

구룡포 근대문화역사거리와
구룡포 어시장 그리고 제일국수공장

구룡포에는 1971년 문을 연 제일국수공장이라는 아주 오래된 국수공장이 있다. 지금도 소금물로 반죽하고 재래식 기계를 이용해 면을 뽑아 바닷바람 부는 건조장에 내다 말린다. 공장 뒤 마당으로 가면 국수 말리는 것을 구경할 수도 있다. 국수공장 맞은편에 자리한 할매국수는 제일국수공장의 국수만을 사용해 멸치국수를 말아내는 집. 시금치와 깨소금만을 단출하게 고명으로 올린 국수가 어린 시절 할머니가 말아 주던 그것을 떠올리게 한다.

구룡포를 따라가는 해안도로와
과메기가 말라가는 풍경

호미곶 상생의 손. 아침 일출로 유명한 곳이다.

호미곶

한국 최고의
해맞이 명소

구룡포에서 14km를 가면 호미곶이다. 해돋이로 유명한 곳이다. 광장 앞 바닷가에는 다섯 손가락을 활짝 편 '상생의 손'이 있고 상생의 손 맞은편에는 호미곶 등대가 있다. 호미곶 등대는 26.4m 높이의 초특급 등대다. 1995년 이전까지만 해도 국내 최고 높이의 등대였는데 울산 동구 화암추 등대(32m)가 세워지면서 두 번째로 높은 등대가 됐다.

| more & MORE

영일대해수욕장 끝자락에 자리한 경주회식당(054-252-3363)은 자연산 도다리 물회로 유명세를 타는 곳이다. 3년 묵은 장으로 양념을 만든다. 영일대 호텔(054-280-8900)은 포항의 가을 운치를 제대로 즐길 수 있는 곳이다. 포항제철소를 지을 당시 외국의 귀빈들을 위한 영빈관을 호텔로 개방한 곳이다. 메타세쿼이아와 전나무, 소나무 등이 울창한 호텔 뒤편의 정원은 유럽의 잘 가꿔진 정원에 온 듯한 착각을 불러일으킨다. 하룻밤 묵어 보는 것도 좋을 듯. 식물원 나와 포항 시내로 가는 길, 사방기념공원도 들러 볼 만 하다. 1960~70년대 보릿고개 시절, 사방사업에 종사하며 국토 녹화를 이룩했던 사방기술인의 자료를 모아 전시한 곳으로 당시의 모습을 살펴볼 수 있는 다양한 조형물들을 볼 수 있다.

29 하루 더 | 경북 | 경주 1

최부잣집과 월정교 지나 황룡사지,
아 참! 황리단길도 갔습니다

여행에도 클래식이 있다면
바로 이곳, 경주 part 1

대릉원에서 계림 숲속 뒤편으로 가면 교동이다. 신라 때 학교 시설인 국학이 있었던 마을이다. 최부잣집은 이 마을 한가운데에 자리잡고 있다. 흔히 '9대 진사, 12대 만석꾼'으로 회자되는 집이다. 부자는 3대를 넘기기 힘들다고 하지만 최부잣집은 300년이 넘는 세월 동안 부를 유지했고 마지막에는 기부와 독립군 자금으로 모든 재산을 기부함으로써 영원한 부자로 남았다. 최부잣집 앞은 월정교. 원효대사의 사랑이야기가 깃든 곳으로 젊은이들이 많이 찾는다. 대릉원 주변에는 저녁 무렵 산책에 나서 보자. 화려한 야경이 신라 천년의 밤을 느끼게 해 준다. 경주역 앞에 자리한 성동시장에서는 신라 천년 고도 경주와는 또 다른 풍경을 만날 수 있다.

최부잣집 한국 노블레스 오블리주의 모범을 보여 주는 명가
월정교 신라 시대의 다리를 복원한 새로운 랜드마크
황룡사지 주춧돌 하나하나마다 앉아 멍하니 시간을 보내고 싶은 곳
저녁의 대릉원 주변 하나둘씩 조명이 켜지면 환하게 피어나는 신라 천년의 밤
성동시장 푸짐한 인심과 먹는 재미가 어우러진 재래시장
황리단길 카페와 레스토랑 등이 몰려 있는 핫플레이스
| **more & MORE** 쫄면, 김밥, 매운갈비찜 등 예전엔 미처 몰랐어요 경주의 맛

최부잣집

한국의 노블레스 오블리주를 만나다

최부잣집은 왕궁터 월성을 끼고 흐르는 문천 옆 양지바른 곳에 자리잡고 있다. 1700년 쯤에 지어졌는데, 원래는 아흔아홉 칸이었지만 마지막 최부자인 최준(1884~1970) 선생이 돌아가시던 해에 사랑채와 별당이 화재로 소실돼 지금은 70여 칸으로 줄어들었다.

방문객을 가장 먼저 맞이하는 건 솟을대문이다. 여느 대갓집과는 달리 크게 높지도 않고 화려하지도 않다. 더불어 사는 삶을 실천했던 최부잣집은 주변 집들과의 조화를 고려해 솟을대문을 일부러 낮게 지었다고 한다.

솟을대문을 지나면 큰 사랑채가 나온다. 이곳에서 면암 최익현, 구한말 의병장 신돌석, 의친왕 이강 공 등이 묵었다. 스웨덴의 구스타프 국왕도 최부잣집과 인연이 있다. 일제강점기 당시 스웨덴의 황태자였던 구스타프 6세는 신혼여행 차 한국을 방문했고 당시 조선의 명가인 최부잣집에서 묵었다. 최준 선생의 인품에 반했던 그는 훗날 여성 전용공간이라 둘러보지 못했던 안채의 모습이 궁금해 한국 전쟁에 파견된 간호장교들에게 사진을 찍어 오라고 부탁했다고 한다.

사랑채에서 안채로 가다 보면 목재 곳간이 보인다. 정면 5칸, 측면 2칸 크기로 지어졌는데, 현존하는 목재 곳간 가운데 가장 크다. 쌀 800석을 보관할 수 있다고 한다. 최부자는 흉년 때 이 곳간을 열어 쌀을 나눠줌으로써 사방 100리 안에 굶어 죽는 사람이 없도록 해 자칫 부자로서 사기 쉬운 원성을 듣지 않았다고 한다.

최부잣집 사랑채 방문 앞에 가지런히 놓인 고무신이 고졸한 명문가의 기품을 고스란히 보여주는 것 같다.

교동마을 한가운데 자리한 최부잣집. 최부잣집의 부를 보여주는 목재 곳간

최부잣집이 실천한 노블레스 오블리주의 배경에는 대대로 전해져 내려오는 육훈이 자리잡고 있다. '과거를 보되 진사 이상 벼슬을 하지 말라', '만석 이상의 재산은 사회에 환원하라', '흉년기에는 땅을 늘리지 말라', '과객을 후하게 대접하라', '주변 100리 안에 굶어 죽는 사람이 없게 하라', '시집 온 며느리들은 3년간 무명옷을 입으라' 등 가훈처럼 전해져 내려오는 가르침이다. 실제로 최부잣집의 1년 쌀 생산량이 대략 3천 석 쯤이었다고 하는데 1천 석은 집안에서 사용하고, 1천 석은 과객에게 베풀었고, 나머지 1천 석은 주변에 어려운 사람들에게 나눠 줘 농민들이 굶주리지 않도록 했다고 한다.

최부잣집의 노블레스 오블리주는 마지막 최부자인 최준에 의해 완성됐다. 일제강점기 때 백산상회를 설립해 독립운동 자금을 지원하고 임시정부 주석 김구에게 군자금을 보냈던 그는 광복 후에는 인재 양성을 위해 전 재산을 털어 대구대학(현 영남대학)과 계림학숙을 설립했다.

최부잣집을 나와 교동마을도 돌아보자. 한적한 시골마을을 연상시키는 돌담을 따라 걷는 재미가 쏠쏠하다.

최부잣집 후원. 갖가지 조경수가 어우러진 아름다운 정원이다.

월정교

원효의 사랑이야기가 깃든 다리

최부잣집을 나오면 지난 2018년 복원된 월정교가 있다. 『삼국사기』에 의하면 "760년 경덕왕 때에 궁궐 남쪽 문천 위에 일정교와 월정교 두 다리를 놓았다"는 기록이 있다. 원효대사가 월정교를 건너다 자신을 찾고 있는 신하를 보고는 다리에서 떨어져 옷을 입은 채로 물에 빠졌는데, 신하가 원효대사를 요석궁으로 데리고 가 옷을 말리게 했다가 설총을 가지게 됐다는 이야기도 전하다. 지금도 유유히 흐르고 있는 문천 위로 복원된 월정교는 경주를 들른 젊은 연인들이 가장 많이 찾는 곳이다.

문천 위를 가로지르는 월정교

황룡사지

내 마음의
폐사지를 찾아서

황룡사지는 신라 진흥왕 14년에 지은 사찰인 황룡사가 있던 자리였다. 황룡사는 백제의 기술자 아비지가 만들었다는 9층 목탑과 높이가 일장육척이었다는 금동장륙상, 성덕대왕신종보다 구리의 양이 4배나 더 들어갔다는 대종이 있었다고 하는 거대한 사찰이었다. 한 국가를 환히 밝힐 정도로 번성했던 사찰이지만 몽골의 침입 때 모두 소실되고 말았다.

시인 장석남은 그의 시 〈황룡사지 생각〉에서 "종달샌지 공중으로 떠오르다가 가라앉고 / 떠오르다가 가라앉고 / 주춧돌들 나란히 나란히 무릎 꼭 오그리고 제자리 앉았는 자리마다 / 하늘도 그 주춧돌의 하늘로서 하나씩 서 있다"고 황룡사지의 풍경을 읊었다. 그 광활한 빈터에 가만히 있다 보면 시인의 말처럼 "주춧돌 하나하나마다 앉아서 한 시간쯤씩 / 아니 하루쯤씩 앉아 있어 보고" 싶어진다.

황룡사지 앞에 자리한 분황사도 운치 있다. 검은 돌을 쌓아 만든 분황사 모전석탑은 국내에서는 보기 드문 탑이다.

황룡사가 있던 자리 황룡사지.
지금의 텅 빈 공간은 신라에 대한 상상으로 메워야 한다.

저녁의 대릉원

낮보다 아름다운 신라의 밤

저녁에는 첨성대와 대릉원 주변을 찾아보자. 경주에서 야경이 가장 아름다운 곳이기 때문이다. 첨성대를 비롯해 대릉원과 여러 고분군, 계림 등이 모여 있다.

저녁이 오고 조명이 켜지기 시작하면 사람들은 삼삼오오 첨성대로 향한다. 조명을 받은 첨성대는 '동양에서 가장 오래된 천문대'라는 타이틀이 무색할 만큼 화려하다. 첨성대 건너편은 계림. 경주 김씨의 시조 김알지의 탄생 설화가 얽힌 곳이다. 그가 태어날 때 흰 닭이 그 사실을 알렸다고 해서 계림이라 불리기 시작했다.

첨성대에서 계림 방면으로 길을 걷다 서쪽으로 바라보면 둥그스름한 곡선의 능이 몇 기가 있다. 둥근 고분의 곡선이 뒷편 산의 능선과 어울려 절묘한 풍경을 빚어낸다. 그리고 그 곡선 위로, 신라의 땅 위에 장엄하게 번지는 노을. 옛 신라는 아마도 이보다 더 황홀한 왕국이었을 것이다.

동궁과 월지의 밤 풍경도 분위기 있다. 동궁과 월지는 신라의 궁궐을 화려하게 장식했던 연못. 좁은 연못을 넓은 바다처럼 보이게 하기 위해 어느 곳에서도 연못 전체를 조망할 수 없도록 만든 것이 특징이다.

경주에 저녁이 왔다. 해가 지자 화려한 '신라의 밤'이 되살아난다. 노서동 고분군에 조명이 들어와 능의 능선이 뚜렷했고 동궁과 월지는 옛 영화를 추억하듯 불빛에 젖었다. 대릉원 돌담길도 운치와 낭만을 더한다. 여기는 경주의 밤이다.

성동시장

푸짐한 인심과 먹는 즐거움이 어우러진 시장

경주역에서 건널목 하나만 건너면 성동시장이다. 먹사골목, 생선골목, 폐백음식골목, 채소골목, 의류골목 등에 600여 개의 상점들이 입점해 있고 상인도 800명에 이른다.

시장에 들어서면 제일 먼저 나오는 곳이 떡집 골목이다. 인절미, 송편, 수수팥떡, 절편 등 갓 만들어낸 떡이 푸짐하게 쌓여 있다. 떡집 골목을 지나면 생선 골목이다. 어물전마다 조기, 갈치, 고등어, 문어, 오징어 등 동해안에서 잡히는 각종 어류가 진열돼 있다. 이들 생선 가운데 단연 눈에 들어오는 것은 문어다. 유교 전통이 강한 경북 지역에서는 집안 대소사나 제사 등 큰 행사 때 반드시 문어를 준비해야 한다. 어물전 입구에 커다란 문어 여러 마리를 길다랗게 걸어 놓은 풍경도 성동시장의 볼거리다.

성동시장 뷔페골목에서는 접시 하나 받아서 먹고 싶은 음식을 골라 담아 먹으면 된다. 시장에는 경북답게 문어가 많다.

시장 구경에서 제일 재미있는 건 역시나 먹자골목 탐방 아닐까. 성동시장에서 가장 인기가 있는 먹을거리는 우엉김밥이다. 김밥에 간장과 물엿을 넣고 푹 조려낸 우엉조림이 들어간 것이 특징인데, 부드럽고 달짝지근한 맛이 자꾸만 손이 가게 만든다.

뷔페골목은 성동시장 먹자골목을 대표하는 명소다. 경주사람들은 이곳을 '합동식당'이라고 부른다. $6m^2$(약 2평)도 안되는 작은 식당들 10여 곳이 다닥다닥 붙어 있다. 콩나물, 두부조림, 버섯볶음, 오이무침, 멸치무침, 동그랑땡, 계란말이, 불고기 등 먹음직스러운 반찬들을 저렴한 가격에 맛볼 수 있다. 게다가 무한리필이다.

황리단길
젊은이들의 핫스팟

황리단길도 찾아보자. 경주에서 가장 트렌디한 곳이다. 카페와 레스토랑, 기념품 가게, 독립서점 등이 몰려 있다. 독립책방 '어서어서'에서는 개성 강한 작가들의 책을 볼 수 있다. 강연회도 자주 열린다. 책을 사면 이름을 적은 약봉투에 책을 담아 준다.

젊은이들이 많이 찾는 황리단길. 책방 '어서어서'에 들러 독립출판물도 사보자.

| more & MORE

명동쫄면(054-743-5310)은 '백종원의 3대 천왕' 출연 이후 부쩍 찾는 사람이 늘었다. 유부를 가득 넣은 유부쫄면이 별미다. 경주의 먹을거리로는 쌈밥과 해장국이 유명하다. 쌈밥집은 대릉원 동편 골목 후문 쪽에 많이 있다. 이풍녀구로쌈밥(054-749-0060), 삼포쌈밥(054-749-5776)이 유명하다. 상추와 배추, 호박 등과 다양한 양념장이 나온다. 경주역 부근 팔우정 로터리에는 해장국집 골목이 있다. 해초와 콩나물, 메밀묵을 넣고 시원하게 끓어낸나. 팔우정 해장국집(054-749-6515)이 유명하다. 황리단길의 진가네 대구갈비(054-772-1384)의 돼지갈비찜은 매콤한 맛이 일품이다. 최부잣집 옆 골목의 교리김밥(054-772-5130)은 달걀지단을 듬뿍 넣은 김밥으로 유명하다.

30 하루 더 | 경북 | 경주 2

이번에는 경주의 바다와 남산을 여행해 보는 건 어떨까요

두 번째 경주 여행이라면 추천합니다, 경주 part 2

경주를 하루 이틀에 여행하기에는 불가능하다. 적어도 서너 번은 찾아야 약간이나마 보았다고 말할 수 있다. 첫 여행 때 대릉원 주변과 교동 그리고 불국사 등을 찾았다면 이번에는 감포권과 남산을 돌아보자. 경주 시내에서 감포 가는 길에 감은사탑이라는 경주 탑의 절정을 보여 주는 탑이 있다. 탑 앞에 서면 사진에서 보는 것과는 차원이 다른 크기의 감동을 느낄 수 있다. 팁을 드리자면 이른 아침에 찾는 것이 좋다. 감은사탑에서 가까운 문무대왕수중릉도 꼭 찾아 보시길. 가슴이 뜨거워지는 일출을 만날 수 있다. 감포해국길을 따라가며 걷기도 즐겨 보자. 남산은 불국토를 이루려던 신라인들의 염원이 담긴 산이다. 바위 하나하나가 모두 부처라고 해도 과언이 아닐 정도로 바위마다 부처가 새겨져 있다. 남산만 제대로 보려고 해도 족히 일주일은 걸린다.

감은사지와 문무대왕수중릉 최고의 경주 답사 여행 코스 그리고 감동의 일출
감포해국길 벽화가 예쁜 옛 골목을 거닐다
남산 삼릉에서 금오봉까지 바위 하나하나가 다 부처, 불국토 신라인들의 염원
| more & MORE 달고 또 달다, 동해안 최고의 복어회

감은사지와 문무대왕수중릉

죽어서도 이 나라를 지키겠다는
문무대왕의 호국 의지

감은사탑의 위풍당당한 모습. 탑 꼭대기에 뾰족하게 솟은 찰주(쇠막대기)가 왜구로부터 신라를 지키겠다는 문무왕의 서슬퍼런 의지를 보여주는 것만 같다.

보문단지에서 문무대왕릉과 감포항을 잇는 코스는 경주 답사 여행 코스로도 손색이 없고, 문무대왕릉에서 감포까지 이어지는 해안 도로를 따라 바다 드라이브도 즐길 수 있어 가족여행 코스로도 괜찮다.

감은사탑은 완벽한 조형미로 인해 신라탑의 전형으로 불린다. 우리 고미술사의 기틀을 마련한 우현 고유섭 선생이 〈경주 기행의 일절〉이라는 글에서 '신라에 가거든 문무왕의 유적을 찾으라. 구경거리의 경주로 쏘다니지 말고 문무왕의 정신을 길러 보아라'라고 했던 그 탑이다.

감은사탑은 웅장하다. 높이는 13.4m. 지금까지 남아 있는 신라탑 뿐 아니라 삼층석탑 중에서도 가장 크다. 더할 것도 없고 뺄 것도 없는 감은사탑의 완벽한 조형미는 보는 이를 감탄하게 만든다. 높이 3.9m의 쇠찰주에는 왜구를 향한 시퍼렇고 날카로운 전의가 서려 있다. 죽어서도 나라를 지키겠다는 문무대왕의 호언이 가슴으로 전해지는 듯하다.

감은사지에서 5분 거리에 있는 문무대왕수중릉은 죽어 용이 되어 나라를 지키겠다던 문무왕의 납골이 뿌려진 곳이다. 삼국통일을 완수한 문무왕은 자신이 죽으면 시신을 불에 태워 동해 바다에 묻어 달라는 유언을 남겼다. 왕위에 있을 때 동해에 왜구의 침입이 빈번하자 죽어서도 용이 되어 나라를 지키겠다는 마음으로 이 같은 유언을 남긴 것이다.

문무대왕수중릉은 일출 명소로도 유명해 아침마다 해맞이를 하려는 인파로 북적인다. 해변에는 수백 마리의 갈매기가 날아다니고 해무도 자주 낀다. 게다가 용왕이나 문무왕께 치성을 드리는 무속인들도 많이 찾아오는데, 이들이 어울려 몽환적인 풍광을 빚어낸다.

이곳에서 감포항을 지나 구룡포에 닿는 31번 국도는 바다의 낭만을 물씬 느낄 수 있는 멋진 드라이브 코스이기도 하다.

문무대왕수중릉의 새벽. 수평선 너머에서 거센 파도가 밀려오고, 바다와 하늘을 주홍빛으로 물들이며 해가 솟는다.

벽화가 그려진 골목길을 따라가며 해국길을 걸어보자. 낮은 슬레이트 지붕을 인 건물들 사이로 옛 골목 분위기가 고스란히 남아있다.

감포 해국길
옛 골목길 따라 걸으며 느끼는 해안 마을의 정취

경주에 '감포 깍지길'이 있다. 감포항을 중심으로 해안과 마을 등을 잇는 길이다. 이 가운데 4구간 '해국길'은 옛 골목의 정취를 간직한 길이다. 낮은 슬레이트 지붕을 인 건물 사이로 한 사람이 겨우 지날 수 있는 길이 구불구불 이어진다. 600m 정도로 길지 않지만, 이름처럼 벽마다 그려진 해국을 보며 걷는 재미가 쏠쏠하다. 천천히 걸어도 30분이면 충분하다.

골목은 감포항 앞에 자리한 감포공설시장 건너편에서 시작한다. 해국 골목, 해국 계단, 옛 건물 지하 창고, 다물은집, 한천탕, 우물샘, 소나무집 순으로 걸으면 된다. 골목을 따라가는 벽마다 해국이 그려졌다. 색깔이며 모양이 전부 다르다. 하얀 해국도 있고, 보랏빛을 뽐내는 해국도 있다. 골목을 따라 걷다 보면 교회와 놀이터가 있는데, 이곳에서 감포항과 동해가 보인다. 오른쪽으로 난 길을 따라 조금 내려가면 커다란 해국이 그려진 계단이다. 계단을 지나 골목을 따라가면 세월의 깊이가 느껴지는 건물이 보인다. 갈색 문을 단 이 건물 벽에는 '옛 건물 지하 창고'라는 안내판이 있다. 대피소 겸 지하 창고로 사용되던 건물이라고 한다. 여기에서 2~3분 거리에 '다물은집'이라는 일본식 가옥이 있다. 원래 해국길 주변은 1920년대 개항한 뒤 일본인 이주 어촌

동해 항구의 정취를 느낄 수 있는 감포항과 해국길 풍경

이 형성된 곳으로, 당시 가장 번화한 거리였다고 한다. 다물은집은 일본 어민이 촌락을 이룬 흔적이다. 해국길을 걷다 보면 옛 일본 가옥을 어렵지 않게 볼 수 있는데, 지금은 국밥집, 약국, 세탁소 등으로 사용된다.

다물은집 건너편에 자리한 건물은 우뚝 솟은 굴뚝이 시선을 붙잡는다. 목욕탕으로 사용하던 건물인데, 지금은 아무도 살지 않는다. 건물 옆으로 난 길을 따라 100여 미터 가면 오래된 우물 터가 나온다. 두레박이 있고 우물 속에 물도 찰랑이지만, 마실 수는 없다. 일제강점기에 마을 사람들이 공동으로 사용하던 우물이라고 한다.

해국길 건너편 감포항에서 북쪽으로 10여 분 올라가면 송대말 등대가 있다. 송대말은 '소나무가 우거진 대의 끝부분'이라는 뜻. 이름처럼 절벽 끝에 용틀임하듯 휜 소나무들이 있고, 그 사이로 푸른 동해가 흰 파도를 일으키며 넘실댄다. 소나무 숲을 지나 절벽 가까이 내려가면 새하얀 등대 2기가 보인다. 왼쪽 관리소 건물 위에 있는 것은 감은사지 삼층석탑을 본떠 지은 새 등대고, 그 옆에 1955년 무인 등대로 세운 옛 등대가 있다. 등대 아래로 검은 갯바위와 바다가 어우러진 풍경이 멋지다.

오징어가 말라가는 감포 해변과 송대말 등대

남산 삼릉
신라 불상의 신비로움이 가득한 소나무숲

남산은 신라 서라벌의 진산이다. 왕이 살았던 서라벌 궁성인 월성의 남쪽에 자리하고 있다고 해서 남산이라 불린다.

남산은 높이가 500m도 채 되지 않는 낮은 산이지만 깊이는 헤아릴 수 없이 깊다. 남산에 깃든 나정에서 박혁거세를 시작으로 신라의 역사가 시작됐고, 남산의 그늘 드리운 포석정에서 신라는 후백제 견훤의 공격을 받고 비참한 종말을 맞았다. 신라의 처음과 끝을 남산과 함께 한 것이다.

남산은 신라인이 이루고자 했던 불국토의 염원을 담고 있다. 절터 122곳, 석불 80좌, 석탑 61기가 남산 전역에 흩어져 있다. 그래서 남산은 '야외 박물관'이라고 불린다. 남산의 웬만한 바위는 불상 아니면 탑이라고 보면 된다.

남산을 가장 쉽게 접할 수 있는 코스가 삼릉이다. 신라 8대 아달라왕, 53대 신덕왕, 54대 경명왕이 누워있는 능이다. 삼릉 주변의 솔숲은 사진작가 배병우가 찍으면서 유명해졌다. 소나무 숲은 천년 고도 입구를 지키는 호위병 같다. 제멋대로 구불거리는 소나무들은 귀기마저 풍긴다. 배 작가의 소나무 사진 이후 삼릉에는 그의 사진을 흉내 내려는 사람들로 아침마다 북적인다고 한다. 또한 인터넷에는 그의 작품을 따라 한 소나무 사진들이 수도 없이 많다.

불국토를 염원한 신라인의 마음이 담긴 남산. 바위 하나하나가 다 불상이다.

삼릉골은 남산의 40여 골짜기 중 가장 많은 불상을 품고 있다.

삼릉을 지나면 계곡을 따라 금오봉에 오를 수 있다. 삼릉골에는 모두 10기가 넘는 부처가 있다. 가장 먼저 석조여래좌상과 만난다. 왼쪽 어깨에서 흘러 내린 가사끈과 옷주름까지 생생하게 새겨져 있고 당당하게 앉아 있다. 하지만 머리가 없다. 동국대학생들이 처음 발견했을 때는 땅에 묻혀 있었다고 한다. 불상은 어떤 표정으로 앉아 있었을까.

석조여래좌상에서 10분쯤 더 오르면 계곡 건너 왼편에 선각육존불에 닿는다. 키다란 두 개의 바위에 여섯 불상을 음각했다. 석조여래좌상을 지나면 상선암에 닿는다. 바로 위에는 마애석가여래좌상이 앉아 있다. 삼릉골에서 가장 큰 불상이다. 높이가 7m에 달한다.

좌상을 지나 금송정터를 지나면 금오봉 정상의 바둑바위다. 신선들이 내려와 바둑을 두며 놀았단다. 경주 시내가 시원하게 내려다 보인다. 여기까지가 삼릉 코스. 차를 서남산 주차장에 두고 왔다면 여기서 원점회귀하면 된다. 왕복 3시간 정도가 소요된다.

more & MORE

감포항에서는 복어회를 맛보자. 은정횟집(054-744-8600)은 할머니가 며느리와 함께 대를 이어 맛을 내는데 특히 복어 요리로 유명하다. 3만 원에 복이 넉넉하게 들어간 국내산 활참복탕도 맛볼 수 있고 1인당 6만 원에 참복회 코스 요리도 즐길 수 있다. 황남빵은 경주 명물로 꼽히는 팥빵이다. 70년이 넘는 오랜 시간동안 사랑받고 있다.

하회마을 북촌댁과 병산서원 그리고 묵계서원

한옥, 그 아름다움에 깃들다, 안동

한옥의 아름다움에 대해 갸웃하던 때가 있었다. 웅장하지도, 섬세하지도 않고 그렇다고 화려함이라야 찾아볼래도 찾아볼 수 없는 이런 집을 사람들은 왜 아름답다며 무릎을 치며 감탄하는 것일까. 문짝은 아귀가 맞지 않고 마룻바닥은 밟을 때마다 삐걱이며 위태로운 집. 마당 한편에는 잡초가 아무렇게나 자라는, 살아가기엔 불편함이 이만저만이 아닌 집. 한옥하면 드는 생각은 사실 이랬다. 그런데 그게 아니었다. 십수 년간 취재 여행을 다니며 한옥에서 하루 자고 이틀 묵어 봤더니, 살포시 처든 처마며 저물녘 햇살이 스미는 창호지 문을 렌즈에 담아 봤더니, 한옥만큼 그윽한 집이 없었고 몸이며 마음을 보듬어 주는 집이 없었다. 아, 이래서 한옥을 아름답다고 하는구나. 어느 날인가는 대청마루에 앉아 나도 모르게 무릎을 치고 있는 것이었다.

하회마을 북촌댁 한옥, 그 아름다움에 곤히 깃들다
병산서원 우리 건축이 보여 주는 최고의 여백미
안동포 마을 아는 사람만 아는 안동의 여행지
묵계서원 '청백리의 표상' 보백당 김계행을 봉향하는 서원
만휴정 빼어난 운치 속에 자리한 단아한 정자
| more & MORE 북촌댁과 한옥 리조트 '구름에'에서 보내는 하룻밤의 한옥 스테이

하회마을 북촌댁

이토록 아름다운
한 채

북촌댁 큰 사랑인 북촌유거

북촌유거의 마루

한옥의 매력을 가장 잘 느낄 수 있는 곳은 단연 안동 하회마을이다. 조선 시대 대학자인 류운룡과 임진왜란 때 영의정을 지낸 류성룡 형제가 태어난 하회마을은 낙동강이 S자 모양으로 마을을 감싸고 흘러 하회라는 지명을 얻었다. 풍수지리적으로 태극형, 연화부수형, 행주형에 해당하는 하회마을에는 현재 기와집 160여 채와 초가집 210여 채가 담장과 골목을 사이에 두고 정담을 나누고 있다.

하회마을 길자락을 따라 거닐다 보면 발걸음은 자연스럽게 북촌댁에 닿는다. 하회마을을 가로지르는 큰길을 중심으로 오른쪽을 북촌, 왼쪽을 남촌이라고 하는데, 북촌댁은 이 북촌의 중심이다. 요즘이야 한옥들이 저마다 이런 저런 이유로 고치고 개량을 했지만 북촌댁은 옛 모습을 오롯이 간직하고 있다.

큰 사랑인 북촌유거는 집안의 웃어른인 할아버지가 거주하던 사랑이다. 누마루에 앉으면 하회마을의 풍광이 한눈에 들어온다. 중간 사랑인 화경당은 경제권을 가진 바깥주인이 기거하던 방이다. 화경당의 의미는 가족과 친족 간에 화목하고 임금과 어른을 공경하라는 의미. 석봉 한

여유롭고 느긋한 한옥의 풍경

창호를 발라 은은한 멋을 내는 한옥의 창문   북촌댁 솟을대문

호의 글씨체를 채자해 편액을 만들었다.

안채는 안주인이 기거하던 곳이다. 한옥으로는 드물게 2층 구조로 돼 있는데, 단일 건물로는 우리나라 민가 중 가장 크다. 수신와는 손주가 기거하던 곳으로 규모가 가장 작다.

규모도 규모지만, 북촌댁은 150년이 지난 지금도 옛 모습을 온전히 유지하고 있다는 점에서 더 경이롭다. 큰 계단을 오르듯 다리를 높이 들어야 넘어설 수 있는 중문의 문지방과 아직도 나무로 불을 때서 밥을 짓고 방을 덥히는 아궁이, 안채와 중사랑, 작은사랑이 ㅁ자형으로 배치된 구조 등은 반가의 옛 살림을 고스란히 증거한다.

북촌댁이 아궁이 난방을 고집하는 이유는 집을 보존하기 위함이기도 하다. 장작에서 나는 연기가 집을 훈연해야 나무가 썩지 않고 벌레도 먹지 않기 때문이다. 식사 대접도 별도의 행랑채에서만 한다. 집에서 음식을 차리고 식사를 하면 냄새가 배어 집이 훼손될 수도 있기 때문이다. 몇 해 전 북촌댁을 방문한 영국인 부부는 다른 손님들이 많이 오면 집이 훼손될까 봐 두렵다며 "우리가 이 집에서 묵는 마지막 손님이었으면 좋겠다"는 말까지 했다고 한다.

150년 세월 동안 한옥의 멋을 지키며 서 있는 북촌댁

병산서원

여백미의 절정을
보여 주는 건축물

한옥 건축의 한 경지를
보여주는 병산서원

병산서원은 서애 유성룡과 그 아들 유진을 배향한 서원이다. 임진왜란 때 병화로 불에 탔으나 정경세 등 후학들이 서애의 업적과 학덕을 추모해 사묘인 존덕사를 짓고 향사하면서 서원이 되었다.

주차장에서 서원을 정면으로 바라보며 걸어가면 솟을대문이 나타난다. 복례문이다. 복례문의 이름은 극기복례에서 따왔다. 세속된 몸을 극복하고 예를 다시 갖추라는 뜻이다. 복례문을 들어서면 정면 7칸으로 길게 선 만대루 아래를 지나게 된다. 만대루 아래로 난 급경사 계단을 따라 고개를 숙이고 지나면 강당인 입교당과 만난다. 입교, 즉 가르침을 바로 세운다는 뜻이다.

입교당 전면에서 보면 양쪽으로 두 동의 건물이 늘어서 있다. 유생들이 기거하는 기숙사 건물인 동재와 서재다. 이 건물들은 남쪽을 향하지 않고 동향 또는 서향이다. 이는 강당인 입교당의 마루를 향하도록 한 것이다. 입교당 뒤에는 유성룡의 위패를 모신 존덕사와 제사를 준비하는 전사청이 나란히 있다.

입교당 마루에 앉는 순간 병산서원의 모습은 바뀐다. 앞으로는 시원하게 펼쳐진 만대루의 지붕 위로 병산이 솟아 있다. 병산은 산의 모습이 병풍을 닮았다고 해서 붙은 이름이다.

만대루는 정면 7칸, 측면 2칸으로 병산서원에서 가장 큰 건물이다. 벽이 없고 기둥과 지붕, 마루만으로 덩그러니 이루어져 있다. 200명은 족히 앉을 수 있는 크기. 천장에는 굵은 통나무 대들보가 물결치듯 걸쳐 있다. 통나무의 휘어짐을 최대한으로 살려 냈다.

만대루는 그야말로 텅 빈 공간이다. 누각을 지탱하는 기둥과 지붕만이 구성체의 전부다. 장식적 공간 역시 극도로 절제되어 있다. 병산서원은 우리 전통 건축이 만들어 낼 수 있는 여백미의 최고점을 보여 준다.

색과 결이 고운 안동포

안동포로 만든 지갑과 주머니

안동포마을

길쌈의 맥을 잇는
마을 금소리

금소리는 금소리라는 이름보다 안동포마을로 불린다. 마을에 약 200여 가구가 모여 있는데 대부분 집들이 안동포와 관련한 일을 하며 살아간다. 안동포는 삼베다. 예로부터 함경도의 북포, 영남지방의 영포, 강원도의 강포, 전라도 곡성의 돌실나이 등이 유명했는데, 안동포는 영포 중에서 으뜸으로 쳐 왔다. 신라의 화랑들도 즐겨 입었으며 조선 시대에도 궁중 진상품이었다.
마을은 몇십 년 전의 시간 속에 고스란히 머물러 있다. 어깨 높이로 구불구불 이어지는 흙담과 그 너머로 아스라히 보이는 기와지붕이 정겹다.
마을 건너편에는 잘 지어진 안동포 전시관이 자리한다. 옛날 안동포를 만들던 모습을 담은 사진을 볼 수도 있고 안동포로 만들어진 다양한 제품도 전시되어 있다. 일주일에 두세 차례는 삼베짜기 시연도 볼 수 있으며 전시관 한 쪽에 자리한 공방에서는 안동포를 이용해 다양한 공예품과 생활 소품을 만들어 볼 수도 있다.

아직도 손으로 베틀을 돌려 안동포를 짠다.

옛시간이 고스란히 고인 안동포 마을

묵계서원과 만휴정

수묵화를 그대로
옮겨놓은 풍경

묵계서원   만휴정

안동포 마을에서 나와 내처 묵계서원으로 발걸음을 옮긴다. 길안 방면으로 약 15분 정도 차를 몰아가면 된다. 묵계서원은 보백당 김계행과 응계 옥고선생을 봉향하는 서원으로 조선 숙종 1687년에 창건했다. 보백당 선생은 '내 집에는 보물이 없다. 보물이라고는 오직 맑고 깨끗함이 있을 뿐이다'라는 유훈을 남길 정도로 '청백리의 표상'으로 불리는 선비다.

서원에서 멀리 떨어지지 않는 송암계곡에 자리한 만휴정은 보백당이 연산군 6년(1500) 폭정을 피해 낙향해 은거하면서 유유자적하던 정자다. 너럭바위를 느긋하게 흘러내린 물이 폭포수로 떨어지는 빼어난 운치 속에 자리한다. 폭포의 시원한 물길과 단아한 정자가 기가 막힌 조화를 이루며 상상 속의 수묵화에서나 볼 수 있는 비경을 펼쳐 놓는다. 마흔아홉의 늦은 나이에 대과에 급제해 쉰이 넘어서야 벼슬길에 올랐던 보백당. 예순일곱까지 관직에 있었지만 연산군의 폭정으로 말년에는 '벼슬을 그만두겠다'는 사직소를 올리느라 바빴다. 그러다가 무오사화 이후 일흔한 살이 돼서야 고향으로 돌아와 만휴정을 짓고 여기서 여생을 보냈다. '저물 만'에 '쉴 휴'라는 이름을 붙인 것도 '늦은 귀향'의 소회 때문이었을 것이다.

정자로 가기 위해서는 계곡을 가로지르는 아슬아슬한 통나무 다리를 지나야 한다. 비틀비틀 다리를 건너 쪽문을 열고 만휴정 대청마루에 앉으니 신세계가 따로 없다. 바람도, 새소리도, 사람의 발걸음도 자유롭게 드나든다. 잠시나마 정자의 주인이 되어볼 수도 있는 것이다.

| more & MORE

안동 구시장에 자리한 옥야식당(054-853-6953)은 선지국으로 유명하다. 신선한 선지와 고기가 푸짐하게 들어 있다. 고추기름을 듬뿍 넣은 국물이 칼칼한 맛을 낸다. 딸에게 2대 전승이 되었지만 아직도 국물에 넣을 재료를 손질하고 그릇에 국밥 말아 내는 일은 나이 많은 창업주가 일일이 챙기고 있다. 안동찜닭도 별미. 찜닭골목이 따로 만들어져 있다. 시내의 맘모스 베이커리(054-857-6000)는 전국 3대 빵집으로 불리는 곳. 크림치즈빵이 유명하다. 북촌댁(010-2228-1786, www.bukchondaek.com)에서 숙박을 하면 아침에 일어나 8시에 식사를 하고 영상물을 본 후 한 시간 동안 류씨의 안내를 받아 집안을 둘러 볼 수 있다. 한옥 리조트 구룸에(054-823-9001, www.gurume-andong.com)에서 하룻밤 묵어 보자. 예약은 필수다.

하루 더 | 경북 | 봉화

마음이 단풍처럼 붉고 노랗게 물들었습니다

가을 완보,
만추 봉화

가을 여행을 제대로 해보고 싶은 분들께 경북 봉화를 권해드린다. 닭실마을을 걷고 청량산에도 올라 보시길. 닭실마을은 충재 권벌의 종택이 있는 곳. 청암정 연못에 비치는 단풍이 예쁘다. 가을 햇빛을 받으며 닭실마을 돌담길을 따라 걷는 걸음이 저절로 느긋해진다. 만산고택은 또 어떤지. 사랑채 마루 대나무 소쿠리에 담긴 홍시는 탐스럽기만 하다. 육육봉 암벽 속에 깃든 청량사 지붕으로 쏟아져 내려오는 단풍은 왜 퇴계가 청량산을 그토록 사랑했는지 짐작하게 해준다. 청량산 골짜기를 투명하게 울리는 풍경소리를 들으며 서 있으면 어쩜 이런 가을이 있나 싶다.

닭실마을 옛 마을을 걸으며 가을 만끽하기
만산고택 고택에 깃든 가을, 그 정취는 어떨까
청량사 풍경소리가 산속에 새소리처럼 깃든다. 절 마당에 가만히 서서 만나는 고요
| **more & MORE** 스위스에 온 듯, 분천역과 솔잎향 가득한 숯불구이 맛보기

닭실마을

모든 풍경이 어여쁘고
넉넉한 가을이다

봉화 가을 여행의 첫 코스는 닭실마을. 봉화읍에서 2km 남짓 떨어진 이 마을은 풍산 류씨가 사는 안동 하회마을, 의성 김씨가 사는 안동 내앞마을, 월성 손씨와 여강 이씨가 함께 사는 경주 양동마을과 함께 영남 4대 길지로 손꼽히는 곳이다.

닭실마을은 충재 권벌의 종택이 있는 안동 권씨 집성촌이다. 이곳 사람들은 안동에 퇴계 이황이 있고 영주에 삼봉 정도전이 있다면 봉화에는 충재 권벌이 있다고 말한다. 충재는 조광조와 김정국 등 기호사림들과 함께 개혁 정치에 참여했는데, 을사사화 당시에는 파직을 당하면서까지 윤임 등을 적극 구언하는 계사를 올렸던 강직한 신하였다.

충재가 닭실마을과 처음 인연을 맺은 것은 1519년 삼척부사로 부임하면서다. 삼척으로 가기 위해 봉화를 지나다 길지인 닭실마을과 만났고 이후 기묘사화에 연루되어 삼척부사에서 파면되자 닭실마을로 와 500년 종가의 터를 잡았다. 충재는 거처할 집을 짓고 난 후 그 곁에 독서를 위해 한서당과 거북이 모양의 바위 위에 청암정이라는 누정을 지었다. 영남 유림의 본거지인 안동, 영주와 맞닿은 봉화에도 정자가 많은데, 이 가운데 청암정은 형식미와 구조미가 가장 빼어난 정자로 손꼽힌다.

정자에 오르면 들창을 활짝 열어젖힌 널찍한 누마루가 나온다. 누마루에는 눈부신 가을 햇살이 쌓이고 있다. 눈이 시릴 정도다. 아마도 이곳에서 많은 선비들이 오가며 학문 이야기를 나누었을 것이다.

청암정에서 바라본 충재. 소박하고 담담한 모습으로 서 있다. 뒤의 단풍이 붉다.

청암정 위에서 바라보면 무연히 서 있는 '충재'도 눈에 들어온다. 옛날 서당으로 쓰던 건물이다. 낡은 툇마루와 기둥, 청암정을 향해 열어젖힌 들창, 소박하고 담담하게 걸려 있는 '충재' 현판들은 보는 이의 마음을 은근하게 가라앉혀 준다.

청암정에서 나와 닭실마을로 향한다. 닭실마을은 야트막한 산이 병풍처럼 마을 뒤편을 두르고 있으며 앞으로는 개천이 휘감아 돌면서 너른 들판이 펼쳐진다. 들판 쪽에서 마을을 바라보면 금닭이 알을 품고 있는 '금계포란'의 형국이라고 해서 일찍이 '닭실'이란 이름을 얻었다.

마을은 느긋한 걸음으로 돌아보기 좋다. 졸졸 흐르는 시냇물 소리를 들으며 걷는 마음은 한없이 여유롭기만 하다. 멀리 보이는 모양새까지 제대로 갖춘 기와집들은 고향집에라도 온 양 푸근하기만 하다. 높지도 낮지도 않게 구불거리며 흘러가는 흙돌담길, 담 밖으로 기웃이 고개를 내민 감나무 가지 등 모든 풍경이 어여쁘고 넉넉하다.

만산고택

기품있는 가을과
만나다

만산고택은 100년이 넘는 세월을 견뎠다. 춘양목으로 지어져 뒤틀림 하나 없다

봉화에는 가을의 운치를 제대로 즐길 수 있는 한옥도 있다. 춘양면 의양리에 자리한 만산고택이다. 조선 후기의 문신인 만산 강용(1846~1934) 선생이 고종 15년(1878)에 지었다. 대한 제국의 통정대부 중추원 의관을 역임한 만산은 일제에 의해 을사조약이 강제로 체결되자 벼슬을 버리고 이곳에 내려와 국운의 회복을 기원하며 지냈던 사람이다.

만산고택은 전형적인 사대부 집안의 가옥 구조를 보여 준다. 방문객을 가장 먼저 맞이하는 건 11칸의 긴 행랑채 중앙에 우뚝 솟은 솟을대문이다. 솟을대문은 정3품 당상관 이상의 벼슬을 해야 가질 수 있다. 다시 말해 임금님이 계시는 근정전에 올라가서 정사를 논할 수 있는 반열이 돼야 한다는 것이다. 11칸이나 되는 행랑채는 만산고택의 부를 상징한다.

얼핏 보기에도 정갈한 사랑채 처마 밑엔 각각 '만산'이라는 편액이 걸려 있다. '만산'은 대원군이 직접 쓴 글씨인데 지금은 서울의 한 박물관에 보관되어 있다. 현재 걸려 있는 건 탁본이다. 만산은 대원군과 친분이 돈독했다고 한다.

고택에서는 하룻밤 묵어볼 것을 권해 드린다. 컴퓨터도 없고 TV도 없다. 밤이면 사위가 잠잠해진다. 툇마루에 앉아 하늘을 올려다 본다. 어두운 하늘을 환하게 밝히고 있는 별을 보고 있노라면 세상의 잡사는 내 알 바 아니라는 생각이 든다.

청량사

풍경 소리, 바람 소리, 물소리에 마음을 씻다

청량사 가는 길, 속으로 들어갈수록 가파르고 험해진다. 길은 숲을 가로지르고, 강변을 옆구리에 낀 채 언덕을 넘어 지줄지줄 이어진다. 돌자갈을 핥고 넘어가는 낙동강 여울 소리며 숲을 어루만지는 바람 소리, 어디선가 꿩이 후드득 날개를 치는 소리가 귓속으로 파고든다.

청량산 도립공원 매표소를 지나 5분을 올라가면 주차장. 여기서부터 청량산으로 접어든다. 비탈진 언덕을 따라 오르면 밖에서 보던 것과 사뭇 다른 것을 알 수 있다. 길을 한참 오르다 숨이 턱까지 찰 무렵 나타나는 절이 청량사다. 원효대사가 창건한 고찰이다.

청량사의 중심 전각은 유리보전이다. 안에는 약사여래상이 모셔져 있다. 아픈 사람을 치유한다는 부처다. 국내에 하나뿐인 종이를 녹여 만든 지불이다. 유리보전 현판은 고려 공민왕의 친필이다.

절 오른쪽으로 난 오솔길을 걸어가면 '어풍대'다. 청량산의 육육봉(12봉우리)을 한눈에 조감할 수 있다. 어풍대에 서면 '산은 연꽃이고, 절터는 꽃술'이라는 사실을 대번에 알아차릴 수 있다. 어풍대를 지나면 오산당. 퇴계가 만년에 〈도산십이곡〉을 저술한 곳이다.

오산당에서 숲 좋은 오솔길을 따르면 응진전과 만난다. 원효대사가 머물렀던 암자이기도 하다. 663년에 세워진 곳으로 청량산에서 가장 경관이 뛰어나다. 뒤로는 거대한 금탑봉이 병풍처럼 둘러서 있고 아래는 아득한 낭떠러지다.

어풍대에 오르면 청량산과 청량사를 조망할 수 있다. 기이한 청량산 바위 아래 고즈넉한 절이 들어서 있는 광경이 신비롭기만 하다.

| more & MORE

한국과 스위스의 수교 50주년을 기념해 분천역과 체르마트역이 자매결연을 맺었는데, 분천역의 외관도 스위스 샬레 분위기로 단장했다. 1년에 두 번, 분천 산타마을을 조성하여 운영중이니 참고해 보자.
봉화읍 가는 길에 위치한 봉성은 돼지숯불구이로 유명한 마을이다. 돼지고기를 석쇠에 올려 투박하게 숯불에 구워낸다. 솔잎 위에 고기를 얹었을 뿐인데 솔향이 제법 진하게 밴다. 청봉숯불구이(054-672-1116)를 비롯해 8개 음식점이 옛날 장터에서 성업 중이다. 새우젓을 곁들인 돼지고기를 상추나 당귀에 싸서 먹어야 제맛이 난다.

33 하루 더 | 경북 | 울릉도

신비로운 바다, 아득한 원시림, 끝없이 이어지는 해안 절벽

1박 2일에 가능합니다, 천혜의 비경 울릉도

새벽 4시에 서울 시청을 출발한 셔틀버스는 아침 8시 무렵에야 동해시 묵호에 도착했다. 아침을 먹을 틈도 없이 묵호항에서 다시 8시 50분 배를 탔다. 그렇게 세 시간 여를 파도에 시달리며 울릉도에 도착한 시간은 오전 11시 30분. 서울에서 울릉도까지 약 7시간 넘게 걸린 셈이다. 하지만 울릉도의 아름다운 풍경은 이 모든 수고를 잊게 만든다. 울릉도에 발을 내딛는 순간, 여행자들은 울릉도가 주는 비경에 탄성을 내지른다. 도동항에서 택시를 대절해 섬을 한 바퀴 돌았다. 행남 해안산책로 트레킹도 즐겼다. 따개비밥, 오징어내장탕, 약소 한우불고기는 오직 울릉도에서만 맛볼 수 있는 별미. 울릉도 1박 2일 여행도 가능했다.

울릉도를 즐기는 첫 번째 방법 거북바위, 사자암, 나리분지 등 일주도로 따라 육로 관광
울릉도를 즐기는 두 번째 방법 바위 위 기암괴석, 유람선 타고 해상 관광
울릉도를 즐기는 세 번째 방법 한국에서 가장 아름다운 해안 트레킹 코스, 행남 해안산책로 트레킹
대풍감 해안 절벽 대한민국 10대 비경
죽도와 관음도 울릉도가 품은 또 다른 섬
more & MORE 따개비밥, 약소불고기, 오징어내장탕 등 울릉도 만의 별미 별미 별미

터널이 좁아 신호대기를 해야 하는 해안 일주도로

울릉도를 즐기는 첫 번째 방법

택시 타고 일주도로 따라
즐기는 육로 관광

동해 바다를 건너 온 배가 닿는 곳은 도동항이다. 항구는 큰 배 두 척이 서로 비껴갈 만한 넓이다. 여행객을 먼저 반기는 것은 괭이갈매기다. 뱃전에 달려들며 시끄러운 울음 소리를 흩뿌린다. 배에서 내려 심호흡을 해 본다. 서울과는 확연히 다른 공기가 가슴 깊숙이 스민다. 예부터 울릉도에는 없는 것이 3가지가 있는데 도둑과 뱀, 그리고 공해다. 울릉도가 그만큼 깨끗한 섬이라는 말이다.

도동항은 울릉도 여행의 출발점. 배가 내려놓은 관광객들을 맞이하는 택시와 소형 버스로 시끌벅적하다. 자세히 보니 택시란 택시는 모두 4륜 구동이다. 길이 얼마나 험하고 비탈진 지 지레 짐작이 간다. 울릉도의 길이 험한 것은 섬 전체가 바위 하나로 이루어져 있기 때문이다. 30~40도의 고갯길도 흔하고 S자 모양, 8자 모양으로 이어진다.

울릉도를 즐기는 방법은 여러 가지인데 택시나 버스를 타고 일주도로를 따라 육로 관광을 하는 것이 첫 번째다. 도동항을 출발해 사동과 거북바위로 유명한 통구미, 울릉도의 옛 중심지 태하, 바닷물이 푸르러 검을 정도인 천부, 나리분지 등을 돌아본다.

울릉도의 진면목을 볼 수 있는 곳은 남양에서 울릉도 서쪽인 태하까지 가는 길. 울릉도에서 가장 험한 이 길을 가다 보면 울릉도의 해안 도로가 세계 제일의 해안 도로라는 호주의 '그레이트 오션로드' 못지않다는 사실을 알게 될 것이다.

1차 분화구였던 나리분지는 60만 평의 넓은 평야 지대. 옛 가옥인 너와집과 투막집이 남아 있다.

울릉도 유일의 분지인 나리분지와 너와집

울릉도를 즐기는 두 번째 방법

울릉도 바다의 비경을 가까이,
해상 관광

두 번째는 유람선을 이용한 해상 관광이다. 도동항을 출발해 유람선을 타고 시계방향으로 돌며 도동-사동-태하-현포-저동-도동 코스로 해상의 기암괴석을 둘러본다. 거북바위, 사자바위, 글러브 바위, 송곳 모양으로 우뚝 솟은 추암 등이 차례로 나오는데 여행객을 가장 감탄하게 만드는 하이라이트는 대풍감에서 관음도에 이르는 북면 해안이다. 대풍감 절벽을 비롯해 하늘을 찌를 듯 뾰족하게 서 있는 송곳산, 옥황상제의 노여움을 산 세 명의 선녀가 변했다는 삼선암 등을 볼 수 있다.

화산섬 울릉도를 만끽할 수 있는 행남 해안산책로

울릉도를 즐기는 세 번째 방법

행남 해안산책로 트레킹

세 번째 방법은 트레킹이다. 울릉도의 진면목을 즐기기에 가장 좋은 방법이다. 가장 쉬운 코스는 행남 해안산책로다. 도동항에서 출발해 행남등대를 지나 저동 촛대바위까지 이어진다. 왕복 3시간 남짓 걸린다.

바다를 나란히 두고 이어지는 이 길은 한국에서 가장 아름다운 해안산책로 가운데 하나다. 해안 절벽에 길을 놓았고 길을 뚫지 못하는 구간엔 다리를 놓거나 굴을 뚫었다. 길은 절벽 사이 암굴로 들어갔다가 다시 벼랑을 타기도 한다. 해식단애를 만지면서 걸을 수도 있다. 높낮이는 있지만 대체로 평탄해 아이들도 쉽게 걷는다.

구간에 따라 물빛도 달라진다. 에메랄드빛 바다도 있고 먹물을 뿌린 듯 검은 바다도 있다. 어찌나 맑고 투명한지 수면 아래 떼지어 다니는 물고기의 비늘까지 훤히 내려다보인다.

행남 등대

저동항과 죽도, 관음도를
한눈에

바닷빛에 탄성을 지르며 아슬아슬한 절벽길을 따라 걸음을 내딛다 보면 아름드리 곰솔과 털머위 군락이 나타난다. 이 길을 따라 언덕을 오르면 행남 등대다. 전망대가 한쪽에 마련되어 있는데 이곳에 서면 동해안 어업전진기지인 저동항 풍경이 한눈에 들어온다. 죽도와 관음도도 아스라히 바라보인다.

등대를 내려와 저동항 쪽으로 길을 잡는다. 저동항까지는 1.4km. 절벽을 따라 해안으로 내려가는 달팽이 계단이 압권이다. 높이가 무려 57m에 달한다. 다리가 후들거릴 정도다. 달팽이 계단을 내려오면 또 다시 해안산책로가 이어지는데, 1km 정도의 해안산책로를 걷는 동안 일곱 색깔의 무지개색 구름다리를 건넌다.

저동항

바다를 밝히는
오징어잡이 배의 불빛

촛대바위와 저동항 풍경

길은 저동항에서 끝난다. 저동항은 도동항과 함께 울릉도를 대표하는 항구다. 도동항에서 석양 속으로 출어하는 오징어잡이 배의 풍경을 '도동모범'이라 하고 저동항에서 바라보는 늦은 밤 오징어잡이 배의 불빛은 '저동어화'라 부른다. 어화는 오징어잡이가 한창 시작되는 추석 이후에나 볼 수 있다. 저동항 방파제 너머에는 촛대바위가 있는데, 조업 나간 아버지가 돌아오지 않자 딸이 바다로 들어가 바위가 됐다는 전설을 품고 있다. 저동항은 울릉도의 일출 명소이기도 하다. 촛대바위를 배경으로 떠오르는 해를 보기 위해 이른 새벽부터 방파제를 찾는 사람들이 많다.

한국이 맞나 싶을 정도로 이국적인 절경을 자랑하는 대풍감. 학포마을과 현포 그리고 노인봉과 송곳봉이 춤을 추듯 이어진다.

대풍감 해안 절벽

울릉도 아니라 대한민국 최고의 절경

울릉도가 보여 주는 최고의 절경은 단연 대풍감 해안 절벽이다. 대풍감은 돛단배가 이곳에서 바람이 불기를 기다렸다고 해서 붙여진 이름. 한국의 10대 비경 가운데 하나이기도 하다. 바라보기에도 아찔한 절벽이 수 킬로미터를 뻗어 나간다.

대풍감 가는 길은 태하항에서 출발한다. 태하는 옛 우산국의 도읍으로 1883년 울릉도 개척민이 첫 발을 내디딘 곳이기도 하다. 오르막길을 따라 50분 정도 가는데, 소나무와 동백나무가 깊은 숲을 이루고 있다. 산정에서 태하등대까지는 10여 분만 가면 된다.

대풍감에서 내려와 구불구불한 현포령을 넘어가면 북면이다. 해안 도로를 따라가면 공암(코끼리 바위)과 만나는데 이름처럼 생긴 모양이 영락없이 코끼리다.

천부에서 섬목으로 이어지는 해안에는 삼선암과 관음도가 차례로 그 모습을 드러낸다. 울릉도 3대 비경 중 제1경으로 꼽히는 삼선암은 멀리서 보면 2개인데, 가까이 가면 3개가 된다.

아스라이 보이는 죽도

연도교를 넘어 관음도로 갈 수 있다.

죽도와 관음도
섬 속의 또 다른 섬

죽도와 관음도는 울릉도의 부속섬이다. 죽도는 도동항에서 배로 약 15분이 걸린다. 대나무가 많아 죽도로 불리며 울릉도를 찾는 관광객들은 한 번씩은 꼭 들른다. 우물이 없어 빗물을 받아 두었다가 식수로 사용하는데 집 앞에 커다란 물통이 나란히 놓여 있는 모습은 죽도만의 진풍경이다. 요즘은 울릉도에서 물을 가져다 쓴다. 일본에서 독도를 다케시마로 표기하기 때문에, 독도와 혼동되기도 한다. 관음도는 본섬과 100m 가량 떨어져 있는데, 깍새가 많아 깍새섬이라고 불렸다. 한 가구가 거주하다가 1960년대 이후 무인도가 됐다. 연도교가 놓이면서 관광객이 자유롭게 출입할 수 있게 됐다.

| more & MORE

강원도 강릉과 묵호, 경북 포항과 후포(울진)에서 울릉도 가는 배를 탈 수 있다. 대아고속해운 (www.daea.com, 1644-9604) 참조.
현지 교통은 택시가 가장 편하다. 렌터카도 이용할 수 있지만 급커브와 급경사가 많고 노면 상태가 고르지 못해 위험하다. 택시 한 대를 4~5명이 전세내어 섬을 돌아보는 것이 가장 좋다.
울릉도의 대표 먹거리는 약소불고기다. 여름에는 자생한 약초를 뜯게 하고 겨울에는 이 약초들을 말려 약간의 사료와 혼합하여 먹인다. 육질이 부드럽고 담백하다. 홍합밥은 빨간 홍합을 잘게 썰어 찹쌀과 멥쌀, 간장, 참기름을 넣고 향긋하게 지어낸 것. 보배식당(054-791-2683)이 유명하다. 따로 모아 둔 오징어 흰 내장과 무를 넣고 끓여낸 오징어 내장탕은 해장국으로도 좋다. 99식당(054-791-2287)의 따개비밥과 나리분지 산마을식당(054-791-4643)의 산채나물밥도 맛있다.

34 하루 더 | 경남 | 남해

눈이 시리도록 푸른 풍경, 짜릿한 스카이워크, 그리고 맛있는 음식

아름답고 즐겁고 맛있는 섬 그래서 보물섬, 남해

창선대교 지나면 남해에 들어선다. 물건방조어부림부터 독일마을, 원예예술촌, 남해보물섬전망대, 금산 보리암, 상주 은모래비치, 가천 다랭이마을까지 여행이 이어진다. 어느 한 곳 아름답지 않은 곳 없고 어느 한 곳 마음에 남지 않는 곳이 없다. 남해보물섬전망대에서는 짜릿한 스카이워크 체험도 즐겨보자. 직접 해보진 못하지만 바다를 향해 힘껏 몸을 던지는 청춘들을 보는 것만으로도 즐겁다. 미조항에서 멸치회를 먹고 물메기탕을 맛본다. 시원하고 매콤한 물회는 강원도의 그것과는 또 다른 맛이다. 멸치 한 박스를 사서 집으로 돌아오는 길, 남해를 왜 보물섬이라고 부르는지 알 것 같다.

물건리 방조어부림 나무를 심어 물고기를 유인했다니!
독일마을 독일 동포들이 만든 이국적인 마을, 맛있는 독일 소시지도 맛볼 수 있는 곳
원예예술촌 세계 각국의 정원을 거닐며 산책하기 좋은 곳
남해보물섬전망대 스릴 만점 짜릿한 스카이워크 체험
금산 보리암 최고의 전망, 우리나라 3대 기도처, 소원 하나 빌어 봅시다
가천 다랭이마을 층층이 논이 모여 만든 거대한 설치 미술

| **more & MORE** 분위기 좋은 펜션과 다정한 게스트하우스

물건리 방조어부림

물고기를
부르는 숲

사천을 지나 창선대교를 건너 남쪽으로 계속 향하면 물건리에 닿는다. 물건리에서 꼭 봐야 할 곳이 물건방조어부림이다. 이름 그대로 '고기를 부르는 숲'이다. 세찬 바닷바람을 막고 숲그늘로 물고기를 유인하는 역할을 한다. 숲 길이가 1.5km 정도. 면적은 7,000여 평에 달하는 이 숲에는 말채나무, 까마귀밥여름나무, 누리장나무, 화살나무 등 좀처럼 보기 힘든 귀한 나무들이 자라고 있다.

독일마을

독일 파견 동포들이
돌아와 만든 마을

물건방조어부림 뒤편 산중턱에는 독일마을이 자리한다. 1960년대 광산노동자와 간호사로 독일에 파견됐던 동포들이 고국에 돌아와 정착할 수 있도록 만들어진 마을이다. 실제로 교포들이 생활하고 있고 관광객을 위한 민박도 운영하고 있으니 하루쯤 묵으며 이국적인 정취를 즐겨 볼 만 하다. 요즘은 독일식 소시지와 맥주를 먹을 수 있는 맥주집도 많이 들어섰다.

이국적인 풍경의 독일마을. 독일 레스토랑 등 독일을 경험할 수 있는 시설들이 들어서 있다.

원예예술촌

세계의 정원이 한 자리에

독일마을 위쪽 낮은 언덕에 자리한 원예예술촌은 세계 각국의 다양한 테마 정원을 볼 수 있는 곳. 베르사유 궁전의 정원을 본 뜬 프랑스식 '프렌치가든', 바위와 석등, 모래, 돌길 등이 정갈하게 어우러진 일본풍 정원 '화수목', 현대적으로 꾸민 미국식 정원 '와일드가든' 등이 호기심을 자극한다. 원예예술촌은 단순한 테마 마을이 아니라 원예 전문가들이 거주하는 곳이자, 직접 가꾸는 정원이다. 산책하다 보면 마을 주민과도 스스럼없이 대화할 수 있다. 대다수 주민이 카페, 아이스크림 가게 등을 운영한다.

원예예술촌은 20여 개의 정원을 18개 나라별로 원예 전문가가 직접 거주하며 가꾼 생활정원이다.

남해보물섬전망대

하늘과 바다 사이에
몸이 떠 있는 느낌

원예예술촌을 나와 물미해안도로를 계속 따른다. 대한민국에서 가장 아름다운 드라이브 코스로 꼽히는 이 길에 '핫'한 여행지로 떠오르는 곳이 있다. 스릴 만점의 스카이워크를 체험할 수 있는 남해보물섬전망대다. 스카이워크는 투명 강화 유리를 공중에 설치해 그 위를 걷게 만든 시설이다.

하네스를 착용하고 스카이워크에 오른다. 유리바닥 아래로 까마득하게 절벽과 바다가 내려다보인다. 바다에는 흰 포말을 일으키며 파도가 치고 있다. 몸이 하늘과 바다 사이에 붕 떠 있는 기분이다. 바닥 폭은 1m가 채 되지 않는다. 유리가 부서지지 않을까, 줄이 끊어지지 않을까 하는 생각도 든다. 몸에 연결된 줄을 잡은 손에 저절로 힘이 들어간다.

중간 지점에 강사 겸 안전요원이 기다리고 있다. 강사의 안내에 따라 줄에 몸을 의지한 채 바다 쪽으로 몸을 기울인다. 보기만 해도 아찔한 포즈다. 겁에 질린 여성 참가자들의 경우 소리를 지르며 바닥에 주저앉는 사람도 있다. 함께 한 친구들은 짓궂은 장난으로 일행을 놀리기도 한다. 안에서 구경하는 여행자들은 이 모습을 보고 박수를 치며 웃음을 터뜨린다. 잠시나마 걱정을 잊고 모두가 즐거운 시간을 보낸다.

담력이 센 참가자들은 갖가지 고난도 포즈를 취하기도 한다. 발로 난간을 힘껏 밀어 바다 쪽으로 몸을 던진다. 그네를 타듯 공중으로 획 떠오르는 몸. 보기만 해도 아찔하고 탄성이 터져 나온다. 단단한 줄로 연결되어 있어 떨어질 염려는 없다. 그래도 다리가 덜덜 떨리고 머리털이 곤두서고 손에 땀이 나는 건 어쩔 수 없다.

즐겁고 아찔한 시간을 보내다 반 바퀴를 더 돌면 출발점으로 돌아온다. 그제서야 안도의 한숨을 내쉰다. 하네스를 벗고 카페로 들어서면 남해 바다의 풍광이 눈에 들어오고 밖에서 스카이워크를 걷는 또 다른 여행자들의 모습이 보인다. 그들이 겁먹은 모습을 보며 나도 저랬을까 하는 생각이 드는 것도 그때다.

금산 보리암

한 여자 돌 속에
묻혀 있었네

금산 보리암은 원효대사가 도를 닦았고 태조 이성계가 백일기도를 드렸다고 전해오는 사찰이다. 금산 정상에서는 한려수도의 수려한 풍광을 내려다볼 수 있다.

물미해안도로를 계속 따라가면 상주면이다. 상주해수욕장을 지나면 금산. 금강산을 닮았다고 해 '소금강'이라고도 불린다. 높이 681m의 높지 않은 산이나, 숱한 바위 절경과 빼어난 전망을 갖춘 명산이다. 본디 보광산이었으나, 이성계가 이 산에 와서 기도를 한 뒤 왕위에 오르자, 산 전체를 비단으로 덮겠다는 약속을 지키기 위해 산 이름을 금산으로 바꿨다고 한다.

금산 보리암은 원효대사가 세웠다는 고찰로 우리나라 3대 기도 도량 중 하나다. 무언가 간절히 원하는 것이 있다면 정성을 다해 기도해 보자. 부처님께서 들어주실 지도 모르는 일이다.

고려 시대의 봉수대가 있는 정상에 오르면 동서남북의 산줄기와 바다 경치가 한눈에 들어온다. 상주해수욕장이 초생달 모양으로 펼쳐지고 멀리 왼편으로 미조항이 아늑하게 놓여 있다. 이곳 봉수대에서 맞는 일출이 드라마틱하다.

가천 다랭이마을

미국 CNN이
선정한 그곳

가천 다랭이마을에는 바래길 1코스가 자리하니 걸어보자.

금산을 나온 길은 금평에서 1024번 지방도를 타고 앵강만을 돌아간다. 해안 도로가 계속 이어진다. 굽이굽이 돌다 노도와 만난다. 서포 김만중이 유배를 갔던 곳이다. 초록의 마늘밭 위에는 바다의 푸른 빛깔이 떠 있고 그 위에는 연한 하늘빛이 펼쳐진다.

해안 도로를 계속 따라가면 다랭이마을에 닿는다. 미국 CNN이 선정한 한국에서 꼭 가 봐야할 곳 3위에 오른 곳. 산비탈 급경사에 층층이 들어선 120층의 마늘밭이 마치 거대한 설치 미술을 연상케 한다. 다랭이마을에 주민들이 살기 시작한 것은 400여 년 전. 마을 앞바다의 파도가 높아 배를 댈 수 없어 고기를 잡지 않고 농사를 지었다. 다랭이마을의 논이 얼마나 작았던지 전해 내려오는 삿갓배미 전설 한 토막에도 애잔함이 잔뜩 묻어있다. '옛날에 한 농부가 일을 하다가 논을 세어보니 한 배미가 모자라 아무리 찾아도 없길래 포기하고 집에 가려고 삿갓을 들었더니 그 밑에 논 한 배미가 있었다.' 라고.

| more & MORE

상주해수욕장에 자리한 '613 여관'은 아늑하면서도 스타일리시한 펜션이다. 모든 객실이 아늑한 침실과 넓은 응접실, 자쿠지가 있는 욕실과 테라스로 구성되어 있다.
평산항에 자리한 '생각의 계절'은 자유 여행자를 위한 게스트하우스다. 트윈룸과 더블룸, 싱글룸, 3인 도미토리가 있다. 방마다 원목 침대와 간이 테이블 등을 갖추고 있다. 전자레인지와 냉장고, 토스터가 준비되어 있는 공동 주방이 있어 간단한 음식을 먹을 수 있다. 1층에 자리한 카페에서는 서울 합정동 커피발전소에서 로스팅한 원두로 내린 핸드드립 커피를 맛볼 수 있다.
남해시장에 자리한 짱구식당(055-864-6504)은 물메기탕을 잘하는 집. 호래기를 비롯한 싱싱한 제철 활어회도 저렴하게 맛볼 수 있다. 부산횟집(055-862-1709)과 남해물회(055-867-9992)의 물회도 맛있다.

35 하루 더 | 경남 | 거제

이때면 더 맛있는 겨울 음식과 이때면 더 아름다운 겨울 풍경

향긋한 굴구이와 뽀얀 대구탕으로 더 맛있는 겨울, 거제

찬바람이 불기 시작하는 11월 무렵이면 전국의 포구는 미식가들로 붐비기 시작한다. 겨울이면 한껏 기름기가 오르는 생선이며 조개를 맛보려는 미식가들의 발걸음으로 유명식당 문턱이 닳는다. 도루묵이며 숭어 등등 겨울이면 맛이 드는 여러 해산물 중에서도 최고의 맛을 꼽으라면 단연 굴과 대구가 아닐까. 향긋한 굴구이와 시원하면서도 얼큰한 대구탕 한 그릇이면 코끝을 얼리는 차가운 겨울 바람이 오히려 고맙게 느껴진다. 거제의 낭만적인 바다 풍경을 만끽할 수 있는 신선대와 바람의 언덕, 동글동글한 몽돌이 깔린 몽돌해변 등 거제의 겨울 바다 풍경도 여행자를 설레게 한다. 아이와 함께라면 거제포로수용소 유적공원도 좋다.

내간리 굴구이 마을 굴튀김, 굴무침, 굴구이로 이어지는 푸짐한 굴코스 요리
외포항에서 맛보는 대구탕 추운 겨울, 언 몸과 마음을 데워주는 따뜻한 대구탕 한 그릇
신선대와 바람의 언덕 드넓은 바다와 기묘한 바위가 어울려 빚은 풍경
학동흑진주몽돌해변 몽돌해변을 따라가는 아름다운 바닷길
거제 포로수용소 유적공원 다양한 자료와 체험으로 만나는 한국 전쟁 포로수용소
| more & MORE 엄마 아빠의, 그때 그 시절 해금강테마박물관

내간리 굴구이 마을

랭글랭글하면서도 향긋한 굴구이

거제는 굴구이와 대구 요리 등 싱싱한 겨울 해산물을 맛볼 수 있는 대표적인 겨울별미 여행지다. 별미 여행의 시작은 거제면 내간리에 자리한 굴구이집이다. 통영에서 신거제대교를 넘어 호곡, 녹산, 법동 등지를 지나 거제면 내간리까지 이어지는 1018번 지방도로를 따라가다 보면 해안가에 굴양식을 위한 지주들이 끝 간 데 없이 꽂혀 있는 것을 볼 수 있다. 바다 위에는 가지런히 떠 있는 투하식 굴양식장의 부표들로 장관을 이루고 있다.

거제와 통영에서 키우는 굴은 1960년대부터 시작된 양식 방식인 '수하식'(바다 한가운데 양식장을 만들고 밀물과 썰물에 상관없이 항상 물속에서 굴을 키우는 방식)이다. 우리나라 굴 출하량의 70% 이상을 차지하는 경상남도의 굴 생산 방식이 대부분 수하식이라고 보면 된다. 수하식 굴은 알이 크기 때문에 석화와 구이용으로 좋다. 거제에서 먹는 굴구이도 수하식으로 키운 굴이다. 예전에 굴을 캐던 사람들이 모닥불을 피우고 구워 먹던 것이 세월이 흘러 자연스럽게 상품화가 됐다고 한다. 내간리 해안가에 굴구이를 내는 집이 모여 있다.

굴구이를 주문하면 맛보기로 생굴이 나오고 곧이어 굴튀김과 굴무침이 가득 담긴 접시도 놓인

수하식으로 길러낸 거제 굴은 알이 크고 향이 진하다. 내간리 굴구이 마을에서는 굴구이를 비롯해 굴무침, 굴튀김 등 다양한 굴요리를 저렴하게 먹을 수 있다.

다. 고추, 파와 함께 바삭하게 튀긴 굴튀김은 일식집에서 맛보던 그것과는 또 다른 맛을 낸다. 매콤한 맛이 이마와 콧등에 송글송글 땀을 맺히게 한다. 각종 야채와 함께 버무린 굴무침도 맵지만 새콤한 맛으로 젓가락질을 바쁘게 만든다.

굴무침과 굴튀김을 다 먹을 때면 커다란 철판 하나가 불 위에 올려진다. 뚜껑을 열어 보면 껍질을 까지 않은 생굴이 가득 담겨 있다. 가장자리에 검은 테두리가 선명한데, 이는 굴이 싱싱하다는 증거이기도 하다. 거제 굴구이는 구우면서 동시에 찌는 방식. 다 익기까지는 5분 정도가 걸리는데, 장갑을 끼고 칼로 껍질을 까서 먹는다.

굴껍질을 까 보면 육즙이 가득 고여 있다. 칼로 굴을 살짝 들어내면 탱글탱글한 굴이 보기에도 먹음직스럽다. 특유의 진한 굴향도 후각을 강하게 자극한다. 초장에 살짝 찍어 입으로 가져가면 짭조름한 맛이 입 안을 가득 채운다. 굴 자체에 간이 되어 있어 양념을 찍지 않고 그냥 먹어도 맛있다. 거제의 굴구이 집 대부분은 굴구이, 굴죽, 굴국밥 등 다양한 굴 요리를 파는데, 굴구이 세트를 시키면 굴구이와 굴튀김을 비롯한 다양한 굴 요리를 코스로 먹을 수 있다.

찬바람이 불기 시작하는 겨울이면 내간리 굴구이집에서는 굴 익는 소리와 향기로 요란하다. 숯불에 구워 장갑을 낀 손으로 까먹는 굴구이는 오직 겨울에만 맛볼 수 있는 진미다.

외포항

언 몸을 녹이는 깊고 그윽한 맛의
대구탕 한 그릇

'눈 본 대구 비 본 청어'라는 속담도 있듯, 찬 바람이 부는 겨울은 대구가 맛이 제대로 드는 때다. 진해만에는 겨울이면 전국 최대 규모의 대구 어장이 형성된다. 1980년대 한때 진해만을 가득 메웠던 대구가 사라지면서 '금대구'라고 불리던 시절도 있었다. 어쩌다 한두 마리가 잡히면 수십만 원에 팔렸다는 기사가 신문에 소개될 정도로 귀한 생선이었다. 그러다 90년대 중반 거제수협이 대구알 방류 사업에 성공하면서 2000년대 중반부터 외포항으로 대구가 돌아오기 시작했다. 지금의 외포항은 전국 대구 물량 30% 이상을 차지하는 집산지다.

이른 아침부터 외포항에 자리한 거제수협 외포출장소 어판장은 대구 경매에 참여한 중매인들로 북적거린다. 어판장 바닥에 늘어선 갓 잡은 대구를 꼼꼼하게 살피던 중매인들은 경매가 시작되면 경매사에게 손가락 신호를 열심히 보낸다. 부리부리한 눈에 얼룩무늬 옷을 입은 것 같은 대구는 30분이 지나면 나무 상자에 담겨 있던 것들이 모두 팔려 나간다.

해마다 겨울이면 진해만에서 부화한 새끼 대구가 멀리 베링해까지 나갔다가, 성어가 되어 산란하러 돌아온다.

대구는 말 그대로 입이 커서 대구(大口)다. 머리가 커 볼때기 살도 푸짐하다. 오죽하면 '뽈살'(볼살)로 요리한 음식이 있을까. 대구뽈찜, 대구뽈탕이 나올 수 있는 까닭도 큰 머리에서 비롯한다.

대구는 탕, 찜, 조림, 부침, 젓갈 등 다양한 방법으로 먹을 수 있다. 버릴 부위가 없어 '바다의 소'로도 불린다. 대구로 만든 다양한 음식 중에서 겨울에 먹는다면 단연 탕이다. 생대구의 머리와 몸통, 고니, 알을 넣고 미나리, 마늘 다진 것을 푸짐하게 넣어 끓이면 꼭 곰탕처럼 국물이 뽀얗게 우러난다. 맛은 담백하고 시원하고 개운하다. 구수한 맛도 끝에 남는다. 내장은 부드러우면서도 고소하다. 외포항 한편에는 대구탕을 내는 집이 열 곳 넘게 모여 있다. 대구탕 거리로도 불린다. 소금만으로 간을 해 깊고 그윽한 맛을 내는 것이 특징이다.

살짝 말린 대구도 맛있다. 내장과 아가미, 알과 이리 등을 제거하고 해풍에 3~5일 말린 대구는 수분이 쏙 빠져 더욱 차진 맛을 낸다. 말린 것으로 탕을 끓이면 더 뽀얗고 구수한 맛의 국물을 얻을 수 있다는 것이 상인들의 귀띔이다. 외포항 곳곳에서는 대구를 말려 건대구로 만드는 작업을 쉽게 볼 수 있는데, 부둣가 햇볕이 드는 곳에는 어김없이 내장을 빼고 나무 꼬치로 꿴 대구가 널려 있다.

말린 대구를 콩나물, 채소 등과 함께 쪄 먹는 대구찜도 맛있다. 생대구에서는 맛볼 수 없었던 쫀득한 맛과 말린 생선 특유의 감칠맛을 함께 느낄 수 있다. 코다리찜과 비슷하다고 보면 된다.

생대구로 맑게 끓여 낸 대구탕과 콩나물을 푸짐하게 넣고 매콤하게 조린 대구찜

신선대와 바람의 언덕

신선이 살 만한 풍경

거제에서 가장 아름다운 풍광을 꼽으라면 아마도 신선대와 '바람의 언덕'일 것이다. 해금강 가는 갈곶리 도로 오른편에 신선대가, 왼편에 바람의 언덕이 각각 자리한다. 신선대는 신선이 내려와 풍류를 즐겼다고 할 정도로 해안 경관이 절경이다. 파도가 쉴 새 없이 밀려와 기암괴석에 부딪혀 하얗게 부서지는 모습이 감탄을 자아낸다.

바람의 언덕은 갈곶리 도장포마을 북쪽 해안에 있는 언덕으로 사시사철 바닷바람이 분다고 해서 이렇게 이름붙었다. 바다와 풍차가 어우러진 이국적인 경치가 매력적이다.

바람의 언덕

학동흑진주몽돌해변

바닷물에 몽돌이 구르는 아름다운 소리

학동에 있는 학동흑진주몽돌해변도 놓치기 아까운 풍경이다. 흑진주처럼 반들반들 윤이 나는 검은 몽돌이 덮인 몽돌밭 해변이 1.2km에 걸쳐 펼쳐져 있다. 바닷물이 밀려들고 나갈 때마다 몽돌밭에서는 '자글자글'하는 소리가 나는데, 우리나라 자연 소리 100선에 선정될 만큼 아름답고 감미롭다. 새하얀 포말을 뒤집어 쓴 몽돌은 흑진주처럼 반짝인다. 그 풍광을 가슴에 담기 위해 해변으로 나선 연인들은 몽돌에 주저앉아 시간 가는 줄 모른다.

구불구불 이어지는 해안선을 따라 즐기는 바다 드라이브도 거제 여행의 낭만을 더해 준다. 특히 여차-홍포간 해안 도로는 한국에서 가장 아름다운 바닷길이라고 해도 손색이 없을 정도. 푸른 바다와 정다운 포구마을, 깎아지른 해안 절벽이 어우러진 풍경은 자꾸만 차를 세우게 만든다.

파도에 몽돌 구르는 소리가 차르륵 차르륵 들리는 몽돌해수욕장

거제 포로수용소 유적공원

한국 전쟁 포로수용소의 생생한 모습을 재현

거제 포로수용소는 1950년 9월15일 맥아더 장군의 인천 상륙 작전이 성공하면서 급속하게 늘어난 포로를 수용할 공간이 필요해지면서 만든 것으로 대전과 대구, 부산 등지를 옮겨 다니다가, 1950년 11월27일 거제시 신현읍 일대에 자리 잡은 것이다. 폐쇄된 것은 1953년 7월 27일. 휴전협정 이후 포로 송환이 이뤄지면서부터다.

북한군이 남침에 사용한 소련제 T-34 탱크를 확대해 지은 탱크 전시관을 지나면 거제 포로수용소의 모습을 생생하게 보여 주는 디오라마관이 있는데 이곳에 전시된 모형들을 바라보다 보면 거제 포로수용소의 당시 상황이 고스란히 눈에 들어온다. 디오라마관을 지나면 실제로 사용되던 경비대장 집무실, 경비대 막사, PX, 무도회장 등 건물 일부가 남아 있고 박물관에는 거제 포로수용소에서 입던 옷을 비롯한 생활용품, 무기, 각종 기록물과 영상 자료 등이 전시돼 있다.

한국전쟁 중에 붙잡은 북한군과 중공군 포로를 수용하기 위해 전국에 세운 수용소 중 거제 포로수용소가 가장 컸다. 북한군 15만, 중공군 2만, 여자포로 300명이 수용되었다고 한다.

| more & MORE

신선대 입구에 자리한 해금강테마박물관(055-632-0670)은 가족들과 함께 돌아보기 좋은 곳이다. 1950~1980년대까지의 생활상을 볼 수 있는 곳으로 다이얼식 공중전화, 대폿집 풍경을 재현한 전시장, 난로 위에 놓인 알루미늄 도시락 등 '그때 그 시절'을 구경하다 보면 시간가는 줄 모른다. 굴구이는 거제면에 자리한 원조거제굴구이(055-632-4200)가 원조집이다. 외포항에 자리한 외포효진횟집(055-635-6340)과 양지바위횟집(055-635-4327) 등에서 대구탕을 맛볼 수 있다. 장승포에 자리한 항만식당(055-682-4369)은 해물뚝배기로 유명하다.

하루 디 | 경남 | 진주-사천

호수와 바다의 보랏빛 낙조, 케이블카 타고 즐기는 남해 바다, 그리고 푸짐한 음식까지

여유롭고 예쁘고 맛있는 1박 2일, 진주-사천 드라이브 여행

진주와 사천을 코스로 묶어 여행하기 좋다. 진주는 오랜 역사의 도시. 촉석루는 논개가 임진왜란 때 왜장을 끌어안고 남강으로 몸을 던진 곳이다. 진양호는 호숫가를 따라 드라이브를 즐기기 좋다. 사천으로 넘어가면 사천 항공우주박물관이 있다. 한국 항공 우주 산업의 현재와 미래를 볼 수 있는 곳으로 아이들이 좋아한다. 실안해안도로는 아름다운 해안 드라이브 코스. 낙조가 아름답기로 유명하다. 사천바다케이블카도 타 보자. 창밖으로 보이는 풍경이 그림처럼 아름답다. 삼천포 어시장은 사천 바다에서 잡힌 싱싱한 해산물로 가득한 곳. 진주비빔밥과 진주냉면은 오직 진주에서만 맛볼 수 있는 음식이다.

진양호 여유롭게 즐기는 호숫가 산책과 붉은 낙조
진주성 논개가 왜장을 안고 몸을 던진 곳
사천 항공우주박물관 아이들과 함께 비행기와 우주관 체험
실안해안도로 이국적인 바다 풍경을 즐기며 드라이브
사천바다케이블카 바다를 내려다 보며 타는 스릴 넘치는 케이블카
삼천포 어시장 싱싱한 회를 마음껏 즐길 수 있는 수산물 시장
진주비빔밥과 진주냉면 전주와는 또다른 진주비빔밥, 평양냉면과는 또 다른 진주냉면

| **more & MORE** 경남에서 가장 오래된 절 사천 다솔사, 사천에서 맛보는 66년 전통의 짜장면과 백반

진양호

저녁 노을을 맞으며 듣는 애수의 소야곡

진양호의 노을. 호수와 하늘을 온통 주홍빛으로 물들인다.

진양호는 겹겹의 산이 둘러싼 넓은 호수다. 1969년 댐 길이 1,126m의 남강댐을 세우며 만들어졌다. 길이 40km 정도 되는 호반 도로를 따라 호수를 한 바퀴 돌려면 2시간은 꼬박 잡아야 할 정도로 넓다.

호반로의 초입은 진양호 공원이다. 아름드리 편백나무가 서 있다. 진양호의 물은 맑다. 1급수다. 진주를 비롯해 남해와 하동, 거제 등 서부 경남 지역 주민들이 진양호에서 흘러나온 물을 식수원으로 삼고 있다. 그래서 찻집 등 위락 시설이 들어설 수 없고 낚시도 엄격하게 금지되어 있다. 진양호가 가장 아름다운 곳은 상류의 대평교에서 하류의 진수대교를 잇는 약 14km 구간. 섬으로 변한 산봉우리와 크고 작은 수초섬들이 어울려 한 폭의 수묵화처럼 아름답다. 하촌리의 물안개 휴게소 인근은 새벽 물안개가 예쁜 곳. 수면에 비친 고사목과 백로 등이 어울려 신비로운 풍경을 빚어낸다.

진양호를 한눈에 굽어보려면 남강댐 물홍보관이나 진양호 공원의 전망대를 찾아야 한다. 남강댐 정상부에 가면 드넓은 호수를 바라보며 산책을 즐길 수 있다. 멀리 지리산 천왕봉도 아스라히 바라보인다. 아시아레이크사이드호텔의 테라스에서 차 한 잔과 함께 하는 진양호의 풍경도 여유롭다.

진주 출신의 가수 고 남인수씨를 기념한 남인수 광장 부근, 스피커에서 그의 노래 〈애수의 소야곡〉이 흘러나온다. 1962년에 44세의 나이로 요절한 진주 출신 가수인 고 남인수씨를 기리는 노래비가 세워져 있는데, 이곳에선 〈애수의 소야곡〉을 비롯해 〈무너진 사랑탑〉, 〈이별의 부산정거장〉 등 그의 대표곡들이 하루 종일 흐른다.

진주성

전란의 아픔을 담고
유유히 흐르는 강

진양호에서 내려와 남강줄기를 따라 시내로 들어서면 진주성이다. 진주성은 행주대첩, 한산대첩과 함께 임진왜란 3대 대첩으로 꼽히는 진주성대첩으로 기억되는 곳이자 평양 부벽루, 밀양 영남루와 함께 국내 '3대 명루'로 꼽히는 대형 누각이다. 촉석루라는 이름은 강가에 뾰족 솟은 바위 위에 만들어진 누각이란 뜻이다.

촉석루하면 순절의 여인 논개가 떠오른다. 임진왜란이 소강 국면이던 1593년 도요토미 히데요시는 다시 진주성을 공격했다. 협상에 유리한 고지를 점령하기 위해서였다. 관군과 의병 등 7만 명이 희생되는 치열한 전투 끝에 왜병은 섬을 다시 함락했고 승리를 자축하기 위해 촉석루에서 한바탕 잔치를 벌였다. 이때 논개는 술에 취한 왜장 게야무라 후미스케를 촉석루 아래의 바위로 유인해 강으로 함께 몸을 던졌다. 그때 논개는 당시 열 손가락에 모두 가락지를 끼고 있었다고 한다. 논개가 몸을 던진 바위에는 아직도 '의암'이란 글자가 새겨져 있다.

진주성은 임진왜란 3대 대첩 중 하나인 진주성 대첩의 현장이다. 김시민 장군 휘하 삼천의 병사가 6일간의 치열한 전투 끝에 승리를 거두었다. 이 전투의 승리로 조선은 경상우도를 지키고 왜군의 전라도 진출을 저지할 수 있었다.

사천 항공우주박물관
한국 항공 우주 산업의 현재와 미래

사천 항공우주박물관 야외 전시관

사천은 우리나라 항공 산업의 메카다. 종합 항공기 제작 회사인 KAI와 공군 기지, 그리고 사천 공항이 있다. 항공우주박물관은 첨단 항공 우주 산업의 기술과 비전을 제시하기 위해 만든 박물관이다.

박물관에 들어서면 야외 전시장이다. 각종 전투기와 항공기, 그리고 전차와 미사일 등이 늘어서 있다. 실내 전시장에서는 항공 산업의 발달 과정과 우주 산업의 미래를 살펴볼 수 있다. 아이들이 특히 좋아한다.

실안해안도로
이토록 아름다운 낙조라니

남해고속도로 사천 IC를 빠져 나온 후 3번 국도를 따라 남쪽으로 계속 달리면 삼천포다. '잘 나가다가 삼천포로 빠진다'는 그 삼천포다. 모충공원에서 삼천포대교공원을 거쳐 늑도까지 이어지는 길이 실안해안도로인데, 노을 지는 풍광이 아름답기로 유명하다. 실안해안도로 앞바다에는 저도와 마도, 둥근섬, 신섬, 늑도, 모개섬, 코섬 등이 겹쳐지며 그림처럼 떠 있다. 딱 집어 전망 포인트는 없다. 마음에 드는 해안 도로 아무 곳에 차를 세워 두고 바다를 바라보면 그곳이 바로 일몰 감상 포인트다. 사천만 건너편으로는 남해대교도 아스라이 보인다.

해안 도로는 드라이브를 즐기기에 좋다. 길은 적당히 휘어지며 바다를 끼고 앞으로 쭉쭉 뻗어 나간다. 차창 속으로는 시큼한 바닷바람이 밀려든다. 드라이브는 선상 카페 '씨맨스'에서 끝난다. 바다 위 둥둥 뜬 수상 카페다. 영화에서나 보았던 길다란 말뚝으로 만든 다리로 이어져 있다. 사천 일몰 출사지로 검색하면 어김없이 등장하는 곳이다. 저녁이면 카페 뒤로 노을이 번진다. 한국에서는 쉽사리 볼 수 없는 이국적인 풍경을 그려낸다. 날이 좋을 때면 삼각대를 세워놓고 노을을 찍고 있는 사진작가들을 많이 볼 수 있다.

바다에 죽방렴이 설치되어 있는데 크고 작은 섬들 그리고 등대가 어울려 다이내믹한 풍경을 빚어낸다. 죽방렴은 원시 어업의 한 형태로 물살이 세며 수심이 얕은 개펄에 V자 모양으로 참나무 말뚝을 박고 대나무로 엮은 그물을 설치한 어구다. 이 그물로 멸치를 잡는데, 죽방렴으로 잡은 멸치는 일반 멸치보다 서너 배 비싼 가격에 팔린다.

사천바다케이블카를 타고 정상에 오르는 길. 정상에 오르면 사천과 남해를 잇는 다리들과 섬들이 뿌려진 다도해의 유려한 풍광이 한눈에 들어온다.

사천바다케이블카

산과 바다를 아우르는 국내 최초의 케이블카

우리나라 대부분의 케이블카는 산과 산 또는 바다와 바다를 잇는데, 사천바다케이블카는 바다와 산, 섬을 동시에 운행한다는 점에서 독특하다.

전체 길이는 2,430m. 이 가운데 대방 정류장과 초양 정류장을 잇는 해상 구간이 816m고, 대방 정류장에서 각산 정류장을 잇는 산악 구간이 1,614m다. 케이블카 출발지는 삼천포대교공원 앞 대방 정류장, 남해 바다를 건너 초양 정류장까지 다녀온 케이블카는 대방 정류장에 멈추지 않고 곧바로 각산 정상으로 향한다. 케이블카 창문 너머로는 한려해상의 쪽빛 바다와 한국의 가장 아름다운 길로 꼽히는 삼천포 대교가 눈길을 사로잡는다. 대방 정류장에서 초양 정류장과 각산 정류장을 거쳐 대방 정류장까지 돌아오는데 25~30분 걸린다.

각산에는 전망대와 봉수대가 있다. 봉수대는 고려 시대에 만들어진 것으로 1895년까지 사용했다고 한다. 각산 정류장에서 전망대까지는 약 5분 정도 걸어가면 된다. 이곳에서 남해 바다의 아름다운 풍광을 감상할 수 있다. 사천바다케이블카는 빨간색 일반 캐빈과 파란색 크리스탈 캐빈을 운행한다. 크리스탈 캐빈은 일반 캐빈과 달리 바닥을 유리로 마감했다. 두께 27.5mm 강화 유리라 깨질 걱정은 하지 않아도 된다. 덕분에 해상 구간을 지날 때는 아름다운 바다가, 산악 구간을 오를 때는 푸른 숲길이 발아래 그림처럼 펼쳐진다.

탑승하기 전 무균 소독실에서 소독을 하고 입장한다. 인체에 무해한 광촉매 자외선으로 100% 살균 소독된다고 한다. 사이트에 미리 들어가서 대기 현황을 보고 가는 것이 편하다.

진주비빔밥과 진주냉면

오직 진주에서만 맛볼 수 있는 음식

진주에서 가장 유명한 음식은 비빔밥이다. 전주비빔밥, 해주비빔밥과 함께 3대 비빔밥으로 통한다. 소고기 선지국이 같이 나온다는 점이 독특하다.

진주냉면은 쇠뼈에 멸치, 새우, 황태, 홍합, 바지락 등 온갖 해산물을 넣어 국물을 우려낸다. 진하면서도 풍부한 맛은 지금까지 먹던 냉면과는 전혀 다른 맛이다. 육전도 푸짐하게 올려져 나온다.

육회가 올라간 진주비빔밥

화려한 맛의 진주냉면

more & MORE

사천 다솔사는 경남에서 가장 오래된 사찰이다. 신라 지증왕 때인 503년 영악대사가 영악사로 창건했다고 전해오기도 하고, 인도에서 건너온 연기조사가 지었다는 설도 있다. 만해 한용운이 수도를 하였고 소설가 김동리가 소설 '등신불'을 집필한 곳이기도 하다.

진주비빔밥으로 유명한 곳은 천황식당(055-741-2646)으로 3대째 맛을 이어 오고 있다. 온전하게 보존된 일본식 목조 건물에 낡은 인테리어가 정감을 더한다. 모든 나물을 정석대로 데치고 삶아서 무쳐 밥 위에 얹는다. 시장통의 제일식당(055-741-5591)은 천황식당과 더불어 앞뒤를 다투는 곳이다. 하연옥(055-746-0525)은 진주비빔밥과 냉면을 함께 맛볼 수 있는 곳. 비빔밥은 천황식당과 제일식당의 그것보다는 화려하다. 육전도 맛있다.

사천 덕합반점(055-852-2165)은 66년 전통을 자랑하는 중국집. 1953년 문을 열어 현재 3대째 가업을 잇고 있다. 박서방식당(055-833-8199)은 가성비 만점의 백반집. 8,000원 짜리 정식을 시키면 생선구이, 전복장, 새우장, 불고기, 튀김, 나물 반찬 등이 올라간 한 상이 나온다.

하루 더 | 경남 | 통영

언젠가 한번은 꼭 가 보고 싶은 그곳

예술 향으로 일렁이는 바다, 그림 같은 푸른 바다, 통영

누구나 가 보고 싶어 하는 도시를 꼽으라면 통영 아닐까. 눈부시게 푸른 에메랄드빛 푸른 바다가 있고 그 바다에서 나는 맛있는 음식이 있다. 그리고 이 풍광이 길러 낸 예술가들. 시인 유치환과 김춘수, 소설가 박경리, 화가 전혁림과 이중섭, 음악가 윤이상 등 이 땅에서 최고로 손꼽히는 예술가들이 모두 통영의 세례를 받았다. 그들의 발자취를 더듬는 것만으로도 통영 여행은 가슴 벅차고 경이롭다. 미륵산에 올라가 바라보는 다도해의 눈물겨운 풍광과 통영 운하의 화려한 야경, 동피랑에 올라 내려다보는 통영항의 풍경은 왜 우리가 이토록 통영으로 가기를 원하는지 확인시켜 줄 것이다.

미륵산 '그림처럼 아름답다'라는 말이 어울리는 곳
미륵도 해안도로 모퉁이를 돌 때마다 나타나는 아담한 포구와 푸른 바다
한산섬 이순신 장군이 〈한산도가〉를 읊었던 그곳
세병관 전쟁이 끝나고 병기를 씻는다는 뜻
통영운하 야경 통영의 낭만을 느끼기 좋은 곳
전혁림 미술관 실제보다 더 영롱한 통영의 바다색을 만나는 공간
청마문학관 사랑하는 것은 사랑을 받느니보다 행복하나니라
동피랑 허름한 달동네에서 바닷가 벽화 마을로

| more & MORE 통영의 별미, 충무김밥과 오미사꿀빵

미륵산

그림 같은
바다를 만나다

미륵산 케이블카

미륵도에서 바라본 한려 수도

통영의 바다 풍경은 '그림처럼 아름답다'라는 말이 어울린다. 통영 바다를 가장 잘 볼 수 있는 곳은 미륵산이다. 미륵산의 높이는 해발 461m. 그다지 높은 산은 아니지만 풍광은 1,000m급 이상의 산 못지않게 화려하다. 케이블카를 타면 쉽게 오를 수 있다.

미륵산 정상에 한려 수도가 펼쳐진다. 올망졸망 뿌려진 섬과 이들 섬을 품은 바다. 동쪽으로는 한산도, 화도, 용초도, 죽도, 서쪽으로는 곤리도와 소장군도, 소장두도, 대장두도, 남쪽으로는 저도와 송도, 학림도, 유도, 연대도, 오곡도가 늘어서 있다. 통영 출신 시인 이향지는 미륵산에서 내려다본 다도해 풍광을 이렇게 표현했다.

'미륵산 정상에서 내려다보는 다도해 풍광은 사람의 마음을 부드럽게 한다. 동해처럼 광활하고 거친 힘이 아니라, 서해의 갯벌 앞에서 느낄 때 같은 막막함이 아니라, 수면 위에 떠 있는 무수한 섬, 올망졸망한 섬들을 둘러싼 물안개로 인하여 더욱 느끼게 되는 부드러움이다.'

미륵산에서 바라본 해가 질 무렵의 다도해 풍경

미륵도 해안 도로

섬 따라 이어지는
60리 바닷길

통영의 바다를 만나는 또 다른 방법은 드라이브다. 통영에서 충무교나 통영대교를 넘으면 미륵도로 이어지는데, 섬을 빙 둘러 돌아가게 돼 있는 해안 일주도로는 장장 60리에 달한다. 길은 파도가 치듯 오르내린다. 한 허리를 꺾어 돌면 아담한 포구가 나타나고, 다시 고갯길을 넘으면 푸른 바다가 눈앞에 열린다. 한국에서 가장 아름다운 해안 도로 가운데 한 곳이기도 하다.

달아공원은 일몰을 즐기기 좋은 곳. 주차장에 차를 대고 5분 정도 완만하게 닦인 공원길을 올라가면 관해정이 나오는데 정자 그늘 아래 앉아 여유롭게 바다를 내려다 볼 수 있다. 이름을 갖지 못한 작은 바위섬에서부터 대장재도, 소장재도, 저도, 송도, 학림도, 곤리도, 연대도, 만지도, 오곡도, 추도 그리고 멀리 욕지 열도까지 수십 개의 섬이 한눈에 들어온다.

미륵도 갯바위에서 낚시를 즐기는 사람들

미륵도 해안 일주도로

한산섬

이순신의 충혼을
만나다

한산섬 가는 길. 거북모양의 등대

한때 충무시로 불렸던 통영은 충무공 이순신 장군과 인연이 깊은 역사 도시다. 조선 선조 26년 (1593) 충무공이 한산도에 설치한 삼도수군통제영이 뭍으로 옮겨오며 자연스럽게 고을 이름이 통영이 됐다. 삼도수군통제영은 충청과 전라, 경상의 수군을 통제했던 곳이다. 수군이 3만 6천 명, 병선도 550여 척이나 됐다.

통영에서도 이충무공의 흔적이 가장 많이 남아 있는 곳은 한산섬이다. 한산섬 제승당은 삼도 수군통제사인 이순신 장군이 장수들과 회의하며 전쟁을 지휘하던 공간이다. 한산도에는 적의 동정을 살피던 망루인 수루도 있다. '한산섬 달 밝은 밤에, 수루에 혼자 앉아, 큰 칼 옆에 차고 깊은 시름 하는 차에 어디서 일성호가는 남의 애를 끊나니…'라는 한산도가를 읊었던 그곳이다. 이순신 장군은 이곳에서 활을 쏘며 바다에서 적군을 만났을 때 활을 쏴야 하는 거리감을 익혔다고 한다.

제승당에 모셔진 이충무공의 영정과
적의 동정을 염탐하던 망루인 수루

정면 9칸, 측면 5칸의 웅장한 세병관

세병관

은하수를 끌어와
병기를 씻는다

통영에는 한산도 외에도 임진왜란이 끝난 직후 충무공의 공을 기리기 위해 세운 세병관(국보 제305호)을 비롯해 왕명에 의해 건립된 사당인 충렬사(사적 제236호), 민초들이 세운 사당인 착량묘(지방기념물 제13호) 등 충무공과 관련된 유적지가 즐비하다.

이 가운데 세병관은 제6대 통제사 이경준이 본영을 두룡포로 옮기면서 만든 것으로 충무공의 전공을 기리기 위해 세운 건물이다. 경복궁 경회루, 여수 진남관과 함께 현존하는 조선 시대 건축물 가운데 바닥 면적이 가장 넓다. 세병관이라는 이름은 중국 당나라 시인 두자미의 글 '만하세병'에서 따온 말로 '은하수를 끌어와 병기를 씻는다'는 뜻이다. 출입문 역시 거둘 지에 창 과, 창을 거둔다는 '지과문'에서 알 수 있듯이 다시는 전쟁을 겪지 않게 해 달라는 조상들의 바람이 새겨져 있다.

통영운하 야경

'동양의 나폴리'라 불러도 손색없는 곳

통영을 대표하는 풍경은 통영운하의 야경이다. 저물 무렵이면 통영운하가 환해진다. 무지개 모양의 거대한 통영대교가 운하를 가르고 있는데 해가 진 뒤면 다리 위의 오색 조명이 들어온다. 진입도로변의 가로등이 바닷물에 반사되는 모습도 장관이다.

통영운하는 본래 바닷물이 빠지면 갯벌이 드러나 반도와 섬이 연결되는 곳이었다. 하지만 한산대첩 당시 이순신 장군에게 쫓기던 왜선들이 이곳까지 흘러들어 왔다가 퇴로가 막히자 도망치기 위해 땅을 파헤치고 물길을 뚫었다고 한다. 우리 수군의 공격으로 무수한 왜군이 죽어 나갔고 그 까닭에 송장목이라고도 불린다.

화려하고 은은한 빛으로
치장한 통영운하

화려한 타일로 꾸민 전혁림 미술관   전혁림 미술관 전시실

전혁림 미술관과 청마문학관
통영을 대표하는 예술가와 만나다

통영은 예술의 고장이다. 시인 유치환과 김춘수, 작곡가 윤이상, 화가 전혁림이 통영에서 태어났다. 김춘수 시인은 통영이 '내 시의 뉘앙스가 되고 있다'고 했고 윤이상은 미륵도를 '우주의 소리를 들은 곳'이라고 말했다. 소설가 박경리, 시조시인 김상옥의 고향도 통영이다.

봉평동의 전혁림 미술관은 통영의 눈부시게 푸른 바다와 강렬한 햇빛을 볼 수 있는 곳이다. 고 전혁림 화백의 작품 70여 점을 전시해 놓았는데, 연한 하늘빛부터 검푸른빛까지 다양한 스펙트럼을 보여주는 푸른빛이 인상적이다.

통영에 왔다면 청마를 떠올리지 않을 수 없다. 남망산 공원으로 오르는 입구에 그의 시 깃발이 새겨진 시비가 서 있다. 통영 시내의 청마거리도 돌아보자. 청마 유치환과 정운 이영도의 애틋한 러브스토리가 스민 곳이다. 청마는 통영우체국 '에메랄드빛 하늘이 환히 내다뵈는 우체국 창문 앞'에서 정운 이영도에게 연서를 썼다. 건너편 이층집은 정운이 살았던 곳. 사모하는 연인의 집이 바라보이는 우체국에서 편지를 쓰는 청마의 마음은 얼마나 애달팠을까.

'사랑하는 것은/사랑을 받느니보다 행복하나니라/오늘도 나는/
에메랄드빛 하늘이 환히 내다뵈는/우체국 창문 앞에 와서/너에게 편지를 쓴다//(중략)//
총총히 우표를 사고 전봇지를 받고/먼 고향으로 또는 그리운 사람께로/
슬프고 즐겁고 다정한 사연들을 보내나니/사랑하는 것은/
사랑을 받느니보다 행복하나니라/오늘도 나는 너에게 편지를 쓰나니/
그리운 이여, 그러면 안녕!/설령 이것이 이 세상 마지막 인사가 될지라도/
사랑하였으므로/나는 진정 행복하였네라.'

망일봉 청마문학관에는 청마 흉상과 빛바랜 육필 원고, 유품 100여 점이 전시돼 있다. 청마문학관 뒤편에는 청마 생가도 복원돼 있다.

동피랑

고래가 춤추며 헤엄치는 골목

한국에서 가장 유명한 벽화 골목. 통영항 중앙시장 뒤편에 있다. 커다란 고래가 그려진 벽화도 있고 작은 물고기들이 헤엄치는 그림도 있다. 벽화가 그려지기 전 동피랑은 철거 예정지였는데 2006년 한 시민 단체가 "달동네도 가꾸면 아름다워질 수 있다"며 공모전을 연 이후 상황이 바뀌었다. 전국 각지에서 미술학도들이 몰려들었고 골목 곳곳마다 아름다운 벽화를 그렸다. 허름한 달동네는 바닷가의 벽화 마을로 새로 태어났다.

바닷속을 걷는 것만 같은 동피랑 골목

| more & MORE

충무김밥은 1960~70년, 부산과 여수, 거제 등을 오가는 뱃길의 중심지였던 통영 여객터미널에서 뱃사람과 상인들이 먹던 음식이다. 통영문화마당 앞에는 '원조'를 내건 충무김밥집이 늘어서 있다. 맨밥을 김으로 싸고 주꾸미, 갑오징어 무침과 무김치를 곁들여 먹는다. 서호시장 입구 대장간 골목에 위치한 원조시락국(055-646-5973)의 시락구이 유명하다. 만성복집(055-645-2140)과 풍만식당(055-641-6037)은 복국을 잘한다. 경주에 황남빵이 있고 안흥에 찐빵이 있다면, 통영에는 오미사꿀빵(055-646-3230)이 있다. 1960년대, 오미사꿀빵집의 주인 할아버지가 밀가루 배급을 받던 시절, 빵을 만들어서 하나둘 팔았는데 인기가 좋았다고 한다. 팥소를 넣어 튀겨낸 빵을 끈적끈적한 물엿에 담근 후 깨를 뿌려 낸다.

38 하루 더 | 경남 | 하동

녹차 한 모금, 입 속에 가득 머금은 봄,
봄이 이토록 맑고 영롱한 계절이라니

벚꽃 터널 걸으며 마음은 만발하다, 하동

하동에 봄이 왔다. 쌍계사 가는 십리벚꽃길, 분홍빛 벚꽃은 아득하게 피어 바람이 불 때마다 꽃비를 뿌린다. 악양 들판 보리밭은 찬란한 햇살을 받으며 키를 쑥쑥 키운다. 강마을 사람들은 강으로 나가 재첩 잡이를 시작하고, 비탈마다 자리한 찻집에선 밤을 밝혀 차를 덖는다. 최참판댁을 걸으며 소설 <토지>를 떠올려 보고, 산마을 비탈에 자리한 다원에서 섬진강을 바라보며 맑은 녹차 한 잔을 마신다. 입 속에 가득 머금은 봄. 봄이 이토록 맑고 영롱한 계절이란 걸 하동에 와서 비로소 안다. 봄에는 하동으로 가서 봄을 몸소 겪어 볼 일이다.

쌍계사 십리벚꽃길 한국에서 가장 아름다운 벚꽃길
쌍계사 벚꽃길 지나 당도하는 고즈넉한 산사
화개골 한국 야생차의 성지
금향다원 녹차 한 잔에 평화로워지는 시간
매암차박물관 정성 가득한 수제차 한 잔
평사리 대하소설 <토지>의 무대가 됐던 곳
화개장터 경상도 전라도 사투리가 뒤섞이는 장터
| **more & MORE** 속이 시원한 재첩국, 향이 진한 벚굴 그리고 섬진강 맑은 물에서 자란 참게, 하동의 별미들

십리벚꽃길

바람이라도 불면 우수수 쏟아지는 꽃비

하동의 봄은 3월, 매화가 피면서 시작한다. 봄볕이 대기의 온도를 높이면 섬진강변에 자리한 매화나무들은 허공 중으로 꽃들을 툭툭 피운다. 매화가 피면 뒤이어 기다렸다는 듯 목련과 벚꽃이 꽃봉우리를 열어젖힌다. 찬란한 봄 햇빛 속으로 희고 붉은 꽃들이 폭죽이 터지듯 만발한다. 악양 들판의 보리밭도 매일매일 키를 더해 4월 초면 복숭아뼈를, 중순이면 무릎을 덮을 정도로 자란다.

하동 봄 풍경의 절정은 이맘때. 화개장터에서 쌍계사까지 이어지는 10리 길에 벚꽃길이 환하게 열릴 때다. 하얀 눈처럼, 솜뭉치처럼 풍성하게 피어난 벚꽃은 깊고 깊은 터널을 이룬다. 바람이라도 불면 비처럼 꽃잎이 쏟아져 내린다

벚꽃길은 일제강점기인 1931년 만들어졌다. 화개장터에서 쌍계사까지 4km에 신작로가 개설될 당시 하동군의 지역 유지들에게 자금을 걷었고 그 돈으로 복숭아 200그루와 벚나무 1,200주를 심었다. 벚꽃길은 '혼례길'로도 불리는데, 사랑하는 청춘 남녀가 이 길을 함께 걸으면 사랑이 이뤄지고, 영원하다고 한다. 봄이면 두 손을 꼭 잡고 다정하게 걸어가는 청춘 남녀들을 쉽게 볼 수 있다. 바람에 날리는 꽃잎을 두 손으로 받으면 그해가 가기 전에 큰 행운이 온다는 이야기도 전해져 온다.

어느 봄날의 쌍계사 십리벚꽃길. 보고 걷는 것만으로도 황홀해지는 길이다.

골짜기에서 내려오는 두 갈래 물이 합쳐져
절 이름이 쌍계사라고 한다.

쌍계사 일주문은 기둥이 네 개라서 특이하다.

쌍계사

벚꽃길 지나니 절에 닿았네

꽃비를 맞으며 한 시간 정도 걷다 보면 쌍계사에 닿는다. 신라 성덕왕 21년(서기 722년)에 창건한 고찰이다. 쌍계사에 들기 전 매표소 근처의 큰 바위를 유심히 살펴보시길. '쌍계'와 '석문'이라는 한문 글씨가 새겨져 있다. 얼핏 보기에도 예사롭지 않아 보이는 이 음각은 신라 말기 최고의 문필가였던 고운 최치원의 작품이다.

쌍계사는 범패의 발상지이기도 한데, 진감선사는 중국에서 불교 음악을 공부하고 돌아와 쌍계사 팔영루에서 범패를 만들어냈나고 한다. 팔영루라는 이름 역시 진감선사가 섬진강에서 뛰는 물고기를 보고 팔음률로 범패를 작곡해서 붙여진 것이다.

쌍계사는 차와 인연이 깊은 곳이기도 하다. 신라 흥덕왕 3년(828년) 김대렴이 당나라에서 차나무 씨를 가져와 왕의 명령에 따라 지리산 줄기에 처음 심었다. 이후 진감선사가 쌍계사와 화개 부근에 차밭을 조성해 오늘에 이르게 되었다. 쌍계사 입구에 차시배 추원비가 세워져 있다.

차밭을 수놓은 벚꽃

화개골

산기슭마다 들어선 야생 차밭

화개골 가파른 계곡 기슭 곳곳에 차밭이 만들어져 있다. 안개가 많고 일교차가 큰 하동은 차나무가 자라기 좋은 환경을 갖추고 있다. 하동차는 증기로 쪄 내는 다른 지역과 달리 차를 '덖는' 방식으로 만든 수제 녹차다. 맑은 날 잎을 따 무쇠솥에 찻잎을 덖은 후 멍석에다 비비고 말리는데, 찻잎을 멍석에 비비는 이유는 일부러 상처를 내 찻물로 다릴 때 더 진한 향이 배어나오도록 하기 위해서다. 생산량은 많지 않지만 그만큼 정성이 가득 담겨 있다. 차밭도 우리가 흔히 보아 오던, 가지런히 줄을 맞춘 녹차밭과는 다르다. 화개장터 입구에서부터 쌍계사를 지나 신흥까지, 볕이 잘 드는 산기슭을 따라 듬성듬성 만들어져 있는데, 그 길이가 장장 12km에 이른다고 한다.

금향다원

섬진강을 내려다보며
봄을 머금은 차 한 잔

금향다원은 하동 악양, 섬진강이 내려다보이는 산비탈에 자리한 자그마한 다원이자 농가 민박집이다. 주인이 3,000평 차밭을 가꾸는데 4~5월 중 녹찻잎을 직접 따서 말리고 덖는다. 예스러운 황토방에서 하룻밤 묵어갈 수도 있다. 소박하고 아늑한 분위기를 자랑한다. 산 중턱에 자리한 덕분에 공기도 맑고 시원하다.
음식도 준비해준다. 정갈하게 차려내는 아침 식사는 꼭 경험해 보시길. 하동 차밭 풍경을 내려다보며 먹을 수 있다. 막걸리와 제육볶음 안주도 맛깔스럽다.

봄날, 하동 다원에서 마시는 그윽한 차 한 잔

매암차문화박물관
정성 가득한 수제차

차에 관심이 많은 이라면 가 볼 만한 곳이 악양면 정서리에 자리한 매암차문화박물관이다. 입구에 들어서면 반듯하게 정리된 차밭이 방문객을 맞는다. 차밭은 1963년 만들어졌다. 넓이는 모두 2만 3,000 여m²(7,000여 평). 지금까지 농약과 비료를 단 한 번도 뿌리지 않았다고 한다. 차밭 한편에는 멋스런 박물관 건물이 서 있다. 원래 1926년 일본 규슈대학에서 연구 목적으로 조성한 수목원의 관사였다고 하는데 지금은 차와 관련된 여러 유물을 전시하고 있다.

매암차문화박물관에서는 차밭도 거닐고 다도체험도 해볼 수 있다.

평사리

대하소설 〈토지〉의
무대

평사리는 이름 만큼이나 거대한 소설 〈토지〉의 무대가 됐던 곳이다. 일제강점기 시절 격동의 근대사를 그린 소설로 서울과 만주, 일본 등을 무대로 최참판댁 손녀 서희가 하동에서 하얼빈까지 떠돌다 고향으로 돌아와 해방을 맞는 이야기를 담고 있다. 재미있는 사실은 선생이 〈토지〉를 집필하는 동안 한 번도 평사리를 찾지 않았다는 것. 선생은 1960년대 말 어느 날 섬진강을 지나다가 악양들을 보곤 〈토지〉의 영감을 얻었다고 한다. 평사리에는 소설에 나오는 '최참판댁'이 그대로 재현되어 있다. 3,000여 평 대지에 지어진 14동의 한옥은 조선 시대 양반집을 그대로 재현했다. 윤씨 부인과 서희가 기거했던 안채와 길상이를 비롯한 하인들이 머물렀던 행랑채, 최치수가 머물던 사랑채 등이 잘 정돈되어 있다.

최참판댁에서는 드넓은 평사리 벌판이 훤히 내려다보인다. 푸른 보리밭 사이로 소나무 한 쌍이 다정히 서 있는 것이 보이는데, 부부송이라 불린다. 악양들의 상징과도 같다. 하동 포구에서 날아온 강바람이라도 보리밭을 지날 때면 들판은 연못에 파문이 일듯 출렁거린다. 오직 봄날 하동에서만 볼 수 있는 풍경이다.

최참판댁과 악양들판

화개장터

경상도와 전라도가
만나는 장터

봄의 활력을 느끼는데 장터 만한 곳이 있으랴. 화개장터는 지금이야 여느 시골 장터와 다를 바 없지만 광복 전까지만 해도 우리나라 5대 시장 중 하나였다. 하동, 구례 등지에서 가져온 쌀보리와 지리산 화전민들이 가져온 감자와 더덕이 가득했다. 여수와 남해 등 바닷가 사람들은 배를 타고 섬진강을 따라 들어와 미역과 고등어 등 수산물을 부려 놓았다. 전국의 보부상들도 생활용품을 가지고 모여들어 떠들썩한 분위기를 만들었다. 이런 이유로 김동리는 화개장터를 소재로 소설 〈역마〉를 쓰기도 했다. 먹거리 장터에서 즐거운 시간을 보내 보자.

화개장터에는 '화개장터'를 부른 조영남 동상이 있다.

| more & MORE

봄꽃만큼이나 기다려지는 것이 하동의 봄 별미들이다. 하동의 봄은 4월 중순 재첩잡이로 무르익는다. 맑은 섬진강 물에서 자란 재첩이 맛이 좋다. 동흥재첩국(055-884-2257)은 3대째 이어지는 재첩국 전문점이다. 진하고 향긋한 재첩국물에 직접 재배한 부추를 넣어먹는데 시원하면서도 담백한 국물 맛이 일품이다. 벚꽃 필 무렵 올라오는 벚굴도 봄 별미 중의 별미다. 섬진강이 바다와 만나는 지점에서 자라는 초대형 굴로, 크기가 20~30cm에 달한다. 알맹이도 어른 손바닥 만큼이나 크다. 맛도 우리가 흔히 먹는 굴과는 다르다. 짭조름한 맛이 훨씬 강하다. 식감도 한층 쫄깃하다. 주로 구이로 먹는데 튀김, 전, 찜 등으로 먹어도 맛있다.

참게는 재첩과 함께 섬진강을 대표하는 음식이다. 특히 하동 섬진강 참게는 바닷물과 만나는 기수지역에서 서식해 비린 맛이 덜하다. 뿐만 아니라 참게 본연의 맛 또한 강해 명품 대접을 받는다. 대표적 참게 요리로는 참게장과 참게탕을 꼽을 수 있는데 '참게가리장'은 하동만의 토속 별미다. 참게장에 밀가루와 찹쌀가루, 들깨, 콩가루 등을 듬뿍 넣고 구수하게 끓여낸다. 금양가든(055-884-1580)이 유명하다.

하루 더 | 경남 | 함양

영남 선비의 꼿꼿함과 절개가 서린 고장
묵향 가득한 고택 마루에 앉아 보고 그윽한 숲도 거닐어 보고, 함양

함양은 영남 사림의 본고장이다. 일두 정여창 등 성리학의 거두들이 함양에서 학문을 갈고 닦고 후학을 양성했다. 개평마을은 100여 년 된 고택이 즐비한 곳. 시간이 멈춘 듯한 정겨운 옛 풍경이 우리를 맞이한다. 흙담 돌담 위로는 날아갈 듯 날렵한 처마를 치켜올리며 서 있는 고풍스런 한옥이 보이고 골목길은 구불구불 이어진다. 이곳에 자리한 일두고택은 양반가의 기품을 고스란히 간직하고 있다. 사랑채 벽면에 붙은 '충효절의'라는 글이 보는 이의 마음을 다잡는다. 일두 가문의 가양주인 솔송주를 맛보는 일도 잊지 말자. 화림동 계곡을 따라 정자 기행을 떠나도 좋다.

일두고택 조선 최고의 성리학자 일두 정여창의 고택
개평마을 60여 채의 건재한 한옥, 그 사이로 흐르는 돌담길
솔송주 은은하고 그윽한 솔향이 일품인 일두 가문의 가양주
화림동 정자기행 화림동 계곡 절경마다 자리잡은 고졸한 정자들
함양상림 갈참나무, 단풍나무, 졸참나무, 떡갈나무 가득한 천년의 숲
| **more & MORE** 저렴하게 살 수 있는 약초시장과 푸짐한 갈비찜

일두고택

고고한 선비의 기품을 느끼다

함양은 묵향 가득한 고을이다. '좌 안동·우 함양'이라는 말에서 알 수 있듯 빼어난 유학자들을 많이 배출했다. 선비의 기개, 가문과 학문에 대한 자부심, 뿌리 깊은 양반 사상 등은 안동에 뒤지지 않는다.

함양 지곡면에 자리한 개평마을은 하동 정씨와 풍천 노씨 그리고 초계 정씨 3개 가문이 뿌리를 내린 동네인데, 조선 시대 성리학을 대표하는 동방오현 가운데 한 사람으로 추앙받는 일두 정여창 선생의 고향이기도 하다. 이 마을에는 일두고택을 비롯해 수백 년 동안 대물림해 온 유서 깊은 고택이 즐비하다.

일두 정여창(1450~1504)은 조선 성종 때의 대학자다. 본관은 경남 하동이지만 증조부 정지의가 처가의 고향인 함양에 와서 살기 시작하면서부터 함양사람이 됐다. 일두의 이름은 원래 백욱이었지만, 그의 아버지와 함께 중국 사신과 만나는 자리에서 그를 눈여겨본 중국 사신이 "커서 집을 크게 번창하게 할 것이니 이름을 여창이라 하라"고 해 이름을 바꾸었다.

일두고택은 선생이 세상을 떠난 지 100년이 지난 후에 후손들이 중건했다. 고택에는 원래 17동의 건물이 있었지만 현재는 사랑채, 안채, 문간채, 사당 등 12동의 건물만 남아 있다.

일두고택의 단아하면서도 기품넘치는 모습

하동 정씨 집성촌인 개평마을에 자리한 일두고택은 조선 성리학의 대표적인 인물인 일두 정여창 선생의 고택이다.

고택 입구 솟을대문 안쪽으로 홍살문과 함께 붉은색 목판에 흰 글씨가 쓰여 있는 5개의 편액이 눈길을 끈다. 이 편액은 나라에서 하사한 충효 정려(충신, 효자, 열녀가 살던 고장에 붉은색을 칠한 정문을 세워 표창하는 일)로 집안의 자랑이자 자부심을 표현하는 하나의 징표다. 일두 정여창의 조부를 비롯하여 후손이 하사받은 정려가 무려 5개나 된다. 한 집안에서 정려를 5개나 받은 것은 매우 드문 일이다.

마당에 들어서면 높은 축대 위에 다부지게 올라앉은 사랑채가 가장 먼저 눈에 띈다. 일필휘지로 써내려간 '충효절의'라는 글이 사랑채 벽면에 붙어 있다.

사랑채가 남성의 공간이라면 안채는 여성의 공간이다. 남녀가 유별했던 조선 시대에는 남녀의 공간이 확실히 분리되어 있났다. 안채로 들어가기 위해서는 일각문과 중문을 통과해야 하는데, 넓고 밝은 안채는 금잔디가 깔려 있어 조선 시대 폐쇄적인 여성의 공간이란 느낌이 전혀 들지 않는다.

일두고택 곳곳에는 은근한 자부심이 넘친다.

개평마을

60여 채의 한옥으로
한옥박물관이라 불리는 마을

일두고택을 나와서는 개평마을 고샅길을 따라 마을을 둘러보자. 순서는 따로 없다. 길이 나 있는 대로, 발걸음이 닿는 대로 그냥 걸으면 된다.

개평이라는 이름은 내와 마을이 낄 '개'자처럼 생겼다는 데서 유래했다. 개평마을 표지석이 서 있는 마을 입구에서 보면 좌우로 두 개의 개울이 마을을 가운데 두고 흘러 다시 하나로 합류한다. 마을과 잇닿아 넓은 들판이 펼쳐져 '개들'이라 불리기도 한다. 최근에는 '토지', '다모' 등 TV 드라마 촬영지로 알려지면서 사람들의 발길이 이어지고 있다. 개평마을에는 일두고택 외에도 오담고택, 노참판댁고가, 하동정씨고가 등 수백 년 된 전통 한옥이 잘 보전되어 있어 한옥박물관이라고 불리기도 한다.

개평마을은 한옥박물관이라 불러도 될 정도로 한옥이 잘 보존되어 있다.

솔송주

솔향 가득한
일두 가문의 가양주

솔송주는 정여창의 하동정씨 집안에서 400년 이상 이어져 온 전통의 가양주다. 솔잎과 송순, 지리산 암반수, 찹쌀과 누룩으로 빚은 술로 지리산 솔송주라고도 한다. 과거 함양 선비들의 주안상에 올랐을 뿐 아니라 정여창의 불천위 제사의 제주로 활용되어 왔다.

개평마을에는 일두가 생존 때부터 담가 먹었다는 가양주가 전해져 내려온다. 소나무 순인 송순과 솔잎을 넣어 빚은 솔송주다. 정여창의 16대손 정천상, 박흥선 부부가 빚고 있다. 일두 가문에서 옛날부터 부르던 이름은 '송순주'였다.

솔송주는 은은한 솔향기와 감칠맛이 일품이다. 또한 단맛, 쓴맛, 부드러운 맛이 좋고 뒷맛이 깔끔하다. 솔송주를 담글 때는 함양에서 생산된 쌀과 함양의 물, 그리고 함양의 송순과 솔잎만을 사용한다. 감미료는 전혀 넣지 않고 꿀을 조금 첨가하는데 이는 술의 산패를 막아주는 방부제 구실을 한다. 솔송주에 어울리는 안주는 불고기와 잡채 등인데, 함양의 별미인 연잎밥에 곁들이는 것도 좋을 듯싶다. 일두고택 옆에 자리한 솔송주 문화관에서 솔송주를 구입할 수 있다.

솔송주와 관련된 일두의 일화도 전하는데 다음과 같다.

"선생이 중년에 소주를 마시고 취해 광야에 쓰러져서 하룻밤을 지내고 돌아오니, 어머니가 매우 걱정이 되어 굶고 있었다. 이때부터 음복 이외에는 절대 술을 입에 대지 않았다. 성종 임금이 그에게 술을 내린 적이 있었다. 그때 선생이 땅에 엎드려 이르기를 '신의 어머니가 살았을 때 술 마시는 것을 꾸짖으셨는데, 그때 신은 술을 다시는 마시지 않겠다고 굳게 맹세하였사오니 감히 어명을 따르지 못하겠습니다'라고 했다. 임금이 감탄하며 이를 허락했다."

솔송주는 마음을 흔드는 은은한 향이 일품이다. 술잔을 코끝에 대면 은은한 솔향이 올라와 마음을 흔든다. 달빛이 내려앉은 대청마루에 걸터앉아 솔송주 한 잔을 마시노라면 번잡한 마음이 눈 녹듯 스르르 사라지는 것 같다.

화림동

조촐하지만 기품이
살아 있는 화림동 정자 기행

함양에는 일두 선생이 학문을 닦고 심신을 수련했던 군자정과 거연정, 우리나라 정자문화의 꽃으로 불리는 농월정 등 7개 정자를 연결한 탐방로가 개설되어 있다.

선비가 많다 보니 정자 문화도 발달했다. 무려 80여 개에 달하는 정자와 누각이 함양군의 경승지마다 빼곡히 들어서 있다. 함양 정자 문화의 진면목을 맛보려면 안의면 화림동 계곡으로 가야 한다. 화림동 계곡은 남덕유산에서 발원한 맑은 물이 기암괴석 사이를 굽이굽이 돌아가며 곳곳에 크고 작은 못을 만들어 놓았다. 예전엔 여덟 개의 못과 여덟 개의 정자가 있다 해서 '팔담팔정'으로 불리기도 했다.

한때 화림동계곡을 대표하던 정자는 농월정. '밝은 달밤에 한 잔 술로 계곡위에 비친 달을 희롱한다'해서 이름 붙여질 정도로 절경을 자랑한다. 하지만 2003년 화재로 소실되면서 그 아름다움의 빛을 잃고 말았다.

농월정에서 3km쯤 올라가면 계곡을 굽어보며 서 있는 동호정이 모습을 드러낸다. 현재 화림동 계곡에서 가장 크고 화려한 정자인 동호정은 임진왜란 때 선조의 의주 몽진을 도와 공을 세운 장만리를 기리기 위해 1890년 후손들이 세웠다. 동호정 앞에는 길이 60m인 커다란 차일암이라는 너럭바위가 섬처럼 떠 있다.

동호정을 뒤로하고 1km쯤 계곡을 올라가면 군자정이 나타난다. 군자정은 조선 시대 성리학자 일두 정여창을 추모하기 위해 후세 사람들이 세운 정자. 커다란 돌 위에 사뿐히 앉아 있는 이 정자는 소박하고 조촐하지만, 기품이 살아 있다.

군자정에서 100여 미터를 더 올라가면 거연정이 자리 잡고 있다. 누정 자체의 아름다움은 동호정이 앞서지만, 주변 경치가 수려하기로는 최상류에 자리한 이 거연정을 으뜸으로 친다.

남계서원은 일두의 위패를 모신 곳. 소수서원에 이어 두 번째로 건립된 서원으로 흥선대원군 때 훼철되지 않은 47개 서원 가운데 하나다. 동재와 서재를 누각 형태로 만들고 그 앞으로 작은 연못을 만든 것이 독특하다.

온갖 나무로 빼곡한 함양상림은 걸어도 걸어도 걷고 싶은 숲이다.

함양상림
최치원이 만든
아름드리 숲

함양하면 상림도 빼놓을 수 없다. 상림은 통일신라 때 최치원 선생이 함양(당시에는 천령군) 태수로 있으면서 홍수 피해를 막기 위해 만들었다고 전해진다. 모두 1.6km에 달하는 상림숲에는 갈참나무, 단풍나무, 졸참나무, 떡갈나무, 서어나무, 신갈나무, 쪽동백 등 100여 종 2만여 그루의 아름드리 활엽수가 들어차 있다. 워낙 장구한 세월 동안 터를 닦아 온지라 잘 보존된 천연림 못지않게 빼어난 자연의 풍치를 자랑한다. 12월의 숲은 낙엽으로 가득하다. 낙엽을 지그시 밟으며 산책하는 겨울숲이 오히려 봄, 여름보다 운치있다.

| more & MORE

안의면은 약초로 유명한 곳. 심마니와 지리산, 덕유산 골짜기를 제집 드나들 듯 드나드는 약초꾼들을 심심찮게 볼 수 있는 곳이다. 안의 장터에 문을 연 '함양토종약초시장'에 가면 함양에서 캔 약초를 저렴하게 구입할 수 있다. 이곳의 약초들은 모두 인근 1,000m 이상의 산에서 나는 토종 약초들로 약효가 어느 지역의 약초에도 뒤지지 않는다고 한다. 안의면 안의원조갈비찜(055-962-0666)은 갈비찜과 탕으로 유명하다. 여느 갈비찜이 다양한 양념을 곁들이는 것과는 달리 주로 간장만을 사용해 갈비 본래의 담백한 고기 맛을 느낄 수 있다. 읍내 갑을식당(055-962-3540)은 소고기버섯전골이 맛있는 집. 허영만의 '백반기행'에도 나왔다. 늘봄가든(055-962-6996)은 오곡밥정식이 맛있다.

즐겁고 신나고 맛있는 이곳을 지금까지 왜 몰랐을까
느닷없는 행운처럼 만난 여행지, 장수

해발 400~500m 고원 위에 위치한 장수는 남쪽의 개마고원으로도 불린다. 한여름에도 30도를 넘지 않는다. '그런데 장수에 뭐가 있지?' 하고 궁금해하시는 분들께 일단 한번 가 보시라고 권해드린다. 장수는 말의 도시다. 재미있는 승마체험을 해볼 수 있는 곳이 있다. 기분 좋은 트레킹도 해볼 수 있다. 금강의 발원지인 뜬봉샘까지 아기자기한 트레킹 코스가 만들어져 있다. 덕산계곡은 시원한 계곡 피서지. 물놀이를 즐기기에 좋다. 논개가 장수 태생이라는 사실도 놀랍다. 논개사당에서 우리가 몰랐던 논개에 대해 알아보자. 예상치 못한 행운처럼 만난 여행지. 그곳이 바로 장수다.

장수 승마체험장 승마 체험이 이렇게 저렴하다고? 이렇게 재미있다고?
논개사당 논개가 양반가의 딸이었는지는 몰랐다. 우리가 논개에 대해 몰랐던 여러 사실들
뜬봉샘 트레킹 금강이 어디서부터 시작될까요?
덕산계곡 물놀이 우리 가족 여름 물놀이 대작전
| **more & MORE** 안 먹으면 후회하는 입에서 살살 녹는 장수 한우, 게다가 드라이에이징까지

장수 승마체험장

이국적인 풍경 속에서 즐기는
승마 체험

장수 승마체험장에서 바라본 풍경. 구릉지대가 펼쳐진다.

말 먹이 주기 체험도 해볼 수 있다.

장수에서 가장 재미있는 일은 승마 체험이다. 장수는 10여 년 전부터 말 산업을 육성하기 위해 공들였고, 몇 해 전에는 '말레저 문화특구'로 지정됐다. 수도권 인근 승마장에서는 30~40분 승마 체험을 하는 데 7~8만 원이 드는데, 장수에서는 반값이면 30분 동안 승마를 즐길 수 있다. 그래서 전주, 광주는 물론 멀리 서울, 부산 등에서도 승마를 즐기러 온다.

2010년 개장한 장수 승마체험장은 3만 1,361m²의 부지에 마방과 실외 마장, 희귀말 전시장, 방문자 쉼터, 외승코스, 말 방목장 등을 갖추고 있으며 체험마도 보유하고 있다. 승마체험장에서 타는 말은 조랑말이 아니다. 서부극에서 보던 커다란 말이다. 말을 타기 위해서는 승마 모자와 종아리 보호대인 챕스를 착용해야 한다. 승마체험장에 모두 구비돼 있으니 따로 챙겨 갈 필요는 없다. 너무 두려워하지 않아도 된다. 웬만한 아이들이면 누구나 탈 수 있다.

승마 체험을 하지 않더라도 탁 트인 초원에서 한가로이 풀을 뜯는 말들을 바라보는 것만으로도 힐링이 되는 느낌이다. 승마체험장 앞에 자리한 높이 15m에 달하는 트로이 목마가 이국적인 풍경을 연출한다.

육십령 자락에 자리한 렛츠런팜 장수는 드넓은 초지가 펼쳐지는 곳으로 그 풍광이 강원도 평창의 대관령 목장에 뒤지지 않는다. 승마와 말먹이 주기, 트랙터 타기 등 다양한 체험 프로그램도 운영하고 있다. 장수 승마체험장이 어른과 청소년을 위한 공간이라면 렛츠런팜은 유아를 동반한 가족이 말 관련 체험을 즐기기에 좋은 곳이다.

장수승마체험과 렛츠런팜 장수는 현재 코로나로 잠정 휴관 중이다. 빠른 시일에 다시 문을 열 수 있기를 기대한다.

진주 촉석루에서 왜장 게야무라 로쿠스케를 안고 뛰어든 논개는 장수 장계 사람이다. 성이 주씨인 논개는 알려진 것처럼 기생이 아니라 경상우도 병마절도사 최경회의 후처였다고 한다. 동상은 표준영정으로 세운 것으로 꽉 다문 입술에서 굳은 기개가 느껴지고 정면을 똑바로 응시하는 눈에서 단호함을 읽을 수 있다.

논개사당

논개에 관해 우리가
몰랐던 사실

왜장을 안고 남강에 뛰어든 관기 논개. 논개하면 사람들은 진주를 떠올린다. 하지만 장수에서 듣는 논개 이야기는 다소 의외다. 논개는 성이 '주'씨고, 현감의 후처가 된 몰락한 양반가의 딸이다. "주논개 선생님의 아버지는 마을에서 훈장을 하셨어요. 그러니까 천한 집안의 자식이 아니랍니다." 해설사의 설명이다.

논개가 태어난 곳은 전라북도 장수군 장계면 대곡리다. 마을 들머리에는 생가도 복원되어 있고 기념관도 만들어져 있다. 당당한 눈빛을 가진 동상 앞에 서면 절로 숙연해진다.

생가 뒤로 자리한 마을은 주씨 집성촌이어서 주촌마을로 불린다. 마을은 아담하고 예쁘다. 굴피와 죽데기로 만든 전통 주택들이 오순도순 모여 있어 구경하며 걷기에 안성맞춤이다. 드라마 '아가씨를 부탁해'를 촬영한 곳으로도 알려져 있다.

장수읍 두산리에는 논개사당(의암사)이 있다. 3개의 계단을 오르고 문을 지나면 영정각에 닿는데, 붉게 핀 자귀나무와 사당을 앞에 두고 펼쳐진 의암호가 마냥 평화롭기만 하다.

뜬봉샘 생태관광지

금강의 시원을 찾아가는 트레킹 코스

장수는 이름 그대로 '긴 물'이란 뜻이다. 아마도 이 지명은 뜬봉샘에서 유래했을 것이다. 뜬봉샘은 금강이 시작되는 곳. 남원 장수를 잇는 국도 19호선의 해발 538m 고개인 수분재에서 걸어서 20분 거리의 신무산 중턱에 있다. 수분재는 글자 그대로 '빗방울 하나를 쪼개어 각각 반대 방향으로 보내는 고개'를 뜻하는데 실제로도 북쪽 물방울은 금강을, 남쪽 물방울은 섬진강 상류를 이룬다. 예전에는 재의 한가운데 외딴집이 한 채 서 있었는데, 비가 오면 지붕에서 남쪽으로 떨어지는 빗물은 섬진강으로 흘렀고, 북쪽으로 떨어지는 물은 금강으로 흘렀다는 우스갯소리도 전한다.

뜬봉샘에 가려면 뜬봉샘 생태공원 주차장에 차를 세우고 약 2km 정도 산길을 따라가는데, 나무 데크로 정비를 잘해 놓았지만 제법 경사가 있어 땀을 쏟아야 한다.

뜬봉샘은 이성계가 천지신명의 계시를 받으러 이곳에 단을 쌓고 백일기도에 들어갔는데 백일째 되는 날 봉황새가 무지개를 타고 나타났다. 황급히 봉황새가 뜬 곳을 가 보니 풀숲으로 가려진 옹달샘이 있었고, 이후 봉황새가 떴다고 해서 샘 이름을 뜬봉샘으로 지었다고 전해진다.

뜬봉샘 가는 길. 트레킹 코스로도 좋다.

덕산계곡

가족 물놀이 즐기기에
더 좋은 곳은 없다

덕산계곡을 따라가는 산책로

영화 〈남부군〉을 촬영한 덕산계곡의 비경

여름 피서철에 찾아볼 만한 계곡이 있다. 덕산계곡은 장수의 진산인 장안산이 숨겨 놓은 물줄기다. 초입에는 생수 등을 파는 작은 가게가 있는데 그 앞이 바로 계곡이다. 여름 막바지, 노랗고 빨간 튜브를 타고 물놀이를 즐기는 아이들로 계곡은 활기가 넘친다. 주차장에서 100m 남짓 들어왔을 뿐인데 서늘한 기운마저 감돈다.

나무 데크 탐방로를 따라 트레킹을 즐길 수도 있는데, 초보자라도 쉽게 다녀올 수 있다. 아랫용소, 용소 등 비경이 연이어 펼쳐진다. 숨을 쉴 때마다 청량하고 신선한 공기가 가슴 가득 밀려든다. 길 내내 함께 하는 시원한 물소리가 귀를 씻어 준다. 10여 분 걸으면 시야가 확 트이며 겹겹이 겹쳐진 널찍한 바위가 나타난다. 바위 앞으로는 소가 자리한다. '윗용소'다. 겹겹이 늘어선 준봉들을 배경으로 층층이 떨어지는 물길이 장관이다. 신선이 살았음직한 풍경이다. 다시 10분쯤 더 가면 '아랫용소'가 나온다. 웅장한 암벽 가운데로 물줄기가 장쾌하게 떨어진다. 영화 〈남부군〉에서 이현상 휘하의 빨치산 500명이 1년 만에 처음으로 옷을 벗고 목욕하던 곳이 바로 이곳이다. 짙은 녹색의 소는 얼마나 깊은지 바닥이 보이지 않는다. 아직도 용이 살고 있을 것처럼 신비감이 감돈다.

우리나라의 여느 용소가 그러하듯, 덕산계곡의 용소에도 용에 얽힌 전설 한 자락이 깃들어 있다. 아빠 용, 엄마 용, 아들 용이 이 계곡에 살았다. 아빠 용은 윗용소에 머물다가 승천했다. 엄마와 아들 용은 아랫용소에 살았는데 사람들이 아랫용소 암벽에 글씨를 새기려고 나무를 베어 소를 메우는 바람에 이들은 하늘로 올라가지 못했다. 화가 난 용이 해마다 한 사람씩 해코지를 했는데 이를 달래려고 사람들은 1년에 한 번씩 여기서 제를 지냈단다. 용소 암벽에는 사람들이 새긴 글자가 지금도 선명하다.

덕산계곡이 숨겨놓은 절경 용소. 물소리만 들어도 가슴이 서늘해지는 느낌이다.

| more & MORE

장수 인구는 2만 4,000명인데 비해 소는 3만 2,000마리 가량 사육되고 있어 '사람보다 소가 많은 곳'으로도 유명하다. 장수 한우는 육질이 부드럽기로 유명하다. 장수 읍내에 장수 한우를 파는 식당이 많은데, 장수군청 앞에 자리한 상수한우명품관(063-352-8088)은 무항생제 장수 한우를 판다. 상차림비 3,000원을 내고 냉장고에서 직접 골라 구워 먹을 수 있다. 가격은 일반 고기집보다 저렴한 편이다. 산서면에 자리한 산서보리밥(063-351-1352)은 맛있는 시골밥상을 맛볼 수 있는 곳. 주메뉴는 보리비빔밥으로 갖가지 나물을 넣고 비벼먹는다. 직접 쑨 묵으로 만들어 내는 묵국수도 맛있다.

41 하루 더 | 전북 | 군산

지금까지 한 번도 경험하지 못한 시간을 만났습니다

군산 빈티지,
군산 레트로

서울에서 고작 3시간을 갔는데, 시간은 무려 90년을 거슬러 올라왔다. 아직 이런 건물이 있었다니. 이런 건물이 이렇게 예쁘게 서 있었다니. 전북 군산은 우리나라 근현대사의 흔적을 고스란히 간직한 도시다. 일제 시대의 건축물들이 서 있는 근대 문화유산 거리를 걷다보면 왜 군산을 '근현대사 야외박물관'이라 부르는지 이해가 간다. 박물관이며 미술관, 도시 곳곳에 자리한 빈티지 스타일의 카페는 여느 도시와는 전혀 다른 분위기를 느끼게 해 준다. 그리고 맛있는 음식. 짬뽕과 단팥방 말고도 군산에는 먹을 게 참 많다. 군산으로 떠나 봅시다.

근대문화유산거리 일제 시대 건물이 박물관과 미술관, 카페로 재탄생. 옛날로 떠나는 시간 여행
째보선창과 히로쓰 가옥, 초원사진관 영화 '타짜'와 '8월의 크리스마스', 소설 〈탁류〉의 무대가 됐던 그곳!
경암동 철길마을 마을 사이로 철길이 흐르는, 우리나라에서 단 하나밖에 없는 풍경.
비응항 시원한 바다 풍경, 가슴이 뚫리는 바다 드라이브
소고기뭇국, 반지회, 호떡, 졸복매운탕 군산 가서 짬뽕과 단팥빵만 먹고 오면 서운하죠
| **more & MORE** 카페 리즈에서 진한 커피 한 잔과 로스팅 체험

근대문화유산거리

우리는 지금 1930년대에 있습니다

군산 근대역사문화 여행은 근대문화유산거리가 조성되어 있는 해망로 일대에서 시작한다. 예전에 이곳의 지명은 장미동이었다. 장미동의 '장미'는 꽃 이름이 아니라 '쌀을 저장하는 마을'이라는 뜻. 이는 일제가 우리 쌀을 수탈했다는 사실을 증거하는 지명이기도 하다.

한때 어수선했던 이 일대가 예쁜 거리로 바뀌기 시작한 것은 2011년 '군산 근대역사박물관'이 개관하면서부터다. 이름 그대로 군산의 근대역사를 살펴볼 수 있는 많은 자료를 전시하고 있는 이 박물관은 해양물류역사관, 어린이체험관, 근대생활관, 기획전시실 등으로 구성돼 있는데, 특히 '1930년대 시간 여행'을 주제로 1930년대 군산에 실제로 있었던 건물을 복원해 전시한 근대생활관이 관람객들에게 가장 인기를 끌고 있다. 군산역, 영명학교, 야마구찌 소주도매장, 형제고무신방, 잡화점 등 당시 군산의 모습을 생생하게 재현하고 있다.

군산은 호남평야 세곡이 모이는 군산창과 이를 보호하기 위한 군산진이 설치된 군사 교통의 요지였다. 전국 최고의 군산 근대역사박물관에는 개항장 초기 군산의 모습과 경제 수탈의 아픈 역사를 증언하는 다양한 자료들을 살펴볼 수 있다.

일제강점기 시절 쌀 수탈의 전진기지였던 군산에는 당시의 건물들이 고스란히 남아있다. 군산근대역사박물관 3층에는 1930년 군산 거리를 재현해놓은 근대생활관이 있다. 군산세관 본관은 동판으로 얹은 지붕과 세 개의 뾰족한 탑을 얹은 양식으로 눈길을 끈다.

근대역사박물관이 문을 열면서 주변에 방치되어 있던 건물들도 새단장을 했다. 옛 조선은행 군산지점 건물은 '근대건축관'으로 바뀌었고 일본인 무역회사였던 '미즈상사'는 '미즈커피'로 바뀌었다. '일본18은행 군산지점' 건물은 '근대미술관'으로 재탄생했으며 일제의 조선 곡물 수탈을 상징하는 '장미동 곡물창고'도 지금은 '장미갤러리'로 바뀌어 지역 예술가들의 작품을 전시하고 있다.

군산 근대역사 여행의 하이라이트는 구 군산세관 건물이다. 적벽돌로 지은 건물에 동판으로 얹은 지붕이 고풍스러운 분위기를 물씬 풍긴다. 1908년 대한제국이 벨기에로부터 붉은 벽돌과 건축 자재를 수입해 지었다고 전해진다. 서울에 있는 서울역사건물, 한국은행 본점과 함께 국내에 현존하는 서양 고전주의 3대 건축물로 꼽힌다.

히로쓰 가옥과 초원사진관
영화 〈타짜〉, 〈8월의 크리스마스〉의 그곳

히로쓰 가옥은 군산에서 큰 포목점을 하며 돈을 벌었던 히로쓰가 지은 목조 건물이다. 다다미방과 편복도, 일본 붙박이장인 오시이레와 손님을 맞는 도코노마 등 대규모 일식 가옥의 형태를 그대로 보존하고 있다. 임권택 감독의 영화 〈장군의 아들〉에서 야쿠자 두목 하야시의 집으로 등장하기도 했다. 영화 〈타짜〉에서 극중 백윤식이 조승우에게 '기술'을 가르치던 집도 바로 이곳이다.

히로쓰 가옥을 지나면 동국사에 닿는다. 우리나라에 유일하게 남아 있는 일본식 사찰이다. 정면 5칸, 측면 5칸, 가파른 단층식 팔작지붕을 이고 있는 이 절은 우리나라의 사찰과는 전혀 다른 느낌을 준다.

한석규와 심은하가 주연한 영화 〈8월의 크리스마스〉도 대부분을 군산에서 촬영했다. 월명공원으로 가는 언덕 길목에 영화를 촬영한 초원사진관이 영화에 나왔던 그 모습 그대로 남아 있다.

비응항
군산의 푸른 바다를 만나다

시원한 바다 풍경을 즐길 수 있는 곳. 새만금방조제를 따라 달리는 드라이브도 압권이다. 비응항 수산시장에서는 각종 건어물도 저렴하게 구입할 수 있다.

째보선창
채만식의 소설 〈탁류〉의 배경

해망로와 맞닿은 군산 내항에는 '째보선창'이라는 곳이 있다. 채만식의 소설 〈탁류〉의 배경이 됐던 곳이다. 소설에서 서천땅을 처분한 정주사가 똑딱선을 타고 째보선창으로 건너오지만 미두장에서 쌀과 돈을 다 날리고는 선창에서 자살을 기도했던 곳이 바로 이곳 째보선창이다.

경암동 철길마을
마을 사이로 철길이 흐르고

경암동 철길마을은 오직 군산에서만 만날 수 있는 풍경을 지닌 곳이다. 낡은 판자집들이 양편으로 늘어서 있고 그 가운데로 철길이 놓여 있다. 이곳에 처음 철길이 놓인 때는 1944년 4월 4일. 군산시 조촌동에 소재한 신문용지 제조업체 '페이퍼코리아'사의 생산품과 원료를 실어 나르기 위해 만들었다. 하지만 지금은 기차가 다니는 모습은 볼 수 없다. 2008년 7월 1일부터 통행이 멈췄다.

일본식 건물인 히로쓰 가옥

군산의 바다를 느낄 수 있는 비응항

영화 〈8월의 크리스마스〉에 나왔던 초원사진관

가을 분위기 가득한 경암동 철길마을

소고기 뭇국, 졸복매운탕, 반지회

군산 여행을 더 행복하게 하는 맛있는 음식들

'한일옥'은 40년 동안 소고기 뭇국 하나로 전국구 맛집으로 등극한 곳이다. 이 집 뭇국은 특별한 육수를 사용하는 것도 아닌데 진하면서도 깊은 맛이 난다. 비결은 한우 안심과 양지 등 3종류의 쇠고기 부위를 물에 넣고 1시간 이상 푹 끓여 내는 것. 무는 보통 깍둑썰기로 두툼하게 썰어 넣고 끓이지만 햇무가 날 때는 무가 질겨지기 때문에 다소 얇게 써는 것이 노하우라면 노하우다.

'똘이네집'은 군산 사람들이 손꼽는 졸복 매운탕집이다. 13년째 같은 자리에서 문을 열고 있다. 군산 앞바다에서 잡은 자잘한 졸복과 아욱, 콩나물, 미나리를 넣고 국을 끓이는데, 특히 아욱이 구수한 맛과 감칠맛을 더한다. 양은 쟁반에 함께 따라오는 반찬도 푸짐하다. 새우장도 보이고 갈치조림도 있다. 시금치며 무채나물도 먹음직스럽다. 이 집은 아욱은 미리 넣지 않고 한참 끓인 다음 마지막에 넣는데, 익는 대로 건져 먹는 맛이 그만이다. 짭짤면서도 고소한 맛의 졸복튀김도 별미.

똘이네집에서 얼마 떨어지지 않는 곳에 '유락식당'이며 '중앙식당' 등 반지회와 무침을 내는 집이 있다. '반지'는 군산 사람들이 '밴댕이'를 부를 때 쓰는 이름. 겨울과 봄철에만 맛볼 수 있는 계절성 어족인데 옛날부터 군산 째보선창 사람들은 전어는 가을, 밴댕이는 겨울, 우어는 봄이 제철이라 하면서 즐겨 먹었다고 한다. 봄에 잘 먹지 않는 이유는 반지는 기름이 많아 구워 놓으면 물이 안 좋은 것처럼 배가 터져 모양새가 좋지 않기 때문이다. 반지회는 잘 익은 갓김치에 싸먹으면 더 맛있다. 입에서 사르르 녹는 듯한 부드러운 육질과 갓김치의 매콤 알싸한 맛이 절묘하게 어우러진다.

중동에 자리한 '중동호떡'은 1945년부터 문을 열고 있는 호떡집이다. 기름에 튀긴 것이 아니라 밀대로 밀어 기름기 없이 구워 낸다. 그만큼 담백하다. '빈해원'은 영화 〈타짜〉에 등장했던 곳. 56년 전 지어진 빈해원은 현재까지도 영업 중인데 군산생활사를 보여 주는 문화재로서의 가치를 인정받아 문화재로 등록됐다. 영업을 하고 있는 식당을 문화재로 지정하는 사례는 매우 드물다고 한다.

(위 왼쪽부터 시계방향으로) 미나리와 콩나물이 듬뿍 들어간 '똘이네집'의 졸복탕. 반지를 얇게 썰어 채 썬 채소와 함께 비벼먹는 반지회덮밥. 비린 맛이 하나도 나지 않는다. 바삭한 맛을 자랑하는 군산호떡. 시럽에는 흰찹쌀보리와 검은콩, 검은쌀, 검은깨 등이 들어가 있어 더욱 고소하다. 빈해원의 시그니처 메뉴인 고추초면. 볶음짬뽕과 비슷하다. 무와 소고기를 푸짐하게 넣고 끓인 한일옥의 소고기뭇국. 아침 식사로도 좋다. 화려한 장식으로 유명한 빈해원 내부 모습. 독특한 분위기 덕에 수많은 영화의 배경이 됐다. 건물은 문화재로 지정됐다.

| more & MORE

맛있는 군산여행의 종점은 커피다. 은파호수공원 앞에 자리한 카페 리즈(063-466-7689)는 서울 신사동의 유명 카페인 '엘 카페 딸'의 사장 강인규씨가 운영하는 곳. 원두 유통사업으로 성공한 그가 고향인 군산에 차린 카페다. 1층은 로스터리 공장이고 2층은 카페로 운영하는데 콜롬비아 유기농 인증을 받은 커피를 비롯해 FLO(공정무역), 레인포레스트 등 나양한 인증을 받은 커피, 게이샤 등 스테셜 티를 맛볼 수 있다. 이 집의 또 다른 특징은 로스팅을 직접 체험해 볼 수 있다는 것. 카페 한쪽에는 로스팅 기계인 '솔닷'(soldat 8)이 여러 대 놓여있다. 마음에 드는 원두를 선택한 후 이 기계를 이용해 커피를 직접 볶아보는 것도 이색적인 재미를 선사한다. 물론 카페의 전문 바리스타가 도와주니 초보자라도 어려움 없이 해볼 수 있다.

하루 더 | 전북 | 전주

판소리 공연도 보았습니다.
아원고택에는 BTS도 다녀갔더군요.

한옥마을도 좋죠. 하지만 이번에는 조금 다른 전주

여행지로 전주만한 곳이 있을까. 한옥마을은 전주 여행의 영원한 베스트셀러. 하지만 이번에는 조금 더 다른 전주를 경험해 보자. 한옥 카페에서 판소리 공연도 직접 보고 커피도 느긋하게 즐겨 보자. 국립무형유산원을 찾아 공연, 의식, 공예 기술 등 우리나라가 가진 무형문화유산의 뛰어남을 살펴보자. 한정식부터 비빔밥, 콩나물국밥도 맛있는 여행을 보장해 준다. 이번 여행에서는 백반집에도 가 보고 찐빵과 칼국수, 피순대도 먹어 보자. 북어포를 안주 삼아 맥주를 마시는 가맥도 필수 코스. 팔복예술공장과 전주도립미술관에서는 예술 작품과 함께 풍성한 시간도 보낸다. BTS가 화보를 찍은 완주 아원고택도 이번 일정에 추가해 보자.

행원 한옥 카페에서 경험하는 판소리 공연과 그윽한 차 한 잔
전주 가맥 부어포 안주 심아 시원한 가게 맥주
국립무형유산원 공연, 의식, 공예 기술 등 우리나라의 무형문화유산을 살필 수 있는 곳
전주 예술여행 팔복예술공장과 전북도립미술관
완주 아원고택 방탄소년단(BTS)이 영상과 화보를 찍은 그곳

| **more & MORE** 비빔밥, 한정식, 콩나물국밥, 피순대, 먹어도 먹어도 끝없는 전주의 음식들

요릿집에서 시작해 요정을 거쳐 이제는 복합문화공간으로 재탄생한 '행원'에서 신명나는 남도 소리 한 자락을 경험해 보자.

행원

요정에서
국악 공연장으로

전주 시내에서 남부마을 가는 좁은 골목길에 있다. 행원은 은행나무 정원이라는 뜻이다. 1928년 지어졌는데, 당시에는 조선 요리를 팔던 '식도원'이라는 요릿집이었다. 이후 '낙원권번'과 '전주국악원'으로 운영됐다. '낙원권번'은 권번들에게 가·무·악을 교육하던 전통 예술의 학습장이자 예술인들의 집결지였다. 1942년에는 전북지역 마지막 권번이자 시서화에 능했던 전주의 마지막 기생 남전 허산옥(1926~1993)이 인수해 서울의 삼청각처럼 요정 '행원'으로 운영했다. 건물은 디귿자 건물을 짓고 중정을 둔 일본식 건축법이 녹아든 한옥이다. 지금은 '한옥소리카페'로 바뀌어 가야금 강습을 진행하고 국악 공연도 연다. 꼭 한 번 경험해 보시길.

가맥

황태포에 맥주 한 잔으로
전주의 밤이 깊어 간다

가맥은 '가게 맥주'의 준말이다. 원래 구멍가게 평상이나 테이블에서 마시던 맥주를 말한다. 전주는 '가맥축제'를 열 정도로 가맥집이 많은 도시다. 해가 지면 사람들은 삼삼오오 모여 연탄화덕에 부슬부슬하게 구워낸 황태포를 놓고 냉장고에서 직접 병맥주를 마신다. 가게마다 찍어 먹는 간장소스를 자기들만의 비법으로 만든다.

전주에는 골목 곳곳에 가맥집이 들어서 있다. 가게 앞, 연탄불로 북어포를 굽는 주인의 모습에서 전문가의 '포스'를 느낀다.

북어포와 병맥주를 저렴하게 먹을 수 있는 가맥은 전주의 한 문화로 자리잡았다.

국립무형유산원

우리나라에 이렇게 많은
무형 유산이 있었다니

전주를 찾는 사람들이 대부분 한옥마을부터 가지만, 이번에는 국립무형유산원으로 발걸음을 돌려 보자. 2014년에 문을 열어 잘 알려지지 않았지만, 다양한 볼거리가 있다. 유네스코는 무형문화유산보호협약 2조에서 무형문화유산을 '관습, 표현, 표상, 지식 그리고 이를 전달하는 도구, 사물, 공예품, 문화 공간을 모두 의미한다'고 정의한다. 그러니까 우리가 아는 구전 전통과 표현, 공연 예술, 의식, 축제, 전통 공예 기술 등이 무형 유산에 포함된다고 할 수 있다. 유네스코에 등재된 우리나라 무형문화유산은 종묘제례 및 종묘제례악, 판소리, 강릉단오제, 강강술래, 택견, 아리랑, 김장 문화, 농악 등이 있다.

동서학동에 자리한 국립무형유산원은 이 무형 유산을 정리·보존하고 전승하기 위한 공간이다. 전주는 전북 무형문화재 가운데 70%를 차지하는 41명이 거주하며 활동하는 곳이다.

가장 먼저 들러볼 곳은 열린마루에 위치한 제1상설전시장이다. 한국의 자연환경을 이용한 무형문화유산과 채상장, 매듭장, 평택농악 등 9개 종목 무형 문화를 영상으로 살펴볼 수 있다. 조선 시대 공주나 옹주가 입은 녹원삼, 부녀자들의 장신구인 노리개 등 아름답고 화려한 전시물도 보는 이를 감탄하게 만든다.

흥미로운 볼거리로 가득한 국립무형문화유산원

공예와 예능 종목 보유자 작품을 전시하는 제2상설전시장은 한층 흥미롭다. 조선 시대 공주의 대례복으로 사용된 궁중 자수 활옷, 진주검무보존회에서 직접 착용한 진주검무 복식, 김중섭 보유자가 공연할 때 쓴 처용탈 등 우리에게 얼마나 찬란하고 흥미로운 무형 유산이 있는지 새삼 일깨운다.

폐카세트 공장이 갤러리로 바뀌었다. 팔복예술공장에서는 즐거운 예술체험을 해볼 수 있다.

팔복예술공장과 전주도립미술관
'예향' 전주를 만나고 느낄 수 있는 공간

팔복예술공장은 20년간 문을 닫았던 폐카세트 공장을 예술 작품 전시 공간과 창작 레지던시로 탈바꿈시켰다. 근사한 카페와 식당도 들어서 있어 데이트를 즐기기에도, 가족 여행을 즐기기에도 좋다.

모악산 자락에 자리한 전주도립미술관은 전북 출신 작가들의 다양한 작품을 전시하는 곳이다. 아이들이 좋아할 만한 체험 행사와 교육 프로그램도 준비되어 있으니 미리 알아보고 가면 알차고 유익한 하루를 보낼 수 있다.

전주도립미술관에서 전주 작가들의 예술작품을 만나보자.

완주 아원고택

방탄소년단(BTS)이 영상과 화보를 찍은 그곳

이번 전주 여행에서는 완주도 함께 일정에 넣어 보자. 목적지는 아원고택이다. 방탄소년단(BTS)이 '2019 서머 패키지 인 코리아' 영상과 화보를 이곳에서 찍었다.

아원고택은 2016년 11월 문을 열었다. 한옥이 세 채로 이루어져 있다. 원래는 산비탈과 논밭으로 가득하던 곳이었지만 1740년에 지은 경남 진주의 한 고택과 1840년 지은 전북 정읍의 어느 고택을 이곳으로 고스란히 옮겨 왔다. 기본 뼈대는 그대로 살리고 서까래와 기와만 교체했다.

아원고택은 모든 건축의 중심에 종남산을 놓았다. 어디에서도 시선을 돌리면 종남산이 눈에 들어온다. 만휴당과 종남산 사이 갤러리 지붕은 빗물이 담기고 그 빗물에 종남산이 비친다. 1층에 있는 현대미술 갤러리 '아원 뮤지엄'은 1년에 두 차례 현대 미술이나 설치 미술 초대전을 연다.

별채(천목다실)는 콘크리트 건물이지만 안에 들어서면 한옥에 들어온 것처럼 아늑하고 포근하다. 천장을 2.5m로 낮춰 현대식 건물을 한옥 처마 밑으로 감춘 것이다. 한옥과 현대식 건물의 조화를 시도한 것이다. 다실에 앉아 창밖을 내다보면 장독대와 감나무 등 한옥 마당을 내다보는 것만 같다.

종남산과 기막힌 조화를 이루는 아원고택. 천목다실은 아원고택의 회랑과 같은 역할을 하며, 카페 공간도 마련되어 있다.

(위 왼쪽부터 시계방향으로) 목련을 부탁해의 커피와 케이크, 성미당의 비빔밥, 백일홍 찐빵, 전라회관 전주 한정식

| more & MORE

행원(063-284-6566)은 프로그램을 미리 문의해 보고 가자. 목련을 부탁해(063-287-4004)는 전주의 '뉴핫플' 객리단길에 위치한 카페다. 오래된 한옥을 개조해 카페로 만들었다. 한옥 고유의 풍광과 분위기가 고스란히 살아 있다. 전주비빔밥은 성미당(063-287-8800)과 가족회관(063-284-0982) 등이 유명하다. 콩나물국밥은 현대옥(063-228-0020) ,삼백집(063-284-2227)과 왱이콩나물국밥집(063-287-6980) 등이 잘한다. 태봉집(063-283-2458)은 '허영만의 백반기행'에 나온 백반집. 아침 일찍 문을 연다. 시래기해장국이 유명하다. 한정식은 전라회관(063-228-3033)이 알아준다. 코스가 아닌 한상차림이다. 14만 원짜리 한 상을 주문하면 음식이 차려진 상을 들고 방으로 들어온다. 남부시장에서 맛볼 수 있는 피순대는 순대 속을 당면이 아닌 선지와 채소, 다진 고기로 채운 것이다. 초콜릿 같은 짙은 갈색의 순대 한 점을 단면으로 속을 채운 순대와는 또 다른 깊은 맛을 전해 준다. 완산구 견원동에 자리한 백일홍찐빵만두(063-286-3697)라는 찐빵집은 70년이 넘는 역사를 자랑한다. 3대째 단골손님이 있을 정도다. 찐빵을 맛보려면 미리 예약하는 것이 좋다. 베테랑칼국수(063-285-9898)의 칼국수도 젊은 여행자들이 많이 찾는다. 전주한옥생활체험관은 양반집에 하룻밤 머물며 공예와 다례 등 전통생활 체험을 할 수 있는 곳이다. 한옥생활체험관 외에도 마지막 황손 이석이 살고 있는 승광재를 비롯해 동락원, 학인당, 아세헌 등에서도 한옥 숙박 체험을 해 볼 수 있다. 전주향교도 가까우니 꼭 찾아보자. 중국 7현과 동방 18현 등 유학 성인 50인의 위패를 모신 큰 규모의 향교다. 우리나라에서 온전히 보존된 향교 가운데 으뜸이라고 한다. 향교 내 서문 앞 은행나무는 수령이 400년이나 된다.

43 하루 더 | 전북 | 부안

백합탕, 숭어회, 젓갈 정식 한 상.
내소사와 적벽강도 보았죠

잘 먹었습니다, 그리고
잘 쉬었습니다, 부안 겨울 여행

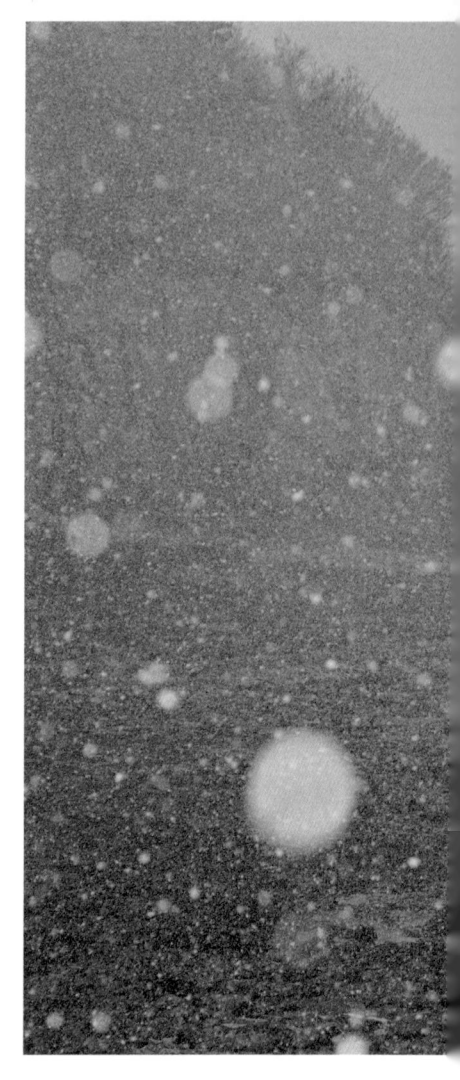

내소사가 있는 전북 부안 변산반도. 이번 여행의 주제는 겨울 맛여행이다. 향긋한 백합탕, 달짝지근한 숭어회, 짭조름한 젓갈정식, 쫄깃한 갑오징어. 부안에서 먹고 또 먹다 보면 우리나라에는 철마다 참 맛있는 음식이 난다는 게 얼마나 축복인지 알게 된다. 부안 여행의 영원한 고전 내소사 전나무 길도 걸어보자. 걸어도 걸어도 좋은 길이다. 채석강은 오랜 세월이 만들어낸 자연의 걸작이다. 거센 파도가 부서지는 겨울 채석강은 다른 계절과는 또 다른 풍경을 펼쳐 보인다. 모항과 곰소 염전을 붉게 물들이는 낙조는 마음을 편안하게 어루만져 준다.

적벽강 기암괴석과 퇴적 단애가 빚어내는 풍경
격포항 백합탕과 숭어회, 갑오징어회를 먹었습니다.
내소사 걷고 또 걷고 싶은 전나무 숲길, 영롱하고 단아한 대웅전 꽃무늬 문살
모항 혼자만 알고 싶은 정겨운 어촌 풍경
곰소항 풍성한 젓갈 정식 한 상
| more & MORE 백합죽과 갑오징어불고기, 바지락죽과 숭어회 등 푸짐한 부안 먹거리들

적벽강

붉은 바위 절벽과 푸른 바다

'임술 초가을 열엿새 날에 나는 손님과 배를 띄우고 적벽의 아래에서 노닐었다. 맑은 바람은 천천히 불어오고, 물결도 일지 않는데 술잔을 들어서 손님에게 권하며 명월의 시를 읊조리며 요조의 장을 노래했다.' 중국 송나라 때의 시인 소동파는 중국 황주의 아름다운 적벽강 풍경에 반해 이 같은 시를 남겼다. 또한 당나라의 시인 이태백은 채석강에서 뱃놀이를 하던 중 강물에 비친 달을 잡으러 물에 뛰어들었다가 삶을 마감했다. 적벽강과 채석강, 두 곳 모두 당대 최고 시인의 마음을 홀딱 빼앗을 만큼 아름다운 경치를 자랑하는 곳. 부안의 적벽강과 채석강은 중국의 적벽강과 채석강의 아름다운 경치를 쏙 빼닮았다고 해서 똑같은 이름이 붙었다.

적벽강은 해안절벽 지대다. 붉은색 바위로 이뤄진 절벽과 푸른 바다가 한 폭의 그림처럼 어울리며 펼쳐져 있다. 영화 〈관상〉의 마지막 장면 촬영지이기도 하다.

적벽강에서 약간 떨어진 채석강은 변산반도 서쪽 끝에 1.5km 가량 이어진 해안 절벽을 말한다. 적벽강과 마찬가지로 강이 아니라 변산반도 서쪽 끝 격포항과 그 오른쪽 닭이봉 일대 1.5km의 층암절벽과 바다를 총칭하는 이름이다. 화강암, 편마암을 기저층으로 약 7천만 년 전인 중생대 백악기에 퇴적한 단애가 마치 수만 권의 책을 쌓아 놓은 듯이 와층을 이루고 있다.

바닷물이 퇴식되어 쌓인 절벽이 수만 권의 책을 쌓아 놓은 듯하다.

달디 단 숭어회 한 접시와 향이 좋은 백합탕. 그리고 격포항의 저물녘 풍경들. 몸과 마음이 모두 행복한 부안 여행

격포항

맑고 향긋한 백합탕과 달짝지근한 숭어회

채석강 앞이 격포항이다. 백합탕과 바지락죽, 곰소의 젓갈정식, 갑오징어불고기 등을 파는 식당들이 늘어서 있다. 이중에서 먼저 맛봐야 할 요리는 단연 백합탕. 향긋한 바다 향을 가득 품은 조개다.

단단한 펄에서 자라는 백합은 고급 조개다. 조선 시대 궁궐에까지 진상했다. 회로 먹어도 충분히 향긋하고 단내가 깊다. 보글보글 말갛게 끓어오르는 백합탕은 겨울 추위가 오히려 고맙게 여겨진다. 백합 하나를 건져 초고추장에 살짝 찍어 먹으면 향긋한 냄새가 입 안 가득 퍼진다.

백합과 함께 부안의 바다 맛을 제대로 전해 주는 음식은 숭어회다. 겨울에 먹는 숭어회는 도미회가 울고 갈 만큼 맛있고 달다. 오죽하면 '겨울 숭어 앉았다 나간 자리는 펄만 훔쳐 먹어도 달다'는 말이 있었을까.

부안의 또 다른 특산품은 갑오징어다. 격포항이 가장 큰 집산지다. 격포항 위판장 바로 옆에는 중매인들이 운영하는 판매장들이 길게 늘어서 있다. 갑오징어 요리는 뭐니 뭐니 해도 갓 잡은 회가 최고. 쫄깃한 맛은 기본이고 먹다 보면 '아, 달다'라는 탄성이 절로 나온다.

바지락죽도 부안을 대표하는 먹거리다. 변산반도에서 채취되는 자연산 바지락을 이용하는데 쌀과 녹두에 당근, 파, 마늘 등을 넣어 끓여 낸다.

내소사

가고 또 가도
또 가고 싶은 절

꽃나무 문살무늬가 아름답게 수놓인 내소사 대웅보전

내소사 안 가 본 사람이 있을까. 봄이면 벚꽃, 여름이면 울창한 숲길, 가을이면 단풍, 겨울이면 설경으로 아름다운 절이 바로 내소사다. 633년(백제 무왕 34년) '혜구두타'라는 여승이 창건했다고 전한다. 본래 이름은 소래사. '다시 태어나기 위해 찾아오는 곳'이라는 뜻이다.

내소사에 가려면 전나무 숲길을 꼭 거쳐야 한다. 임진왜란 때 전소된 내소사를 복구하면서 절에 이르는 길이 너무 휑해 전나무를 심으면서 울창해졌는데, 지금은 사찰보다 더 유명해졌다. 월정사, 광릉 수목원과 함께 우리나라 3대 전나무숲으로 꼽힌다. 하늘을 찌를 듯 솟은 30~40m 높이의 아름드리 전나무들이 사찰 앞까지 600여 미터 이어진다.

전나무숲을 나와 사천왕문을 지나면 사찰 경내에 든다. 경내에서 가장 먼저 만나는 느티나무는 1,000년을 살았다. 매년 주민들과 스님들이 당산제를 지낸다. '할아버지 당산나무'로 불리는데 '할머니 당산나무'는 일주문 입구에 있다.

내소사는 화려하지는 않지만 고졸한 멋을 풍긴다. 고려동종, 법화경절본사본, 대웅보전, 영산화쾌불탱화 등의 보물을 보유하고 있으니 부화한 사찰과는 전혀 거리가 멀다. 대웅보전은 못 하나 쓰지 않고 나무를 깎아 끼워 맞춰 지었다고 한다. 특히 정면 여덟 짝의 꽃무늬 문살은 꽃잎의 아름다움을 그대로 담은 정교한 조각으로 유명하다. 오랜 세월 비바람에 씻겨 색은 모두 지워져 채색 없이 말간 나뭇결을 그대로 내보이고 있지만 오히려 그 소박함이 보는 이로 하여금 경건함을 자아내게 한다.

벚꽃 환한 내소사, 천황문, 숲향 가득한 전나무 숲길, 눈 내린 석탑. 내소사는 언제 봐도 아름답다.

모항

아름다운 서해안
해안 드라이브 코스

30번 국도는 부안에서 새만금, 대항리를 거쳐 채석강, 격포, 모항, 곰소로 이어지며 외변산을 아우른다. 저녁 노을에 붉게 물든 어촌과 해변, 갯바위와 포구, 바다 물결에 맞춰 출렁이는 어선들. 쉼 없이 펼쳐지는 풍광이 가슴을 찡하게 만든다. 〈나의 문화유산 답사기〉 저자 유홍준 교수는 "격포에서 모항을 지나 내소사를 거쳐 곰소로 가는 길은 환상의 해안 드라이브 코스"라고 극찬하기도 했다.

모항 마을은 60여 가구 100여 명이 살아가는 작은 마을이다. 차 한 대가 겨우 지날 정도의 길을 가운데 두고 양쪽으로 낮은 집들이 정담을 나누듯 마주하고 있다. 낙조가 아름답기로 소문난 마을이다. 홍상수 감독의 영화 '다른 나라에서'의 배경이 됐던 곳이기도 하다.

아는 사람만 아는 작은 어촌 마을 모항. 봄 겨울 할 것 없이 서정적인 풍경을 선사한다.

곰소항 젓갈백반집

곰소항 갯벌

곰소 염전의 저녁

곰소항

짭조름한 바다의 맛,
젓갈정식 한상

모항을 빠져 나와 계속 30번 국도를 따르면 진서면에 자리한 곰소항에 닿는다. 사람들은 곰소 하면 젓갈을 떠올린다. 변산반도 근해에서 어획되는 어류에 곰소 염전에서 생산된 소금을 뿌려 만든다. 곰소는 〈만기요람〉에 '전통 소금을 가장 많이 생산하는 곳'으로 소개되기도 했지만 현재는 전국 생산량의 1% 정도만 차지한다. 하지만 이곳 천일염은 미네랄이 풍부하고 짠맛보다 단맛이 강해 고급으로 대접받고 있다.

곰소항 제방을 따라 젓갈 가게가 늘어서 있다. 가게마다 시식대를 마련해 두고 있어 맛을 보고 사갈 수도 있다. 젓갈정식을 내는 식당들도 몰려 있는데, 1만 원도 안 되는 가격으로 푸짐한 상을 받을 수 있다. 어리굴젓, 오징어젓, 창란젓, 낙지젓, 꼴뚜기젓, 갈치젓, 갈치속젓, 명란젓, 바지락젓 등 갖가지 젓갈이 상에 가득 오른다. 곰소항 옆은 곰소염전이다.

| more & MORE

계화회관(063-584-3075)은 30년째 백합죽을 차려 온 집이다. 누란 죽 위에 깨아 잘게 부순 김 가루가 얹혀 나온다. 찜과 탕, 구이 등 다양한 백합 요리도 먹을 수 있다. 군산식당(063-583-3234)은 백합탕으로 유명하다. 어린아이 주먹만한 백합이 가득 들어있다. '백합정식'을 주문하면 백합구이와 백합탕, 백합죽 등을 한꺼번에 맛볼 수 있다. 곰소항 근처에는 젓갈정식을 내는 식당이 많은데, 곰소쉼터(063-584-8007)가 가장 유명하다. 오래전부터 젓갈정식으로 사람들의 입맛을 사로잡는 집이다. 갑오징어불고기는 해변촌탈아리궁(063-581-5740)이 유명하다. 변산온천산장(063-584-4874)은 부안 바지락죽의 원조로 꼽히는 곳이다.

다산이 글을 쓰던 곳, 영랑이 시를 짓던 곳,
차가 달고 음식이 맛있는 곳

다 이유가 있더군요, 남도 여행 일번지, 강진

봄 어느 날, 바람은 잔잔하고 바다는 배부른 고양이처럼 순한 날, 강진에 갔다. 동백이 눈물처럼 떨어진 고요한 숲길을 걸어 다산초당을 찾았다. 다산초당에서 오솔길을 걸어 도착한 백련사에는 동백이 붉게 피어 눈이 부셨다. 봄 햇빛이 목련잎에 어룽대는 백운동 정원도 거닐었고, 녹차 한 잔으로 마음도 따뜻하게 데웠다. 가우도 해안을 따라서는 바다 하이킹을 했다. 파도 소리가 귀를 씻어 주었다. 강진에서는 내내 배가 불렀다. 한정식 상에는 강진의 산과 들, 바다가 고스란히 올라 있었다. 주꾸미와 바지락회무침은 지금 생각해도 침이 고인다.

다산초당 다산 정약용이 그의 평생 역작을 만들어 낸 곳
백련사 7,000여 그루의 동백꽃이 낭자하게 피는 숲
가우도 작은 섬, 하지만 세상에서 가장 아름다운 바다를 품은 섬
백운동 정원 초의선사의 그림으로 기적처럼 복원된 비밀의 정원
영랑생가 영랑 김윤식이 시를 썼던 그곳
강진의 맛 주꾸미며 바지락이며 다리가 휘어질 듯한 한정식이며, 기름지고 풍요로운 강진의 맛
| **more & MORE** 20여만 평의 갈대 군락지가 펼쳐지는 '강진만생태공원'과 월출산 자락의 무위사

다산초당

동백 밟고 다산의
흔적을 찾아가는 길

강진 여행의 시작은 다산초당이다. 경기 남양주 출신인 다산 정약용은 천주교를 믿었다는 죄로 강진으로 유배를 와 18년을 살았다. 1801~1818년까지, 40세에서 57세에 이르는 시기였다. 유배지에서 홀로 남겨진 그를 찾아온 건 '외로움'이었다. 물도, 바람도, 기후도 낯선 먼 마을. 서울에서 귀양 온 '폐족'을 아무도 반겨 주지 않았다. 외로움을 이기기 위해 그는 공부에 매달렸고 유배 생활 동안 600여 권의 저서를 쏟아낸다. 모두 정약용의 역작으로 꼽히는 작품들이다. 개인에게는 불행하기 그지없는 시간이었지만 이 땅의 학계에는 축복의 시간이었던 것이다.

다산은 강진에 처음 유배와 4년 동안은 강진읍성 동문 밖 주막집 바깥채 '사의재'에 머문다. 사의재는 '생각, 용모, 언어, 동작이 올바른 이가 사는 집'이라는 뜻이다. 이곳에서 그는 주막집에서 일하던 표씨부인과 인연을 맺고 홍림이라는 딸까지 낳게 된다. 그러다 그를 곤궁히 여긴 해남 윤씨 일가가 초당을 지어 주어 거처를 옮기게 되는데 그것이 다산초당이다.

다산초당 가는 길은 기분 좋은 숲길이다. 대숲이 울창하다. 숲에서는 맑은 바람소리가 흘러나온다. 대숲을 지나면 다산초당이다. 다산이 '정석'이라는 글자를 직접 새긴 정석바위와 차를 끓이던 약수인 약천, 연못 가운데 조그만 산처럼 쌓아 놓은 연지석가산 등 다산사경과 다산이 시름을 달래던 장소에 세워진 천일각이라는 정자가 있다.

백련사 동백나무숲은 봄이 되면 붉은 꽃을 피워 문다. 어둑한 동백숲에 꽃이 등불처럼 밝고 진하다.

백련사

다산과 혜장선사가
차를 나누었던 길

다산초당에서 백련사까지 이어지는 오솔길은 놓치기 아쉬운 아름다운 코스다. 600m는 오르막길, 200m는 내리막길. 하지만 올라가는 길도 험하지 않아 이야기를 나누며 천천히 걸어도 30~40분이면 백련사에 닿는다.

다산은 유배지인 강진에서 당대의 학승 혜장선사와 교류를 나누었다. 혜장선사가 해남 대흥사의 말사인 백련사에 머물 때 다산은 그에게서 다도를 배우고 심취했다. 다산이 백련사의 혜장을 찾아 담론을 벌이고 차를 마시기 위해 오갔던 길이 바로 이 오솔길이다.

백련사는 7,000여 그루의 동백나무가 군락을 이루어 자생하는 곳. 11월부터 동백꽃이 피기 시작해 4월 중순에 만개한다. 4월 말이 되면 떨어지기 시작해 바닥을 물들인다.

가우도

해안따라 기분 좋은
바다 하이킹

강진만은 모두 8개의 섬을 품고 있다. 이 가운데 유일하게 '가우도'에 사람이 산다. 면적이 32만㎡, 10만 평이 채 안 되는 작은 섬에 14가구, 31명의 주민이 살고 있다. 가우도란 이름은 섬의 생김새가 소의 멍에에 해당된다고 해 부르게 됐다.

지난 2011년 대구면 저두 선착장에서 가우도까지 438m의 다리가 놓였고 이듬해에는 섬 반대편 가우마을에서 망호마을까지 이어지는 716m짜리 출렁다리가 놓였다. 두 다리 모두 보행자 전용 다리다. 다리가 놓이면서 섬을 따라 걸을 수 있는 '함께해길'이 만들어졌다. 나무 데크가 깔린 생태탐방로다. 해변의 생김새를 따라 들쭉날쭉하게 나가는 길을 걸으며 바다 하이킹을 즐길 수 있다.

출렁다리가 놓이며 가우도에
걸어갈 수 있게 되었다.
해안을 따라 걷는 길이 나 있다.

백운동 정원

우리가 몰랐던
봄의 풍경

백운동 정원의 봄

강진의 그윽한 봄을 제대로 느낄 수 있는 곳이라면 성전면 월하리에 자리한 백운동 정원이다. 조선 중기 선비 이담로가 지은 별서정원이다.

전설처럼 잊혀졌던 백운동정원을 복원하게 만든 것은 다산이 시를 짓고 초의선사가 그림을 그려 만든 〈백운첩〉이다. 1812년 어느 날, 강진에서 유배 생활 중이던 정약용이 제자들과 함께 월출산 등반을 한 후 이곳으로 와 하룻밤 머물게 된다. 아름다운 경치에 반한 그는 초의선사에게 '백운동도'를 그리게 하고 12곳의 아름다운 풍경을 시로 썼다. 이를 합첩 제본해 만든 것이 바로 백운첩이다. 이 시화첩이 발견된 덕분에 하마터면 기억 너머로 사라질 뻔했던 백운동 정원이 옛 풍광을 되찾게 되었다

백운동 정원으로 향하는 길, 주차장에 차를 대고 숲길을 따라 내려가면 길은 어느새 어둑해진다. 울창한 대숲이 바람소리를 음악처럼 들려준다. 바닥에는 동백나무의 뿌리가 함부로 얽히고 설켰다. 세상에서 멀어지는 느낌이다. 그리고 어느새 환해지며 나타나는 정원. 지금까지 우리가 몰랐던 또 다른 봄의 풍경 앞에서 불현듯 마음이 환해진다.

영랑생가

〈돌담에 속삭이는 햇발같이〉

강진 여행의 마무리는 영랑생가다. 〈모란이 피기까지는〉으로 잘 알려진 시인 영랑 김윤식은 1903년에 출생해 1950년에 타계한 우리나라의 대표적인 서정 시인이다. 47년간의 짧은 생애 동안 그가 남긴 시는 모두 87편이다.

영랑생가는 문간채와 안채, 사랑채로 이루어져 있다. 사랑채 뒤편에는 동백나무가 빽빽하다. 문간채 왼쪽으로 세로로 놓인 사랑채는 영랑의 집필실이다. 사랑채 툇마루 앞에는 감나무, 보리수, 송악덩굴, 백일홍 나무가 심겨 있다. 300년이 넘었다는 은행나무도 있다.

툇마루에 앉는다. 아마도 영랑은 여기 이 자리에 앉아서 시를 썼을 것이다. 마당에 내려앉는, 장독대에 폭포처럼 흘러내리는, 돌담 아래에 고여 있는 햇빛을 바라보며 시상을 떠올렸을 것이다. 돌담을 따라 이리저리 거닌다. 발 끝에, 돌담에, 가슴 한편에 햇볕이 어룽댄다. 봄 햇빛은 맑고 투명하고 눈부시다.

영랑생가에 흐드러진 동백과 영랑이 시를 쓰던 방

'돌담에 속삭이는 햇발같이 /

풀 아래 웃음짓는 샘물같이 /

내 마음 고요히 고운 봄길 위에 오늘 하루 하늘을 우러르고 싶다 //

새악시 볼에 떠오르는 부끄럼같이 /

시의 가슴을 살포시 젖는 물결같이 /

보드레한 에메랄드 얇게 흐르는 /

실비단 하늘을 바라보고 싶다'

〈돌담에 속삭이는 햇발같이〉

맛고장 강진

풍성하고 기름진 강진의 맛

강진은 맛고장이다. 대표 음식은 한정식. 한 상 가득 음식이 차려져 나오는 수준을 넘어 접시가 2층, 3층으로 쌓인다. 시민운동장 앞에 있는 '청자골종가집'(061-433-1100)이 유명하다.

강진읍내에 자리한 '오케이식당'(061-432-8072)은 현지인들이 가는 백반집이다. 아침 식사를 하기에 좋다. 앉으면 반찬 14~15가지가 담긴 쟁반이 놓인다. '왕성식당'(061-434-1713)은 바지락회무침이 유명하다. 지금 제철이다. 따라나오는 미역국도 맛있다. '월미도식당'(061-433-6133)의 주꾸미 샤브샤브도 추천한다. 서울에서 맛보는 주꾸미와는 차원이 다른 알이 꽉찬 주꾸미를 맛볼 수 있다.

강진다원 옆에 '다향산방'(061-434-4995)은 우리나라 최초의 녹차 상표인 '백운옥판차'의 대를 잇고 있는 곳. 뒤에 다인 이한영의 생가가 복원되어 있다.

강진읍 목리안길에 자리한 '느루갤러리앤카페'는 카페와 민박, 갤러리를 함께 운영한다. 한옥을 개조해서 만든 카페에서 느긋한 시간을 보내기에 좋다. 카페 뒤편에 갤러리가 있다.

청자골 종가집 한정식과 오케이식당의 백반, 느루갤러리앤카페의 전시실

| more & MORE

'강진만생태공원'은 전라남도의 3대강 중 하나인 탐진강이 바다와 만나는 곳으로 20여만 평 갈대 군락지가 펼쳐진다. 남해안 최고의 생태서식지로 데크로 이뤄진 탐방로를 따라 습지에 살고 있는 다양한 생물을 관찰할 수 있는 곳이나.

월출산 남쪽 기슭에 자리잡은 무위사도 들러 볼 만한 곳이다. 신라 진평왕 39년(617년)에 원효대사가 창건했다고 전한다. 작은 절이지만 국보와 보물이 빼곡하다. 극락보전은 국보 제13호. 조선 세종 12년(1430년)에 지어졌다. 내부에는 기둥이 전혀 없다. 벽에는 각종 보살과 천인상을 그린 벽화가 있는데 당대 인물화가인 오도자의 작품으로 알려져 있다. 무위사의 배흘림기둥은 건축학적으로도 가치가 높다.

45 하루 더 | 전남 | 담양

초록과 분홍 사이, 오래된 담장을 따라
걸었던 시간들

바람 소리 따라 떠나는
초여름 여행, 담양

바람이 불 때마다 대나무 숲은 몸을 뒤척인다. 그 숲에서 불어오는 푸른빛 바람. 죽녹원-관방제림-메타세쿼이아 길로 이어지는 담양 여행 코스를 따라가다 보면 마음이 초록으로 물드는 것만 같다. 대나무 울창한 죽녹원은 걷는 것만으로도 머릿속이 환해진다. 관방제림은 185그루의 거목이 울창한 숲을 이루고 있는 곳. 이 길 끝에 유명한 메타세쿼이아 길이 있다. 여름날 명옥헌은 붉은 배롱나무꽃으로 환하다. 소쇄원은 한국에서 가장 아름다운 정원으로 손꼽히는 곳으로 은은하고 기품있는 아름다움을 뽐낸다. 슬로시티로 지정된 삼지내마을도 가 보자. 돌담길을 따라 걷다 보면 마음에 몇 평 여백이 생기는 것 같다.

죽녹원 대숲이 숨기고 있었던 바람 소리
관방제림과 메타세쿼이아 길 이 숲길에 서 있기만 해도 좋습니다
명옥헌 혼자만 알고 싶은 비밀의 정자
소쇄원 가도 가도 좋은 한국 제일의 정원
삼지내마을 흙담장 따라 걸으며 느끼는 슬로시티의 여유
| more & MORE 떡갈비와 멸치국수 그리고 푸짐한 장터국밥

죽원과 삼다리 대숲의 대나무 숲. 그 숲을 걷는 것만으로 몸이 초록으로 물드는 것 같다.

죽녹원

숲은 얼마나 많은 바람 소리를
품고 있었던 것일까

죽녹원에 들어서는 순간, 몸은 다른 공간으로 훌쩍 이동한다. 따가운 여름 햇빛은 짙고 빽빽한 대숲으로 침범하지 못한다. 심호흡을 하면 상큼한 대나무향이 폐 속 깊이 스며든다. 온몸이 연록으로 물들 것만 같은 상쾌함이다. 산책로도 잘 정비돼 있는데 운수대통길, 선비의 길, 추억의 샛길, 철학자의 길 등 모두 여덟 개의 산책로가 만들어져 있다. 죽녹원은 지난해 미국의 뉴스전문채널인 CNN이 '한국 방문 때 꼭 가 봐야 할 50곳'의 하나로 선정하기도 했다.

죽녹원이 번잡해서 싫다면 삼다리에 있는 대숲을 찾아볼 만 하다. 아는 사람만 알음알음 찾는 대나무 숲인데, 서늘한 대숲 산책을 한가로이 즐길 수 있다. 대나무골테마공원도 좋다. 2003년 죽녹원이 문을 열기 전까지는 담양에서 가장 번잡하던 대나무 숲이다. 하지만 지금은 찾는 이가 적다. 맹종죽과 분죽, 왕대, 조릿대 등 다양한 대나무가 뒤섞여 자라고 있다.

어느 대숲이든, 죽녹원이든, 삼다리 대숲이든, 대나무골테마공원이든, 담양의 대숲은 바람이 불면 '쏴아아아' 하는 소리를 낸다. 달려드는 파도 소리 같기도 하고, 쌀알이 구르는 소리 같기도 하다. 수만 마리의 멧새가 울어도 이런 소리가 날까. 대숲은 얼마나 많은 바람 소리를 품고 있었던 것일까.

관방제림과 메타세쿼이아 길

한국에서 가장
아름다운 길

죽녹원을 나오면 담양천 남쪽 둑에 관방제림이 있다. 담양 관방제는 담양시내를 흐르는 담양천의 저지대 범람을 막기 위해 조선 인조 때(1648년) 만들어진 제방이다. 관방제 주변에 나무를 심은 것은 철종 때인 1854년이다. 제방의 길이는 모두 6km. 추정 수령 200~300년의 거목 185그루로 이루어져 있다. 주요 수종은 푸조나무 111그루, 팽나무 18그루, 개서어나무 1그루 등이다.

관방제림이 끝나면 메타세쿼이아 가로수길로 이어진다. 길이는 총 17km. 커다란 나무가 사열하듯 양옆으로 늘어선 풍경은 마치 우리나라가 아닌 듯한 풍경을 선사한다.

초록 터널 메타세쿼이아길

관방제림에서 바라본 담양천. 징검다리를 건너며 옛 추억을 떠올려 보자.

명옥헌

고졸하면서도
멋들어진 정자

예전에는 명옥헌 연못으로 물 흐르는 소리가 옥이 부딪치는 소리 같았다고 해서 명옥헌이라는 이름이 붙었다.

담양은 누각과 정자의 고장이다. 정자는 '10년을 경영하여 초당 삼칸 지어내니/한 칸은 청풍이요 한 칸은 명월이라'라는 시로 이름 난 송순(1493~1583)의 면앙정, 〈사미인곡〉, 〈속미인곡〉의 송강 정철(1536~1593)의 송강정, 그림자도 쉬어간다는 식영정 등이 있다.

여름이면 가장 운치 있는 곳이 명옥헌이다. 한여름이면 붉게 꽃을 피우는 배롱나무로 유명하다. 명옥헌은 조선 중기의 문인 명곡 오희도(1583~1623)가 닭 벼슬만도 못한 관직을 훌훌 털어 버리고 자연을 벗 삼아 지냈던 곳이다.

배롱나무를 심은 것은 후대의 오대경(1689~1761)이다. 정자 앞뒤에 두 곳의 연못을 파고 주변에 스물여덟 그루의 배롱나무와 다섯 그루의 소나무, 느티나무 등을 심었다. 연못은 네모지게 팠고 그 가운데엔 둥근 섬을 만들었다. 당시 우주관이었던 '땅은 네모나고 하늘은 둥글다'는 '천원지방'사상을 나타낸 것이다. 명옥헌이라는 이름은 그 곁을 흐르는 시냇물 소리가 마치 옥구슬이 부딪치는 소리 같다 하여 지었다.

배롱나무 꽃이 흐드러지게 피는 여름이 명옥헌이 가장 아름다울 때다.

소쇄원

찾아도 찾아도
좋은 정원

울긋불긋 단풍으로 채색한 가을날의 소쇄원

우리 옛 정원 중에서도 걸작으로 꼽히는 곳. 조선 중기 양산보(1503~1557)가 세운 별서정원이다. 정원의 입구 격인 대나무 숲길을 따라 들어서면 짚으로 지은 정자 '대봉대'를 시작으로 소쇄원의 중추를 이루는 '광풍각', 집주인 양산보가 사색과 독서를 위해 즐겨 찾았다는 '제월당'이 차례로 모습을 드러낸다.

인간이 자연을 주무르는 게 아니라 겸손하게 그 품에 깃드는 것이 원림의 미학이다. 이 미학을 소쇄원은 여실히 보여준다. 광풍각과 제월당은 불규칙적으로 배치됐고 기우뚱한 돌담도 질서가 없다. 하나 자리를 바꿀 때마다 전혀 다른 풍광이 열린다.

양산보는 자신의 분신과도 같았던 소쇄원을 남겨두고 세상을 떠나면서 "어리석은 자손에게는 물려주지도 말고, 이곳을 절대 남에게 팔지 말 것"을 유언으로 남겼다고 한다. 그 후 세월이 450여 년이나 흘렀지만 양산보 후손들은 15대를 이어 내려오는 동안 그의 유언을 받들어 소쇄원을 가문의 자랑으로 여기며 지금까지 잘 보존해 오고 있다.

우리 전통 정원이 단아하고 고졸한 것만은 아니다. 때론 이처럼 화려한 풍경을 뽐내기도 한다.

삼지내마을

오랜 시간 속을 걷다

삼지내마을을 걷고 있다. 켜켜이 시간이 쌓인 돌담을 따라 가고 있다. 돌담에는 호박잎과 담쟁이가 무성하고 도랑은 졸졸 소리를 내며 담을 따라 흐른다.

창평면의 삼지내마을은 500년 역사의 창평 고씨 집성촌이다. 1592년 임진왜란 때 의병장을 지냈던 고경명 장군의 후손들이 모여 살던 마을이다. 고정주고택을 비롯해 고재선가옥, 고재환가옥 등 1900년대 초 건축된 한옥 20여 채가 모여 있다. 창평면은 한때 천석꾼이 600여 호에 이를 정도로 부촌이었지만 지금은 여느 마을과 크게 다르지 않다.

삼지내마을은 2007년 슬로시티에 지정됐다. 문화재청은 삼지내마을 돌담이 "화강석 둥근 돌을 사용하고, 돌과 흙을 번갈아 쌓아 줄눈이 생긴 담장과 막쌓기 형식의 담장이 혼재된 전통 토석담 구조로 가치가 높다"고 해서 2006년 등록문화재로 지정했다. 담쟁이덩굴에 둘러싸인 돌담길을 걷다 보면 이곳이 왜 슬로시티로 지정됐는지 짐작하게 된다.

more & MORE

담양읍사무소 옆에 있는 덕인갈비(061-381-2194)는 2대에 걸쳐 떡갈비를 선보인 곳. 남도음식축제에서 여러 차례 수상하면서 이름을 알렸다. 죽녹원 가까운 곳에 국수거리가 조성되어 있다. 일곱 곳의 국숫집이 모여 있는데 그 가운데 50년 전통을 자랑하는 진우네집국수(061-381-5344)가 가장 유명하다. 시원하고 구수한 멸치국수와 매콤달콤한 비빔국수를 내는데 둘 다 중면을 사용하는 것이 특징이다. 500년 전통을 가진 창평시장 안에 돼지국밥 식당이 모인 창평국밥거리기 있다. 과거 창평에 노축장이 위치해 국밥의 재료인 돼지 부속물을 손쉽게 구할 수 있었기 때문에 창평장에 국밥거리가 형성됐다고 한다. 뽀얗게 우려낸 국물이 구수하면서도 개운한데다 순대와 내장이 그득하게 담겨져 인심도 넉넉하다.

하루 더 | 전남 | 여수

맛이면 맛, 풍경이면 풍경, 모든 것이
만족스러운 도시

여행 내내 입 안에
군침이 돌았습니다, 여수

여수는 맛고장이다. 장어구이를 비롯해 서대회무침, 돌게장 등 맛있는 해산물들을 맛볼 수 있어 미식가들의 발길이 끊이지 않는다. 푸짐한 백반 한 상도 여수에서는 꼭 먹어 봐야 할 음식이다. 가격에 비해 너무 푸짐해 먹기가 민망할 정도다. 여수에는 아주 오래된 중국집도 있다. '국밥'이라고 불리는 짬뽕밥을 맛보자. 일출로 유명한 향일암, 동백숲으로 유명한 오동도, 비취빛 바다를 보며 트레킹을 즐길 수 있는 거문도는 꼭 찾아봐야 할 여수의 여행지. 돌산공원에서 바라보는 여수의 야경은 보는 이의 탄성을 자아내게 한다. 바다 너머에서 반짝이는 도시의 불빛들과 바다를 가로지르는 고깃배의 불빛들 그리고 돌산대교의 화려한 조명이 어울려 낭만적인 풍경을 펼쳐 보인다.

꼭 맛봐야 할 여수 5미 장어구이, 금풍쉥이구이, 서대회무침, 게장백반, 삼치회
안 먹으면 섭섭한 오래된 중국집과 백반 덕충식당과 자봉식당, 은혜반점과 41번 포차
오동도 동백 터널 속 봄 산책
향일암 바다를 바라보며 그림처럼 들어선 암지
돌산대교 야경 낮보다 아름다운 여수의 밤, 여수 밤바다
고소동 벽화 골목 가볍게 돌아보기 좋은 1,004m 짜리 벽화 골목
만성리 검은모래해변 해변에서 찜질이라니. 검은 모래의 효능
거문도 봄, 섬, 바다 트레킹

| more & MORE 진남관, 이순신 장군의 흔적이 서려 있는 곳

꼭 맛봐야 할 여수 5미

생각만 해도 군침이 도는 음식

여수를 대표하는 맛은 장어다. 두툼한 살집이 도시에서 먹는 장어와는 비교할 바가 아니다. 소금구이로도 먹고 양념으로도 먹는데 현지인들은 소금구이를 더 즐긴다. 장어를 뭉텅뭉텅 썰어 넣고 시래기 등과 함께 푹 끓인 장어탕은 국물 맛이 얼큰하면서도 시원한 데다 진흙 냄새나 비린내가 없어 해장국으로도 그만이다.

두꺼비식당 게장

금풍쉥이(군평선이)는 여수를 비롯해 부산과 진도 정도의 남해안에서만 맛볼 수 있는 생선이다. 표준어로는 군평서니라고 하는데 주로 구이를 해 먹는다. 비린내가 전혀 없는데다 살점이 두꺼워 씹는 맛이 있다. 살이 연하고 고소해 남편이 아닌 샛서방에게만 몰래 갖다줄 정도로 맛있다고 해서 '샛서방 고기'라는 별명이 붙었다.

구백식당 금풍쉥이 구이

서대는 찜이나 조림, 튀김, 물회, 구이 등으로 먹지만 회를 최고로 친다. 굵게 썬 회에 마늘, 고추, 양파, 부추, 상추 등 여러 채소를 섞어 고추장과 함께 버무려 내놓는다. 여수 서대회무침의 비결은 1년 이상 발효시킨 막걸리로 만든 천연 식초를 사용한다는 것. 비린내가 적고 담백한 맛이 이 때문이다. 밥에 슥슥 비벼 먹어도 맛있다.

조일식당 삼치회

여수 어디에서나 눈에 띄는 식당 간판이 '게장백반'을 하는 집이다. 봉산동에는 아예 게장거리가 만들어져 있다. 게장백반을 시키면 고추장 양념을 듬뿍 넣은 양념게장과 채소 듬뿍 넣어 끓인 간장게장, 된장으로 맛을 낸 된장게장이 수북하게 담긴 그릇이 나온다. 여수 게장백반이 왜 유명한지, 게장을 왜 밥도둑이라고 하는지 먹어 보면 고개가 끄덕여진다. 짤 것 같은데 짜지 않고 달 것 같은데도 달지 않은 맛이 묘하다.

삼치는 주로 구이로 먹지만 여수 사람들은 오히려 회를 더 즐긴다. 살이 약해 살짝 얼려 회를 뜬 뒤 김에 싸서 간장에 찍어 먹는데 입 안에 맴도는 고소함과 기름지고 풍부한 식감이 활어회와는 또 다른 맛을 선사한다.

자매식당 장어탕

백반과 중국집 그리고 실내 포차

여수까지 와서
안 먹고 오면 섭섭하지

여수는 백반의 도시다. 여수항 근처 아무 백반집이나 문을 열고 들어가면 푸짐한 한 상을 받는다. 가격도 싸서 계산할 때쯤 괜히 미안해지기도 한다. 덕충식당은 극강의 가성비를 자랑하는 곳. 백반 1인분에 고작 6,000원인데 반찬 12가지가 나온다. 김치찜을 방불케 하는 김치찌개가 압권이다. 자봉식당은 메뉴가 백반 한 가지. 반찬도 매일매일 바뀐다. 아침에 가볍게 식사하기 좋은 집이다.

은혜반점은 여수에서 가장 유명한 중국집. 짬뽕이 맛있다. 해물탕 같은 요즘 중국집 짬뽕이 아니라 돼지고기를 잘게 썰고 배추를 듬뿍 넣은 '오리지널' 짬뽕맛을 보게 해 준다. 이 집에선 짬뽕밥을 '국밥'이라고 부른다.

봉산동 '41번집'은 아주 오래된 집이다. 박찬일의 『백년식당』에 소개되기도 했다. 여수 여행의 마무리는 이곳에서 하는 것이 좋다. 병어를 비롯해 모든 안주가 다 맛있다.

41번집 모듬회

은혜반점 짜장면과 짬뽕

자봉식당 백반

덕충식당 백반

두꺼비식당 게장백반

오동도

기분 좋은 봄 산책

여수에 도착한 여행자들이 가장 먼저 찾아가는 곳은 오동도다. 3만 8,000여 평의 조그마한 섬이지만 그 속은 별천지다. 동백나무 4,000그루와 200여 종의 상록수가 하늘을 가릴 정도로 울창하다. 해안선을 따라 산책로가 약 2km 정도 이어지는데 한려 수도의 빼어난 바다 풍광과 어우러져 근사한 분위기를 자아낸다.

원래 오동도에는 오동나무가 많았는데, 고려 공민왕 때 봉황이 날아와 오동나무 열매를 따먹는다고 생각해 오동나무를 다 베고 동백나무를 심어 지금처럼 동백나무가 많아졌다고 한다.

향일암

바다를 향해 선 아름다운 암자

일출을 보기 위해 여행객들의 발길이 줄을 잇는 곳이다. 남해 금산 보리암, 강화도 보문사 등과 함께 국내 3대 기도처로 꼽힌다. 659년 선덕여왕 때 원효대사가 창건했다. 향일암 오르는 길은 돌계단으로 이어져 있어 남녀 노소 누구나 쉽게 오를 수 있는데, 계단이 끝날 무렵 큰 바위 사이로 사람 하나가 겨우 드나들 정도의 비좁은 터널이 나오고 이곳을 지나면 경내가 시작된다. 아침 무렵, 금빛 햇살을 받으며 고기잡이를 떠나는 어선들의 모습도 그림처럼 아름답다.

해가 뜨는 풍경이 장관이라 향일암이라 하며, 주위의 바위모양이 거북의 등처럼 되어 있어 영구암이라 부르기도 한다.

돌산대교 야경

낮보다 아름다운
여수의 밤

돌산대교 야경. 시시각각 색이 변한다.

여수시 남쪽에 있는 돌산도는 국내에서 7번째로 큰 섬이다. 과거에는 배로 이동했다. 그러나 1984년 여수시 남산동과 돌산읍 우두리를 연결하는 돌산대교가 놓이면서 섬은 육지가 됐다. 다리를 건너 돌산도에 들어서면 왼쪽 언덕에 돌산공원이 조성되어 있다. 돌산대교 뿐 아니라 여수 시내, 여수항 그리고 주변의 섬들까지 한눈에 들어온다. 낮에 보는 돌산대교는 그다지 아름답다고 할 만큼은 아니지만 해가 지고 불이 들어오면 그 모습은 완전히 달라진다. 바다 위에 20m 높이로 떠 있는 다리는 노란색이었다가 붉은색, 다시 초록색으로 바뀐다. 자봉도, 화태도, 월호도, 금오도를 오가는 배들이 불빛을 기다랗게 흘리며 돌산대교 아래를 지나 여수항으로 들어간다.

고소동 벽화 골목

여수와 관련한
재미있는 벽화가 가득

여수에는 길이 1,004m짜리 골목이 있다. 그래서 일명 '천사 골목'으로 불린다. 골목 벽에는 화사한 벽화가 가득하다. 여수의 역사와 문화, 전설 등이 그려진 벽화도 있고 허영만, 백일섭 등 여수 출신의 유명인을 재미있게 표현한 벽화도 있다. 한나절 가벼운 마음으로 돌아보기 좋다.

검은 모래가 깔린 만성리 검은해변. 가족과 해수욕을 즐기기에도 좋다.

만성리 검은모래해변

몸이 건강해지는
검은 모래 찜질

여수 엑스포역에서 해안 도로를 타고 북쪽으로 3km쯤 떨어진 곳에 위치해 있다. 길이 약 600m의 해변이 펼쳐진다. 이곳의 검은 모래는 원적외선의 방사열이 높아서 모세 혈관을 확장시켜 혈액 순환을 돕고 땀의 분비를 촉진시켜 준다고 한다. 그래서 신경통이나 각종 부인병에 효험이 있다고 한다.

거문도 트레킹

동백 가득한 숲을 지나
푸른 봄 바다를 걷다

나무가 우거져 깊고 어둑한
거문도의 숲길

여수항에서 114.7km 떨어진 거문도는 여수와 제주도의 중간쯤에 위치한다. 다도해 최남단의 섬이다. 거문도를 가장 잘 즐기는 방법은 트레킹. 덕촌마을 쪽으로 올라가 불탄봉-억새군락지-기와집 몰랑-신선바위-보로봉-365계단-목넘어-거문도 등대로 이어지는 코스다. 약 7km 정도로 4시간 30분 정도 걸린다. 길은 어렵지 않다. 초반의 약 30분 정도만 언덕을 오르면 이내 능선을 타고 쭉 간다. 그다지 숨차지도 않아 운동화 차림에 물 한 병, 가벼운 간식 정도만 챙기면 충분히 걸을 수 있다.

거문도 트레킹 코스에서 최고의 경관을 보여 주는 곳은 '기와집 몰랑'이다. '몰랑'은 산마루를 뜻하는 전라도 사투리로, '기와집 몰랑'은 바다에서 보면 이 능선이 기와지붕 마루처럼 보인다고 해서 붙여진 이름이다.

기와집 몰랑에 서면 섬 끝에 거문도 등대가 서 있는 모습이 한눈에 들어온다. 구불구불 공룡의 꼬리처럼 이어지는 능선 끝에 흰 등대가 아스라이 서 있다. 등대는 1905년 세워져 첫 불을 밝혔다. 남해안 최초의 등대다. 지금은 2006년 새로 지은 등대가 그 옆에서 불을 밝힌다. 34m 높이의 꼭대기엔 팔각형 전망대도 설치되어 있다. 날씨가 맑으면 여기서 백도가 보인다고 한다.

| more & MORE

여수는 또한 이순신 장군의 흔적이 서려 있는 곳이기도 하다. 통일 신라 시대 순천부내 해읍현과 여산현 등으로 불리며 작은 마을에 지나지 않았던 여수는 조선 선조 24년 전라도 수군절도사, 선조 26년 3도(충청·전라·경상) 수군통제영을 두면서 군사 요충지가 됐다. 지금도 선소와 진남관 등 이순신 장군의 흔적을 찾을 수 있다. 만성리 검은모래해변도 이국적인 풍광을 자랑한다.

장어구이는 칠공주식당(061-663-1580)이, 장어탕으로는 자매식당(061-641-3992)이 유명하다. 굴품쉐이구이는 여수여객선터미널 정문 앞에 있는 구백식당(061-662-0900)과 중앙동의 삼학집(061-662-0261)이 잘 알려져 있다. 서대회무침은 구백식당과 중앙동의 여정식당(061-652-8878)이 유명하다. 게장백반은 두꺼비게장(061-643-1880)과 황소식당(061-642-8037), 삼치회는 조일식당(061-655-0774)이 유명하다. 덕충식당(061-664-7838)은 여수엑스포단지에서 가깝다. 자봉식당(061-663-3263)은 여수 여객선 터미널 근처다. 은혜반점(061-662-7189)은 미리 전화를 해 보는 것이 좋다.

47 하루 더 | 전남 | 목포

연포탕, 민어, 홍어, 갈치,
여기에 짜장면과 팥칼국수까지

먹다 보니 1박 2일이
다 갔더군요, 목포

먹어도 먹어도 먹을 것이 끝없이 나오는 도시가 목포다. 낙지연포탕, 민어, 홍어, 갈치에 짜장, 여기에 팥칼국수까지, 먹다 지치는 곳이 바로 목포라는 도시다. 유달산과 갓바위지구를 돌아보자. 유달산 노적봉에서는 목포 시내가 한눈에 내려다보인다. 목포 앞바다가 빚어내는 아름다운 풍광은 여행자의 마음을 넉넉하게 해준다. 목포가 낳은 문인들의 자료를 전시한 목포문학관과 남종화의 거장 남농 허건의 작품을 전시한 남농기념관에서는 '예향' 목포의 진면목도 느낄 수 있다. 목포의 밤도 즐겁다. 남진 야시장에서는 시장 특유의 다양한 먹거리를 맛볼 수 있고 시내 평화광장에서는 춤추는 바다 분수 공연도 흥겹게 펼쳐진다.

맛있는 목포 음식 맛보기 낙지연포탕 - 민어 - 홍어 - 갈치조림 - 간짜장으로 이어지는 목포 먹방
갓바위지구 아이들과 함께 하는 전시관, 박물관 도보 관람
목포문학관과 남농기념관 예술의 고장 목포를 만나다
노적봉과 목포근대역사관 목포 구도심 여행하기
남진야시장과 춤추는 바다분수 맛있고 재미있는 목포의 저녁
쑥꿀레와 팥죽 목포 사람들의 영원한 간식거리
| **more & MORE** 마무리는 코롬방제과의 달달한 크림빵으로

목포 세발낙지는 목포 9미 중 당당히 제일 앞자리를 차지한다. 일반 낙지보다 크기가 작고 다리가 가늘며 확연히 부드럽고 야들야들하다.

민어는 선어로 숙성해 즐긴다. 껍질은 깨소금에 찍어 먹고, 뱃살은 참기름과 마늘에 버무린 된장에 찍어 먹는다. '민어가 천 냥이면 부레가 구백 냥'이라 했을 정도로 부레가 맛있다.

낙지연포탕
세발낙지로 끓인 시원한 탕

목포는 낙지 요리 천국이다. 그 중에서도 연포탕이 유명하다. 낙지와 채소를 넣어 말갛게 끓인 것이다. 개운하면서도 깔끔한 국물 맛이 일품이다. 낙지의 부드러운 맛을 살리기 위해 살짝 데치듯이 끓인다. 연한 자줏빛이 도는 국물 색깔도 어여쁘다. 낙지탕탕이는 낙지를 도마에서 칼로 탕탕 소리 내 가며 다졌다고 해 낙지탕탕이로 불린다. 잘게 다진 낙지를 접시에 올리고 참기름을 뿌리고 다진 마늘을 얹어 낸다.

민어
말랑한 식감이 예술인 한여름 보양식

목포에는 민어 거리가 있다. 민어는 하루 이틀 숙성시킨 것이 맛있다. 연분홍 빛깔이 나는 민어회는 육질이 부드럽고 연한 탓에 굵게 썰어야 제맛을 느낄 수 있다. 쫄깃한 뱃살과 꼬리 쪽 살이 더 쳐 준다. 하지만 뭐니 뭐니 해도 민어의 핵심은 부레다. '부레를 먹어야 민어를 먹은 것'이란 얘기가 있을 정도다. 씹을수록 찰지고 고소한 게 어디서도 맛볼 수 없는 별미다. 끓는 물에 살짝 데친 껍질은 쫀득하면서도 고소한 맛을 낸다.

홍어

코를 찌르는 그 맛
하지만 중독성 강한 그 맛

홍어는 민어와 함께 목포를 대표하는 음식이다. 이른바 홍탁삼합. 잘 삭힌 홍어와 삶은 돼지고기를 익은 김치에 싼 다음 초고추장에 찍어 오물거리면 콧구멍이 뻥 뚫린다. 목포가 홍어 요리의 본가를 자처할 수 있는 것은 인근 흑산 앞바다가 최고의 어장이기 때문. 홍어마니아들은 '1코, 2날개, 3꼬리' 순으로 홍어회를 찾는다고 한다.

옛날식 간짜장면으로

계란후라이가 올라 있는
묵직한 정통 간짜장

목포까지 와서 웬 간짜장이냐고? 목포역 가까이 괜찮은 중국집 '중화루'가 있다. 이곳 간짜장이 별미다. 양파를 잔뜩 다져 넣고 기름만으로 짜장소스를 볶아 낸다. 센 불에 볶은 까닭에 깊은 맛이 난다. 요즘 짜장면처럼 자극적이고 달짝지근한 짜장이 아니라 심심하면서도 묵직한 옛날 짜장 맛이다. 큼지막하게 올라간 잘 튀겨진 계란후라이가 압권이다.

처음엔 거부감이 들지만 먹을수록 중독되는 홍탁삼합

중화루의 짜장면

갈치조림

매콤달콤한 밥도둑

목포의 갈치집들은 주로 먹갈치를 낸다. 먹갈치는 주로 먼 바다에서 잡히는데, 씨알이 굵고 기름기가 많아 부드럽고 고소한 맛이 한층 진하다. 고추장과 고춧가루 등 갖은 양념을 넣고 졸여 내는데 갈치 한 토막으로 밥 두세 그릇은 너끈하게 비울 수 있다.

갓바위지구

아이들과 함께 전시관, 박물관 도보 투어

갓바위는 목포를 상징하는 명소. 이름에서 짐작할 수 있듯이, 갓 쓴 선비를 닮은 바위 두 개가 나란하다. 파도와 해류 등에 오랜 세월 침식·풍화되어 만들어졌다고 한다. 예전에는 갓바위 해수욕장도 있고 배를 타야만 볼 수 있었지만, 지금은 바다 위로 놓인 해상 보행교를 따라 바로 앞까지 간다.

갓바위 주변으로 아이들과 함께 돌아볼 만한 전시관과 박물관이 여러 곳이다. 국립해양문화재연구소 해양유물전시관을 비롯해 목포자연사박물관, 목포문학관, 남농기념관 등이 지척이다. 여러 곳이 모여 있다 보니 걸어 다니며 돌아볼 수 있다는 것도 장점이다.

첫걸음은 국립해양문화재연구소 해양유물전시관이다. 해양유물전시관은 1층 고려선실과 신안선실, 2층 어촌민속실과 선박사실로 구성된다. 가장 눈길을 끄는 곳은 신안선실. 1975년 신안군 증도 앞바다에서 한 어부가 발견한 배와 그 배에 있던 생활용품과 무역품을 전시한다.

해양유물전시관 건너편이 목포자연사박물관이다. 아이들은 박물관 입구에 들어서자마자 눈빛을 반짝인다. 박물관 앞 넓은 잔디밭 앞에는 호랑이며 하마 등 조형물이 가득하고, 박물관에 들어서면 거대한 공룡 화석이 반긴다. 트라이아스기 공룡 코엘로피시스 바우리, 쥐라기 공룡 디플로도쿠스 카네기아이 등이 전시되어 있다.

해양유물전시관에는 목포 달리도 갯벌에서 발굴된 달리도선이라는 13~14세기 경의 배와 완도 부근에서 발굴된 11~12세기 경의 완도선의 잔해들을 전시하고 있다.

예향 목포

목포문학관과
남농기념관

목포문학관의 김현관과
남농기념관의 작품들.
'예향' 목포를 실감할 수 있다.

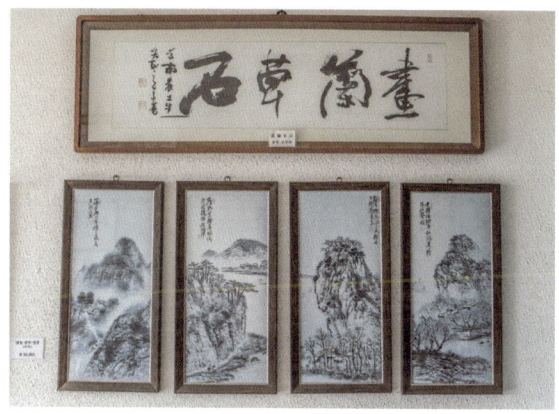

목포를 흔히 예향이라 부른다. 한국의 내로라하는 문인과 화가를 배출한 곳이기 때문이다. 목포문학관은 국내 사실주의 연극을 완성한 극작가 차범석, 한국을 대표하는 여류 소설가 박화성, 근대극을 처음 도입한 극작가 김우진, 아름다운 언어로 한국문학의 위상을 드높인 평론가 김현의 흔적과 작품이 있는 곳이다. 작업실을 재현해 놓았고, 자필 원고와 작품 등을 살펴볼 수 있다.

남농기념관은 한국 남종화의 거장 남농 허건 선생의 작품을 전시한다. 운림산방의 3대 주인이기도 한 남농은 조선 후기 남화의 대가인 소치 허련의 친손자이자, 미산 허형의 넷째 아들. 전남 진도에서 태어나 생을 대부분 목포에서 보냈으며, 거친 선과 생동감 있는 붓질로 소나무를 즐겨 그렸다. 목포문학관과 남농기념관을 둘러보면 목포가 왜 예향으로 불리는지 고개가 절로 끄덕여진다.

유달산 자락

노적봉과
목포 근대역사관

커다란 바위의 노적봉

유달산 자락에 위치한 구도심 곳곳에도 근대 유적이 있다. 출발지 노적봉까지 차로 올라간다. 노적봉은 충무공 이순신 장군이 정유재란 때 짚으로 덮어 군량미처럼 보이게 해서 왜구를 속였다는 바위다. 이곳에서 바라보는 목포의 전경도 놓치기 아까운 풍경이다.
노적봉 바로 아래 목포 근대역사관 1관이 있다. 일제강점기 일본 영사관으로 사용된 건물이다. 붉은 벽돌로 지은 건물이 영화 세트처럼 아기자기하다. 동양척식주식회사 목포지점으로 사용된 목포 근대역사관 2관에는 일제 침략사 관련 사진이 전시되고 있다.

남진야시장과 춤추는 바다분수

즐겁고 재미있는
목포의 밤

해가 지기 시작하면 남진야시장으로 발걸음을 옮겨 보자. 신나는 볼거리와 맛있는 먹거리가 기다린다. 원래 자유시장 자리인데, 금요일과 토요일 저녁이면 중앙 통로에 먹거리 노점 50여 개가 들어서 야시장으로 변한다. 사위가 어두워지면 평화광장 앞바다에 설치된 춤추는 바다분수에서 물줄기가 나오며 쇼가 시작된다. 최대 분사 높이가 70m에 달하는 세계 최초 부유식 분수다. 이난영의 '목포의 눈물' 선율에 맞춰 화려한 춤을 선보이던 분수는 어느새 클래식 선율에 맞춰 우아한 춤사위로 바뀐다. 방문객의 사연과 신청곡을 받아 레이저쇼와 함께 연출해 주기도 한다.

쑥꿀레

목포 사람들의
별미 간식

'쑥꿀레'는 목포의 또 다른 별미다. 목포 여고생들의 영원한 간식으로도 불린다. '쑥꿀레 10접시는 먹어야 여고를 졸업 한다'는 우스갯소리가 있을 정도다. 쑥꿀레는 쑥으로 만든 경단을 조청에 담궈 먹는 음식이다. 진짜 달달한데 은근 중독성 있다. 그만 먹어야지 하면서도 자꾸만 손이 간다. 쑥꿀레를 파는 분식집에는 팥죽도 같이 판다. 하얀 새알도 동동 떠 있다. 탁자에 설탕통이 놓여있으니 입맛에 따라 넣으면 된다. 목포 팥죽은 1897년 개항 후 많은 노동자들이 몰려들면서 그들을 위한 음식으로 자리잡았다고 한다.

달콤한 쑥꿀레

새알이 들어가 있는 팥죽

more & MORE

독천식당(061-242-6528)은 목포에서 세발낙지 요리를 가장 잘하는 집으로 손꼽힌다. 영란횟집(061-243-7311)에서는 민어회를 비롯해 민어찜, 민어탕 등 다양한 민어 요리를 맛볼 수 있다. 여객선터미널 근처 항동시장에 보리밥 골목이 있다. 여러 집이 있다. 어느 집이나 비슷한 상을 낸다. 신도시 하당에 자리한 인동주마을(061-284-4068)은 홍어삼합으로 소문난 맛집. 초원식당(061-243-2234)은 목포 시민들이 최고로 꼽는 갈치조림집. 중화루(061-244-6525)는 '중깐'으로 불리는 짜장면과 삼선짬뽕이 가장 유명한 메뉴다. 코롬방제과(061-244-0885)는 중화루와 마주하고 있다. 크림빵이 유명하다. 일찍 동이 나기 때문에 크림빵을 맛보려면 서두르는 것이 좋다. 가락지(061-244-1969)는 칼국수팥죽, 동지팥죽, 쑥꿀레, 단팥죽, 콩국수 등을 판다.

한국 소설의 거장도 만나고 맛있는 별미도 맛보고

문학 여행 맛 여행, 전남 장흥에서 벌교까지

전남 장흥에서 벌교까지 이어지는 길은 우리 문학 거장들의 발자취를 따라가는 길이다. 장흥 진목마을은 소설가 이청준이 태어난 곳이며 회진은 소설가 한승원이 거처를 마련하고 있는 곳이다. 그래서 장흥은 소설가를 꿈꾸는 문청들의 발걸음이 끊이지 않는 곳이기도 하다. 머지 않은 벌교는 우리 소설의 빛나는 성취인 <태백산맥>의 무대가 된 곳이다. '소설 태백산맥문학기행길'이 만들어져 있어 소설 속 무대를 직접 체험해 볼 수 있다. 문학 기행은 맛 기행으로도 이어진다. 장흥에서는 매생이탕과 된장물회를 맛본다. 서울에서 맛보던 그것과는 확연히 다른 맛에 놀란다. 벌교에서는 꼬막정식을 먹자. 쫄깃한 꼬막이 푸짐하게 차려진 한 상은 보기만 해도 배가 부르다.

장흥 회진과 진목마을 한국 소설의 거장을 만나다
정남진 전망대 서울 광화문에서 정확히 남쪽
징님진 편백숲 우드랜드 엉혼까시 깨끗해지는 편백나무 숲 산책
장흥 매생이 뜨겁고 구수하고 맑은 그 맛
장흥 된장물회 이런 물회 맛이 있었다니! 속 깊이 시원한 그 맛
벌교 소설태백산맥문학기행길 소설 <태백산맥>의 무대를 답사하다
벌교 꼬막 부드러우면서도 쫄깃한 갯벌의 맛

| more & MORE 장흥에선 장흥삼합, 벌교에선 꼬막정식. 1955년부터 맥을 잇고 있는 목공소

장흥 회진과 진목마을

한국 문학의 거장
한승원과 이청준이 태어난 곳

이청준이 태어난 진목마을

이청준 생가

영화 〈천년학〉 세트장

장흥은 문학의 고장이다. 이청준, 한승원, 이승우, 송기숙 등 한국 현대 소설을 이끈 문인들이 나고 자란 곳이 바로 장흥이다. 회진면은 장편소설 〈아제아제 바라아제〉를 쓴 소설가 한승원이 태어난 곳이다. 2016년 한국인 최초로 맨부커상을 수상한 소설가 한강의 아버지이기도 하다. 회진시외버스터미널에서 한재공원을 지나 한승원 생가와 신상리 해산한승원문학현장비까지 '한승원소설문학길'이 만들어져 있다.

한재공원에서 내려오면 고 이청준 선생이 태어난 진목마을이다. 마을 입구에서 표지판을 따라 골목으로 들어가면 이청준 생가가 보인다. 자그마한 집 방에는 선생의 사진과 유물이 다소곳이 놓였고, 마당에는 지금도 사람이 사는 듯 장독대가 앉았다. 선생은 이곳 진목에서 중학생 때까지 보냈다고 한다.

마을에 들어서기 전, 〈천년학〉 세트장을 만난다. 〈천년학〉은 이청준 단편소설 〈선학동 나그네〉를 임권택 감독이 영화화한 것이다. 임 감독은 이청준 소설 〈서편제〉, 〈축제〉 등도 영화로 만들었다.

정남진 전망대

서울에서 정확히
남쪽 방향

서울 광화문을 기점으로 위도상 정동쪽에 정동진이 있고, 경도상 정남쪽에 장흥 정남진이 있다. 이곳에 10층 규모의 정남진 전망대가 있다. 카페와 홍보관, 여행 정보센터 등이 들어서 있다. 전망대에서 바라보면 먼바다의 섬들을 내려다볼 수 있는데 득량만 일대와 고흥 소록도, 거금대교, 완도, 금일도 등이 어울려 빚어내는 풍경이 한 폭의 그림 같다. 에메랄드빛 남해 바다가 눈부시기만 하다.

정남진 전망대에서 바라본 눈부시게 푸른 장흥 바다

정남진 전망대

소설가 한승원이 태어난 회진

정남진 편백숲 우드랜드

싱그러운
편백나무 숲 산책

장흥 억불산은 울창한 편백 숲으로 유명하다. 측백나뭇과에 속하는 편백은 보통 40m까지 자란다. 언뜻 보면 삼나무나 메타세쿼이아와 비슷하지만, 납작하게 펼쳐진 잎이 특징이다. 장흥군은 이 숲에 숙박 시설과 산책로, 삼림욕장 등을 마련해 정남진 편백숲 우드랜드를 조성했다.

40년 이상 된 편백나무 군락이 우거진 정남진 편백숲 우드랜드. 산책로, 소금찜질방 등이 들어서 있어 '숲캉스'를 즐길 만하다.

쭉쭉 뻗은 편백숲 사이로 오솔길이 희미하게 뻗었다. 편백 톱밥을 깔아 놓은 톱밥산책로는 솜이불 위를 걷는 듯 푹신푹신하다. 힘껏 심호흡을 하면 상쾌한 피톤치드 향이 가슴 가득 밀려든다. 피톤치드는 '식물'을 뜻하는 phyton과 '죽이다'라는 뜻이 있는 cide를 합친 말이다. 식물이 몸에 상처가 나면 미생물을 죽이기 위해 분비하는 항균물질인데, 인간에게는 오히려 도움이 된다고 한다. 편백은 침엽수 가운데 가장 많은 피톤치드를 뿜어내, 소나무와 잣나무를 능가한다. 사람들이 호흡을 통해 마시는 피톤치드는 스트레스 호르몬인 코르티솔의 혈중 농도를 절반 이상 줄여 주고 면역력을 높이기 때문에 아토피 피부염 개선에도 효과가 있다고 한다. 숲이 좋은 것을 몸이 먼저 아는 듯, 걸음이 자꾸 느려진다.

매생이

올이 가늘고 부드러운
장흥 매생이가 최고

자, 이제 장흥 맛 기행을 떠나 보자. 장흥하면 매생이다. 예전에는 겨울에만 먹을 수 있었지만 지금은 냉동 기술의 발달 덕에 사계절 먹을 수 있다. 매생이는 장흥과 완도, 고흥 등에서 나지만, 올이 가늘고 부드러우며 바다 향이 진한 장흥 내전마을 매생이를 최고로 친다. 내전마을에서는 모두 24가구가 매생이밭 35ha를 일군다.

장흥 특산물 매생이　　　　진한 매생이탕　　　　내전마을 매생이밭

남도 사람들은 매생이를 주로 탕으로 먹는다. 옛날에는 돼지고기와 함께 끓였다는데, 요즘은 대부분 굴을 넣고 끓인다. 방법은 간단하다. 민물에 헹군 매생이에 물을 붓고, 굴과 다진 마늘을 넣고 끓인다. 소금이나 조선 간장으로 간하고, 참기름 한두 방울과 참깨를 뿌려 낸다. 오래 끓이면 매생이가 녹아 물처럼 되기 쉬우니, 한소끔 끓자마자 불을 꺼야 한다. 장흥 토박이들은 "매생이탕에 나무 젓가락을 꽂았을 때 서 있어야 매생이가 적당히 들어간 거예요. 매생이는 젓가락으로 건져 먹어야죠"라고 설명한다. 정남진 장흥 토요시장에 매생이탕과 매생이 떡국을 내는 식당이 여럿이다.

된장물회

오직 장흥에서만 맛볼 수 있는
장흥식 된장물회

된장물회도 맛보자. 된장을 푼 시원한 국물에 열무김치를 푸짐하게 넣은 물회다. 식초와 고춧가루를 뿌리고 회를 듬뿍 얹어 내는데, 새콤달콤하면서도 매콤한 맛이 숟가락을 바쁘게 만든다. 지금까지 서울과 강원도, 포항 등지에서 맛보던 새콤달콤한 물회와는 전혀 다른 맛이다.

소설태백산맥문학기행길

소설 〈태백산맥〉의 무대

장흥에서 시작한 문학 기행 맛 기행은 벌교까지 이어진다. 벌교는 소설 〈태백산맥〉의 배경이 된 곳이다. 벌교역 앞으로 '소설태백산맥문학기행길'이 있다. 2011년 조성된 이 거리에는 피아노 학원, 문방구 등이 개화기 건물 속에 들어섰다.

사람들이 가장 먼저 찾는 곳은 구 보성여관(등록문화재 132호)이다. 일제강점기에 지은 목조 건물로, 판자벽에 함석지붕을 올렸다. 〈태백산맥〉에서는 '남도여관'으로 등장했으며, 빨치산 토벌대장 임만수와 대원들의 숙소로 사용됐다. 보성여관은 복원 사업을 거쳐 2012년 카페와 숙박 시설로 다시 태어났다.

골목을 따라 조금 가면 화폐박물관으로 운영되는 보성 구 벌교금융조합(등록문화재 226호) 건물이 있다. 〈태백산맥〉에서는 금융조합장 송기묵과 현 부자네 집안 사람인 남도여관 주인 현준배가 염상진 부대의 손에 죽는다. 태백산맥 문학관, 소화의 집, 현부자네집 등 〈태백산맥〉의 무대를 답사해도 의미 있을 듯싶다.

소설태백산맥문학기행길을 따라가면 다양한 근대풍경을 만난다. 삼화목공소와 벌교금융조합, 보성여관

벌교 꼬막

부드러우면서도 쫄깃한 갯벌의 맛

꼬막하면 떠오르는 곳이 벌교다. 부드러우면서도 쫄깃한 맛이 일품인 꼬막은 겨울이 가장 맛이 좋고 많이 날 시기다. 겨울이면 벌교 곳곳에 꼬막 자루가 수북이 쌓여 있었다.

꼬막은 세 종류가 있다. 우리가 흔히 먹는 새꼬막은 '똥꼬막'이라고도 하며, 껍데기에 난 골의 폭이 좁고 표면에 털이 있다. 제사상에 오르기 때문에 '제사 꼬막'으로도 불리는 참꼬막은 고급 꼬막으로, 껍데기가 두껍고 골이 깊다. 새꼬막은 배를 이용해 대량으로 채취하고, 참꼬막은 갯벌에 1인용 '뻘배(널)'를 밀고 들어가 직접 캔다. 값도 참꼬막이 새꼬막보다 5배 정도 비싸다. 새꼬막은 쫄깃해서 무침이나 전으로, 참꼬막은 즙이 많아 데쳐서 먹는다.

벌교에서 꼬막을 먹는 가장 대중적인 방법은 꼬막정식을 내는 식당에 가는 것이다. 1인당 2만 원 정도면 꼬막을 배불리 먹을 수 있다. 데친 참꼬막, 꼬막을 듬뿍 넣고 부친 전, 매콤하고 새콤한 회무침, 새꼬막을 푸짐하게 넣은 된장찌개 등이 나온다. 나중에 공깃밥을 주문해 참기름 한 숟가락 둘러 비벼도 별미다. 식당 주인은 꼬막을 넣고 끓이다가 거품이 나면 바로 건져야 맛있다고 귀띔한다. 꼬막이 껍데기를 벌릴 때까지 삶으면 질겨지니 주의한다.

꼬막정식에 오르는 꼬막회무침과 참꼬막. 벌교 시장에는 꼬막이 가득하다.

| more & MORE

장흥 끄니걱정(061-862-5678)에서 매생이 요리를 맛볼 수 있다. 된장물회는 회진면 우리집횟집(061-867-5208)이 잘한다. 장흥읍내 만나숯불갈비(061-864-1818)는 장흥삼합으로 유명한 곳. 장흥에서 삼합은 소고기, 키조개, 표고버섯을 말한다. 벌교 꼬막정식은 거시기꼬막식당(061-858-2255), 정가네원조꼬막회관(061-857-9919) 등이 유명하다. 벌교 동윤가든(061-857-3830)은 돼지갈비와 장어숯불구이를 같이 먹을 수 있는 곳. 돼지갈비도 맛깔스럽고 장어도 두툼하고 튼실하다.

벌교 보성여관 옆 삼화목공소는 1941년에 지은 건물로, 지금은 목수 왕봉민 씨가 운영한다. 1955년 선친이 운영하던 목공소를 물려받았다. 편백나무로 만든 도마가 기념품 삼아 사오기 좋다.

49 하루 더 | 전남 | 고흥

삼치회, 황가오리회, 장어탕, 그리고 온갖 반찬이 오르는 백반까지

얼마나 맛있는지
또 얼마나 즐겁고 아름다운지,
일단 가보시죠, 고흥

고흥은 맛있다. 입에 들어가자마자 살살 녹는 삼치회 한 점은 먼 길 달려온 피로를 씻은 듯 날려주고, 입속에 쫀득하게 감기는 황가오리회 한 점은 소주잔을 연신 비우게 만든다. 아침 해장으로는 녹동항의 뜨끈한 붕장어탕 한 그릇 어떠하신지. 한 상 가득 반찬이 올라오는 8,000원짜리 백반 앞에서는 마음이 절로 푸근해진다. 고흥은 맛있는 만큼 아름답다. 우주발사전망대에서 내려다보는 남열해변의 풍광은 외국 못지않게 이국적이며 장쾌하다. 나로도를 지나 거금도까지 이어지는 바다 드라이브 코스는 남해 바다의 아름다움을 고스란히 느끼게 해준다.

고흥 우주발사전망대 나로호가 발사된 곳, 고흥 최고의 전망을 볼 수 있는 곳
나로우주센터 우주과학관 한국 우주 발사체의 역사, 아이들 체험도 가능
나보노항 입에서 눈저덤 녹는 삼지회를 낫보사
녹동항 안 먹으면 평생 후회하는 황가오리회
소록도 한센병 환자들의 애환이 서린 곳
거금도 보랏빛 일몰 속으로 바다 드라이브
과역면 커피 농장 한국에서도 커피를 생산한답니다
| **more & MORE** 가성비 만점의 푸짐한 백반과 갤러리 투어

고흥 우주발사전망대

고흥에서 가장 멋진 전망을 볼 수 있는 곳

고흥 영남면 남열에서 우천으로 이어지는 10km의 해안 도로 풍경은 여행자의 발걸음을 붙잡고 놓아주질 않는다. 이 일대는 지난 2012년 산림청이 '우리나라 100대 산림경관 관리지역'으로 꼽은 곳. 길을 따라 다도해의 바다가 주르륵 펼쳐지고 남열해돋이해변과 우주발사전망대, 사자바위, 용바위 등의 명소가 몰려 있다.

남열해변 절벽 위에 세워진 고흥 우주발사전망대는 역사적인 나로호 발사 모습을 보기 위해 수많은 관광객이 모여든 곳이지만 우주선 발사보다는 주변의 빼어난 해안 경관을 바라보는 데 더 적격이다. 지상 7층 높이로 지어진 전망대에 오르면 낭도, 목도, 증도, 장사도, 하화도 등 고흥과 여수 사이의 바다에 올망졸망 떠 있는 섬이 한눈에 들어온다. 일정이 맞는다면 전망대에서 보는 일출도 놓치지 마시길.

남열해변은 길이 800m의 고운 모래가 깔린 넓은 백사장을 자랑한다. 파도가 세찬 까닭에 서핑을 즐기려는 서퍼들도 많이 찾아온다. 운이 좋으면 이들이 서핑하는 광경도 볼 수 있는데 그 풍경 앞에서 꼭 외국의 어느 해변에 온 듯한 기분이 들게 한다.

남열해돋이해변의 서퍼

이국적인 풍경의 남열해돋이해변. 까마득한 절벽 위에 고흥우주발사전망대가 보인다.

나로우주센터 우주과학관

우리나라 우주 발사체의 산증인

외나로도에 자리한 나로우주센터 우주과학관은 우리나라 우주발사체 나로호의 산증인이다. 우주 탐사와 로켓, 인공 위성 등과 관련한 다양한 전시물들이 주제에 따라 전시되어 있으며, 우주 과학에 대한 다양한 체험도 해볼 수 있다.

우주과학관 뒤편에 자리한 봉래산은 울창한 삼나무숲을 만날 수 있는 곳이다. 우주과학관 가기 전 오른쪽으로 난 길을 따라 오르면 봉래산 무선중계소에 닿는다. 중계소 주차장에 차를 대고 30여 분을 걸어 작은 오솔길을 따라가면 빽빽한 삼나무와 편백나무 숲을 만난다. 한쪽 사면에 30m가 족히 넘는 90년생 삼나무와 편백나무 9,000여 그루가 바다를 마주보고 나란히 서 있는 풍경은 그 자체로 장관이다.

나로우주센터 우주과학관 다양한 전시물들

봉래산의 울울창창한 삼나무숲

나로도항
입에서 살살 녹는 삼치회 한 점

외나로도에서 나오는 길, 나로도항에서 삼치회를 맛본다. 나로도항은 예부터 삼치로 이름을 날린 포구. 일제강점기에는 삼치 파시가 열릴 정도였다. 일본인들은 나로도항을 삼치잡이 전진기지로 삼았는데, 그들이 최고로 친 삼치가 바로 나로도 삼치였다.

도시 사람들은 삼치를 주로 구이로 먹지만 삼치는 역시 회로 먹어야 제대로 된 맛을 느낄 수 있다. 삼치는 우리가 일반적으로 먹는 방식의 활어회가 아닌 선회로 즐긴다. 삼치는 성질이 급해 잡히자마자 죽어 버리기 때문이다.

삼치회를 먹는 방식은 고장마다 약간씩 다르다. 고흥 사람들은 두툼한 돌김 위에 큼직한 삼치회 한 점을 올린 뒤 양념장을 곁들여 먹는다. 양념장은 간장과 고춧가루, 마늘, 설탕에 청주와 깨를 넣어 만든다.

삼치회는 쫄깃한 식감으로 먹는 회가 아니다. 처음 먹는 사람은 약간 푸석푸석하고 무르다고 느낀다. 그래서 호불호가 분명하게 갈리는 음식이기도 하다. 하지만 씹을수록 고소한 맛이 더해지는 삼치회는 한번 맛본 사람을 곧장 마니아로 만들어 버린다. 고슬고슬한 밥 한 숟갈에 고추냉이를 조금 얹고 그 위에 삼치회를 올려 먹어도 맛있다.

나로도항은 우리나라 삼치잡이의 전진기지다. 포구에는 맛있는 삼치회를 내는 식당들이 많다. 김에 삼치를 올리고 양념장을 얹어 먹는 것이 삼치회를 맛있게 먹는 요령이다.

녹동항

안 먹으면 평생 후회하는 황가오리회

고흥의 동쪽 바다는 드라이브를 즐기며 여행하기 좋다. 출발점인 녹동항이다. 근해에서 갓 잡은 신선한 해산물이 모이는 포구다.

녹동항은 붕장어탕으로 유명한데 국물을 낼 때 된장을 풀고 고춧가루를 넉넉하게 뿌리기 때문에 훨씬 구수하다. 아침 해장용으로 그만이다.

고흥 읍내에 술꾼들이 꼭 가 봐야 할 집이 있다. 도라지식당이다. 29년 역사를 가진 이 식당은 황가오리, 서대회 등 각종 제철 회를 전문으로 한다. 관광객은 별로 없고 자리를 차지하고 있는 사람들은 대부분 토박이들이다.

이 집의 별미는 황가오리회다. 황가오리는 '가짜 홍어'라고도 부르는 생선인데, 찰지고 오독오독 씹히는 그 맛에 한번 반하면 홍어도 쳐다보지 않는다. 살에 붉은 반점이 촘촘하게 박혀 있는데 그 모양이 꼭 소고기 차돌박이같기도 하다. 식감은 찰지고 쫀득하다. 특히 날개 쪽은 씹는 맛이 일품이다.

녹동항은 고흥 앞바다에서 잡힌 싱싱한 해산물들이 모이는 곳이다.
매생이 뿐만 아니라 각종 생선을 저렴하게 구입할 수 있다.

소록도

한센병 환자들의
한이 서린 그곳

녹동항에서 국도 27호선을 이용해 소록대교를 거치면 소록도 주차장에 닿는다. 소록도는 섬의 모양이 어린 사슴을 닮아 이름 지어진 곳. 그러나 예쁜 이름과는 달리 한센병 환자들의 한이 깊게 서린 곳이다. 약 133만 평의 작은 섬에는 백사장이 아름다운 소록도해수욕장과 일제강점기 한센병 환자들의 수용 생활의 실상을 보여 주는 소록도 감금실, 한센병 자료관, 소록도 갱생원 신사 등이 남아 있다.

거금도

깊고 신비로운 보랏빛 일몰 속으로

소록도에서 거금대교를 건너면 거금도다. 거금도에 당도하면 먼저 섬을 한 바퀴 도는 해안 일주 도로에 오르는 게 순서다. 거금대교에서 내려서자마자 금산면사무소를 지나면 '김일기념관'이 있다. 한때 온 국민을 TV앞으로 불러들였던 프로레슬러 김일 선수가 이곳 거금도 출신이다. 고향 사람들은 그의 자료들을 모아 김일 기념관을 소박하게 만들어 두었다.

거금도 해안 도로를 따라가다보면 수평선을 따라 크고 작은 섬들이 그림 같은 풍경을 보여 준다. 금산 몽돌해변, 갯바위 낚시터 등 볼거리 대부분이 해안을 따라 이어진다.

섬 서쪽은 일몰을 감상하기에 좋다. 해질 무렵 아무 곳이나 차를 세우면 된다. 갯가에 배를 대고 비스듬히 누운 배와 드넓은 갯벌, 저녁 찬거리로 바지락을 캐러 온 아낙들이 어울려 한 폭의 그림같은 풍경을 펼쳐 보인다.

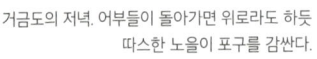

거금도의 저녁. 어부들이 돌아가면 위로라도 하듯
따스한 노을이 포구를 감싼다.

과역면

한국의 커피를 맛보다

고흥 여행의 마무리는 향긋한 커피 한 잔이다. 과역면 일대는 국내에서 유일하게 커피 원두를 재배하고 있는 지역이다. 고흥지역은 한반도에서 기후가 가장 온화한 곳으로 전국 최대의 일조량을 자랑한다. 연평균 기온은 13.6℃, 일조시간은 2,370시간 이상으로 겨울철에도 영하로 내려가는 날이 드물어 커피를 키우기에 적합하다. 산티아고커피농장은 고흥 커피를 직접 체험해 보고 맛볼 수 있는 곳으로 체리상태의 커피를 따는 것부터 로스팅, 드립까지 커피의 전과정을 직접 경험해 볼 수 있다.

고흥은 우리나라 최대 규모의 커피 재배지다. 과역면에 커피 재배부터 로스팅까지 체험해 볼 수 있는 곳이 많다.

| more & MORE

고흥 읍내 대흥식당(064-834-4477)은 37년 전통을 자랑하는 백반집. 그날그날 징 봐 온 새료로 부심한 한 상을 차려낸다. 고흥 입구 과역면의 동방기사식당(061-832-9445)은 푸짐한 반찬으로 유명한 기사식당이다.

고흥은 예술적인 정취로도 가득한 곳. 영남면 양사리의 남포미술관은 서양화와 한국화 등 수준 높은 작품들을 상설 전시하고 있는 곳으로 교정 곳곳에 설치된 조각 작품도 운치를 더한다. 도화면 구암리의 도화헌미술관은 아담한 풍취가 그만이다. 주로 소품들을 전시하는데, 차를 마실 수 있는 공간과 작은 음악 공연을 치를 수 있는 공간도 갖고 있다.

어디론가 멀리멀리 가고 싶을 땐

자동차로 즐기는 섬 여행, 신안 암태도 – 팔금도 – 안좌도 – 자은도

전남 신안 암태도와 자은도, 팔금도, 안좌도는 압해도와 암태도를 잇는 천사대교가 개통하면서 '자동차로 여행할 수 있는 섬'이 됐다. 송곡리 매향비로 유명한 암태도는 최근 기동삼거리의 할머니 할아버지 벽화로 유명세를 타고 있다. 동백나무를 머리 삼아 슬며시 웃고 있는 할머니와 할아버지의 표정이 약간은 익살스럽다. 안좌도는 화가 김환기가 태어난 섬이다. 섬 곳곳에 그의 작품이 벽화로 그려져 있다. 자은도는 조용한 해변을 숨겨 놓은 곳. 방해받지 않고 휴가를 즐기기 좋은 곳이다. 섬마을 특유의 고요함을 간직한 팔금도도 느린 걸음으로 거닐기 좋다.

천사대교 국내에서 4번째로 긴 다리
암태도 재미있고 정다운 풍경이 가득한 섬
팔금도 마실 삼아 둘러보기 좋은 섬
안좌도 한국 추상 미술의 선구자 김환기 화백이 태어난 곳
자은도 숨어서 피서를 즐기기 좋은 해변
| **more & MORE** 목포역에서 시티투어를 이용해 섬을 돌아보자

천사대교

공사기간만 10년 걸린
현수교

압해도를 가로지르는 웅장한 천사대교

천사대교로 가려면 먼저 목포에서 압해대교를 건너 압해도를 거쳐야 한다. 압해도는 '바다를 제압한다'는 뜻을 가진 섬으로 옛날 서남해 해상 세력의 중심에 서 있던 하나의 나라였다. 후삼국 시대 왕건과 궁예에게 대적한 해상 영웅 '수달장군 능창'과 구렁이로 변한 왕자를 사랑한 공주가 왕자에게 걸린 저주를 풀어 달라며 빌고 또 빌었다는 '비비각시 섬'의 전설이 전해 온다.
압해도를 지나면 천사대교가 눈에 들어온다. 웅장하다. 공사비가 무려 5,814억 원이나 투입됐다. 총 길이 10.8km, 너비 11.5m, 왕복 2차로 규모인데 압해읍 송공리와 암태면 신석리를 잇는다. 현수교와 사장교를 합쳐 놓은 외관이 시선을 끈다. 현수교는 양쪽 교각에서 케이블을 늘어뜨린 후 다리 상판을 연결하는 구조의 다리다. 영종대교가 대표적인 현수교다. 높은 교각의 양쪽에서 케이블을 내려 다리를 지탱하는 사장교는 인천대교를 떠올리면 된다. 천사대교는 국내 교각 중 유일하게 현수교와 사장교를 함께 적용한 곳인데 이는 바닷물의 흐름과 수심, 선박 이동 동선 등을 고려한 결과다.
바다 위 10.8km를 가로지르는 해상도로 중 교량 구간은 7.2km. 인천대교와 광안대교, 서해대교에 이어 국내 4번째로 길다. 다이아몬드형 구조물을 적용한 주탑(195m)은 천사대교 상징물로 마름모꼴인 신안의 지형을 본뜬 '다이아몬드제도'를 형상화했다. 2010년 9월부터 공사기간만 10여 년이 걸렸다.

암태도

섬사람들의 척박한 삶

암태도는 돌이 많고 바위가 병풍처럼 섬을 둘러싸고 있어 붙여진 이름이다. 이름에서 섬이 얼마나 척박한지 알 수 있다. 섬은 마명방조제를 쌓으며 옥토로 변했는데 이 과정에서 많은 농민들이 소작농으로 전락했고 결국 일제강점기인 1924년 소작쟁의가 일어났다. 소작인 600~700명은 배를 타고 목포로 나가 검찰청을 점거하는 등 격렬하게 저항했다. 지주에게 7할이 넘는 소작료를 지불하던 소작인들은 논은 4할, 밭은 3할로 소작료를 내게 해 줄 것을 요구했고 결국 지주들을 굴복시킨다. 이는 소작인이 최초로 승리한 항쟁으로 기록되어 있으며 이후 인접한 도초도와 자은도, 지도 등의 소작쟁의가 일어나는 계기가 됐다. 우여곡절 끝에 1997년 단고리 장고마을 초입에 세워진 소작인항쟁기념탑에는 소작쟁의을 일으켰던 지역 농민 43명의 이름과 소설 〈암태도〉를 쓴 송기숙 작가의 글이 음각되어 있다. 2003년 8월에는 항쟁을 주도한 서태석에게 대한민국 건국훈장 애국장이 추서됐다.

암태도는 송곡리 매향비로도 유명하다. 매향비는 해안지역에서만 보이는 미륵신앙 유적. 매향비란 갯가에 묻은 향나무가 1,000년 뒤에 떠오르면 그 나무로 향불을 피워 미륵을 부를 수 있다고 믿은 종교의식의 전말을 기록한 비석이다. 매향 의식은 고려 말 조선 초의 혼란기에 크게 유행했다 불교 경전에 따르면 중생을 구원하러 오는 미륵이 당도하는 건 자그마치 56억 7,000만 년 뒤의 일. 미륵이 오기까지 가늠할 수 없는 세월을 기다리지 못한 이들은 향나무를 묻었다. 암태도의 매향비는 지금으로부터 600여 년 전인 1405년에 세운 것이었다. 매향의 구원을 믿는다 해도 미륵의 도래는 400년이나 남았다.

'암태도 소작쟁의'는 일제강점기 농민 운동사에 굵은 획을 그은 운동이다. 암태도 주민 600명이 목포까지 나가 법원 앞에서 단식투쟁을 했고 결국 승리했다. 이 때의 승리는 마을 입구 소작인 항쟁기념비로 우뚝 서 있다. 미륵신앙 유적인 송곡리 매향비도 찾아보자.

기동삼거리 벽화

소박하고 다정한 풍경들

천사대교 개통과 함께 기동삼거리에 위치한 조그마한 벽화 하나가 전국적으로 이슈가 되고 있다. 천사대교를 건너면 자은면 방향과 팔금, 안좌면으로 갈라지는 길목인 기동삼거리 조그만 농약사 담벼락 위에는 예쁜 애기동백이 고개를 내밀고 있다. 이 동백나무를 머리 삼아 할아버지, 할머니의 환하게 웃고 있는 얼굴이 담벼락에 그려져 있다.

처음에는 할머니의 얼굴을 그렸는데, 자기는 안그려줬다고 서운해 하는 할아버지의 마음을 전해 들은 신안군이 애기동백 나무 한 그루를 더 심고 할아버지 얼굴을 그려 부부벽화가 탄생했다. 이 벽화를 보고 오른쪽으로 향하면 자은도이며, 왼쪽으로 가면 팔금도와 안좌도다.

팔금도

차분하고 조용한 섬마을

암태도에서 중앙대교를 건너 내려오면 팔금도다. 팔금도는 새 여덟 마리가 모여 있는 듯한 섬이다. 네 개의 섬 가운데 가장 작다. 인구도 가장 작다. 섬은 차분하고 조용하다. 마을은 시간이 정지된 듯한 풍경을 간직하고 있다. 사실 우리나라 대부분의 섬에는 눈이 번쩍 뜨이는 대단한 풍경도 없고 미식가들이 관심을 가질 법한 음식도 없다. 그냥 소박한 섬, 작은 마을이 있을 뿐이다. 그래서 오히려 좋은 지도 모른다. 그냥 옆 동네에 놀러 온 듯 슬렁슬렁 다닐 수 있다.

안좌도

화가 김환기가 태어난 섬

김환기 생가

팔금도에서 신안1교를 건너면 안좌도다. 안좌도에서 꼭 가 봐야 할 곳은 읍동리에 자리한 김환기(1913~1974) 화백의 생가다. 한국 추상 미술의 선구자로 불리는 김환기 화백은 안좌도에서 태어나 어린 시절을 보냈다. 1969년 미국 뉴욕에 살던 김환기는 김광섭의 시 〈저녁에〉를 보고 가슴이 먹먹해져 그림을 그리기 시작한다.

> '저렇게 많은 별 중에서 / 별 하나가 나를 내려다 본다. /
> 이렇게 많은 사람 중에서 / 그 별 하나를 쳐다본다. //
> 밤이 깊을수록 / 별은 밝음 속에 사라지고 / 나는 어둠 속에 사라진다. //
> 이렇게 정다운 / 너 하나 나 하나는 / 어디서 무엇이 되어 / 다시 만나랴.'
>
> (김광섭의 〈저녁에〉 전문)

고국과 고향이 사무치게 그리웠던 그는 보고 싶은 얼굴을 떠올리며 점을 하나씩 찍었다. 그리고 '어디서 무엇이 되어 다시 만나랴'라는 걸작을 탄생시켰다. 생가는 1910년 백두산나무로 기품있게 지어졌다. 생가 건너편 마을에는 김화백의 그림이 벽화로 그려져 있다.

안좌도의 또 다른 명물은 박지도와 반월도를 잇는 목교인 '퍼플교'다. 걸어서 박지도에서 목포까지 가는 것이 소망이었던 주민 김매금 할머니의 꿈을 이루기 위해 나무 다리를 만들었으며, 보라색 꽃과 농작물이 풍성해 퍼플교라 불린다. 1.4km 남짓의 나무다리는 차량은 통행할 수 없고 도보나 자전거만 겨우 다닐 수 있다.

마을 담장에 그려진 김환기의 그림과 김환기 생가에 놓여 있는 그림들

(위) 자은도는 양파로 유명하다. 마을 곳곳에 양파밭이 펼쳐져 있다.
(아래) 자은도에는 피서를 즐기기 좋은 해변이 펼쳐져 있다. 한적한 마을을 지나면 솔숲과 함께 펼쳐진 모래 해변을 만난다.

자은도

넓고 시원한
여름 해변

암태도에서 은암대교를 건너면 자은도다. 네 개의 섬 가운데 여행객들이 가장 많이 찾는 섬이다. '자애롭고 은혜롭다'는 뜻을 가진 섬이다. 임진왜란 때 명나라 이여송 장군을 따라왔던 두사춘이라는 장수가 작전에 실패하자 처형당할 것을 두려워해 자은도로 숨어들었는데 다행히 생명을 건져 보답하는 마음으로 섬 이름을 이렇게 붙였다고 한다.

자은도는 섬 동쪽을 빼놓고는 모두 고운 모래다. 섬의 서쪽과 북쪽, 남쪽 해안은 모두 해수욕장이라고 해도 좋다. 섬 사람들은 백길해수욕장이 제일 좋다지만 외지인에겐 아늑한 분계해수욕장이 최고로 보인다. 해안 길이는 1km 정도. 해변의 모래 입자는 설탕보다 곱고, 차로 달려도 빠지지 않을 정도로 단단하다. 모래사장의 경사가 완만한데다 화장실과 샤워실 등 편의 시설을 잘 갖추고 있어 여름이면 가족 여행객들로 붐빈다.

해변에는 수령이 200년은 족히 넘었을 소나무들로 빼곡하다, 2010년 시민단체 생명의 숲이 '보전해야 할 아름다운 숲'으로 선정하기도 했다. 이 숲에는 자은도의 명물 중 하나인 거꾸로 선 여자의 다리를 닮은 소나무 '여인송'이 있다. 고기잡이 나간 남편을 기다리다 얼어 죽은 아내를 묻은 자리에서 자란 나무라는 전설이 있다. 해수욕장에서 보이는 섬은 소뿔섬이다. 소 머리에 뿔 2개가 솟구친 모양이라서 이렇게 이름붙었다.

자은도 맨 아래에 있는 백길해수욕장은 백사장이 유독 하얗다. 규사 성분이 많기 때문이라고 한다. 이 외에도 신성, 양산, 내치 등 15곳의 크고 작은 해수욕장이 섬 곳곳에 자리하고 있어 마음에 드는 곳에서 피서를 즐길 수 있다.

| more & MORE

목포역에서 출발하는 시티투어를 이용하자. 매주 화~일요일(월요일은 제외) 오전 9시 30분에 목포역을 출발해 퍼플교와 김환기 고택, 분계해변, 천사섬 분재공원 등을 둘러 본 뒤 오후 5시에 목포역으로 되돌아 온다. 요금은 1만 원이며, 점심은 개별 부담이다.

하루 여행 하루 더 여행

초판 1쇄 발행 2020년 7월 30일
초판 2쇄 발행 2020년 10월 30일

지은이 최갑수
펴낸이 안영숙
디자인 제이

펴낸 곳 보다북스
등록 2019년 2월 15일 제406-2019-000013호
주소 경기도 파주시 경의로 1100
전화 031-941-7031
팩스 031-624-7031
메일 bodabooks@naver.com
페이스북 facebook.com/bodabooks
인스타그램 bodabooks

ISBN 979-11-966792-3-1-13980

· 이 책의 판권은 지은이와 보다북스에 있습니다.
· 이 책 내용의 전부 또는 일부를 재사용하려면 반드시 양측의 서면 동의를 받아야 합니다.

· 보다북스는 여러분의 소중한 원고를 기다립니다.

· 이 도서의 국립중앙도서관 출판예정도서목록(CIP)은 서지정보유통지원시스템 홈페이지 (http://seoji.nl.go.kr)와 국가자료종합목록 구축시스템(http://kolis-net.nl.go.kr)에서 이용하실 수 있습니다. (CIP제어번호 : CIP2020028208)